物质文化遗产

间研究

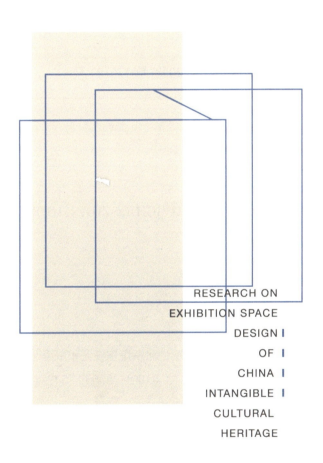

RESEARCH ON

EXHIBITION SPACE

DESIGN |

OF |

CHINA |

INTANGIBLE |

CULTURAL

HERITAGE

张娜娜 著

中国民族文化出版社

北京

图书在版编目（CIP）数据

中国非物质文化遗产展示空间研究 / 张娜娜著 . --
北京 : 中国民族文化出版社有限公司 , 2023.9

ISBN 978-7-5122-1771-3

Ⅰ . ①中… Ⅱ . ①张… Ⅲ . ①非物质文化遗产－陈列
设计－研究－中国 Ⅳ . ① G122

中国国家版本馆 CIP 数据核字 (2023) 第 176184 号

中国非物质文化遗产展示空间研究
ZHONGGUO FEIWUZHIWENHUAYICHAN ZHANSHI KONGJIAN
YANJIU

作　　者　张娜娜
责任编辑　张　宇
责任校对　李文学
出 版 者　中国民族文化出版社　地址：北京市东城区和平里北街 14 号
　　　　　　邮编：　100013　联系电话：010-84250639　64211754（传真）
印　　装　北京捷迅佳彩印刷有限公司
开　　本　889mm×1194mm　16 开
印　　张　16.75
字　　数　230 千字
版　　次　2023 年 9 月第 1 版第 1 次印刷
标准书号　ISBN 978-7-5122-1771-3
定　　价　128 元

序

随着在我国非物质文化遗产保护、传承事业的蓬勃发展，非遗展示传播工作也得到了快速的推进，并取得了瞩目的成就。非遗来源于社会生活，也必将回归于社会生活，只有广大民众自觉参与，非遗才能得到真正的可持续保护和传承。非遗展示作为非遗与社会的沟通连接的信息通道，是吸纳、培育社会参与的重要途径，这些途径包括非遗博物馆、展示馆、文化馆、工坊、演艺厅、传习所、戏楼、茶社等多种馆所，也包括非遗特色街区、非遗博览园区、非遗城、非遗小镇，以及非遗节、非遗博览会、非遗汇演、非遗赛会、线上虚拟空间展示等，形式不可谓不丰富，它们具有各自不同的空间形态和展示特点，共同发挥着非遗传播的功能。探讨展示空间的多种可能性和展陈规律，对当下非遗展陈设计实践具有重要的意义。

非物质文化遗产展示工作的推进主要来自两方面的力。一方面是政府部门的引导与推广。中共中央办公厅、国务院办公厅在《关于进一步加强非物质文化遗产保护工作的意见》中，将非物质文化遗产传承体验设施建设列为非遗传承与保护的重要工作内容。文化和旅游部《"十四五"非物质文化遗产保护规划》中更明确提出了将在"十四五"时期建设20个国家级非遗馆。另一方面，非遗传播主体日趋多元，各种社会力量根据自身特点竞相建设富有地方、民族、行业特色的非遗馆及各种形式的展示场所，建造了大量集传承、体验、教育、培训、旅游等功能于一体的传承体验设施。在我国非遗馆及各种展示展演设施建设蓬勃发展的背景下，及时、全面、系统、准确地阐述非遗展示设施的功能、内容、方式，用以指导和规范非遗馆建设及其展示，是当下非遗保护与传播工作的重要内容。

非遗展示的核心工作是文化阐释，展示空间、展陈设计都是围绕这一核心开展的技术工作。非物质文化遗产蕴含了中华民族特有的精神价值、思维方式、想象力和文化意识，是维护我国文化身份和文化主权的基本依据。加强非物质文化遗产价值阐释，不仅是国家和民族发展的需要，也是国际社会文明对话和人类社会可持续发展的必然要求。要深刻认识阐释非遗对建构多元化、多样性社会文化的重要意义，同时深入研究非遗自身活态性、动态性、过程性、参与性、体验性等特性，对非遗的历史、科学、文化、艺术等价值进行当代性阐释，与非遗保护原则及保护方式相呼应、相配合，完成一体化、系统化衔接。

非遗展示不同于以藏品为核心的文物、艺术品的展览，关键是其具有的非物质、无形、活态等特质，非遗的核心价值在于精神性、思想性和文化性，其次才是作为载体的相关工具、实物和场所，这决定了非遗展与以实物藏品为核心的文物展、艺术品展的本质区别。虽然非遗所涵盖的口头及表演艺术、传统技艺、民俗活动等表现形式与其所用工具、场所等物质载体不可分离，但其核心是具有活态性和过程性的精神内涵，展示时需要借助于载体来强化展览的叙事功能，通过有形与无形、静态与动态、实体与虚拟的转换来完成对文化遗产的解读。换句话说，通过各种媒介和载体，使无形的内容"有形化"，活态的内容"可体验"，通过宏大叙事与微小叙事串联成为一体，实现有效展示和生动阐释。就非遗展示空间而言，包括建筑设计阶段的空间结构，也包括展示设计阶段的展陈空间再造，还包括展陈过程中的空间生成等，是一个全过程的空间运营，而这一运营过程所环绕的内核都离不开对非遗的文化阐释。

对非物质文化遗产的展示及传播而言，空间的含义有别于其他日常生活的空间形态，其特殊性在于它既可以是通过物理手段构成的与物态展品相互配合的"有形"空间，也可以是与展示对象意涵相联系的"无形"空间；它可以是一种静态的空间，也可以是一种动态的、过程性的空间，这显然与以往传统的博物馆展示有很大不同，非遗展陈打破了以往对实物展品的过分依赖，实物不再是唯一或绝对的主角，转而强调揭示展品背后意义和价值的重要，并将信息的传播和观众体验提升到核心地位。展览空间带给观众的不再是被动的知识灌输，而转变为集丰富解说、深度诠释、互动体验、情感交流等内容为一体的综合性体验场所，变身为一座思想与情感的孵化器。这种理念的转变及新的目标追求需要我们认真加以研究，并在实践中进行验证和改进。

近年来，我国非遗展示项目建设大多缺少前期展示规划及设计，致使前期建筑设计和后续策展缺少指导而造成工作脱节，甚至出现建设与展示两层皮的现象。这不仅未能达到理想的展示效果，也造成了二次设计、二次装修、二次建设的浪费。本书作者张娜娜博士一直从事展陈设计研究，博士期间"深耕"非遗展示空间理论研究，本书即是其在博士论文基础上结合近年非遗展示设计实践而完成的。文中在调研国内大量非遗展陈案例基础上，就非遗展陈空间的形态、类型、构成、特征、设计实践诸方面进行了较系统的分析，并就非遗展示特点与展示空间的相互关系进行了较深入的阐述，并对目前非遗展陈遇到的现实问题进行了讨论，该书的出版将为非遗展陈的设计实践提供有益的参考。

作为一位年轻学人，张娜娜博士结合自身的设计实践，从新的视角尝试建构非遗展示空间的理论，搭建多维展示空间体系，为非遗展示方法及展示叙事的实操提供可资借鉴的意见、建议，这也是十分有益的事。然而，非遗保护工作任重而道远，非遗展示研究也还正处于探索阶段，期待张娜娜博士在自己专业道路上，能够继续耕耘，不断取得更丰硕的成果。

中国艺术研究院建筑与公共艺术研究所荣誉所长

刘托

2023 年 5 月于北京

目　录

第五章
非遗展示空
间的多维表
达与营造

第一章 绪论
Introduction

在社会文化蓬勃发展的背景下，各种展览活动层出不穷，展示空间开始出现注重"体验"的新特征，并呈现"复杂性""互动性"的特点，因此亟需用新的空间思维与空间理论来指导展览空间的实践活动。非遗核心价值的体现，不仅仅需要展品所构建的实体展示空间形态，这常常是部分的、局部的、受限定的；而通过多维空间的展示，才是侧重非遗艺术、文化、核心价值的传播，这才能最终形成属于非遗项目自身的"空间精神"。

第一节 研究背景与研究意义

一、研究背景

在人类社会的发展进程中，非物质文化遗产（以下简称"非遗"）作为一项特殊的财富和资源，根植于民间，是集智慧、情感、记忆为一体的活态艺术。在中国长期的农耕文化哺育下，非物质文化遗产有着自身的生存规律，并在其向前发展的进程中始终遵循这一规律。

随着传统文化保护意识的不断增强，非物质文化遗产逐渐受到社会和公众的关注和重视。但从目前非遗保护和传承的状况来看，问题与矛盾日渐突出，为此国家在借鉴国际保护原则与经验的同时，制定了相关的政策和法规。首先，我国国务院办公厅在《关于加强我国非物质文化遗产保护工作的意见》中指出："随着全球化趋势的加强和现代化进程的加快，我国的文化生态发生了巨大变化，非物质文化遗产受到越来越大的冲击。一些依靠口授和行为传承的文化遗产正在不断消失，许多传统技艺濒临消亡，大量有历史、文化价值的珍贵实物与资料遭到毁弃或流失，随意滥用、过度开发非物质文化遗产的现象时有发生，加强我国非物质文化遗产的保护已经刻不容缓。"[1] 也就是说，在现代社会环境中，历史所遗留下来的传统技艺正面临着消亡的困境。所以作为人类文化记忆的载体，作为汇集着中华民族伟大工匠精神的非物质文化遗产，应如何在原有部分生态环境的破坏下，恢复生长并长期传承下去成为全人类一项艰巨的历史任务。联合国教科文组织在《保护非物质文化遗产公约》中强调："第一，非物质文化遗产是世界文化多样性的生动体现；第二，非物质文化遗产是人类创

---

[1] 施榆蓉：《非物质文化遗产保护和传承的重要性》，德宏师范高等专科学校学报 2011 年第 3 期第 20 卷，第 32 页。

造力的表征，对于非物质文化遗产的保护，体现了对人类创造力的尊重；第三，非物质文化遗产是人类可持续发展的重要保证；第四，非物质文化遗产是密切人与人之间关系以及他们之间的交流和相互了解的重要渠道。"[1] 因此，非遗对人类文明的进步和发展具有重要的意义，滋润着人类的心灵，需要引起重视和加强保护，更应该积极宣传、展示非遗所独有的价值。

此外，基于非物质文化遗产丰富性、复杂性、差异性等本体特征以及生存环境、民族特性的不同，形成了具有不同特色的非物质文化遗产形态，保护手段以及展示传播方式也各有不同。自 20 世纪 50~60 年代开始至今，非遗保护工作通过立法、制度建设、建立数字档案库等手段，正在有条不紊进行。其中，博物馆的收藏、展示性保护等对于非遗工作开展给予了很大的帮助。2003 年联合国在《保护非物质文化遗产公约》第十四条中就对其作了引导性的表述："各缔约国应竭力采取种种必要的手段，以便：（一）使非物质文化遗产在社会中得到确认、尊重和弘扬，主要通过……（二）不断向公众宣传对这种遗产造成的威胁以及根据本公约所开展的活动；（三）促进保护表现非物质文化遗产所需的自然场所和纪念地点的教育。"[2] 在联合国公约的帮助下，直到 20 世纪末对于非物质文化遗产的博物馆展示性保护才受到国际的广泛认可，发展至今，将非遗项目置入到博物馆、非遗馆等一定的展示空间中，已经成为今天保护、宣传、教育、传播非物质文化遗产的一种重要方式和手段，在非遗保护工作中具有重要的地位。

从诠释非遗核心价值方面来看，一些演出时的道具以及经过技艺的制作和加工而遗留下物质化载体等皆可成为博物馆展示的藏品，博

---

[1]施榆蓉：《非物质文化遗产保护和传承的重要性》，德宏师范高等专科学校学报 2011 年第 3 期第 20 卷，第 31 页。

[2]豆丁网：《非物质文化遗产政策法规资料汇编》，第一章国际公约，1.1《保护非物质文化遗产公约》Ⅰ. 总则第 14 条，第 6 页，http://www.docin.com/p-55318093.html。

物馆收藏式的保护对于非物质文化遗产来讲固然重要，但非遗在其文化生态系统下生长，其独特性又要求我们应避免"因保护而收藏""由收藏代保护"等行为的出现，更不可使非遗项目成为"死"的记忆。同时，非物质文化遗产因其"非物质性""活态性""原真性""整体性"等特点，区别于物质文化遗产等实体形态的保护与展示方法。针对这一项目的特殊性，其展示的核心内核是什么？展示内容有哪些？除了承载记忆的"物质载体"，还有"看不见"、"摸不着"的"非物质文化形态"需要保护和展示，这些非物质形态包含了非遗的核心价值以及文化内涵，还包含了其所具有的"工匠精神"，它们是大工业生产无法取代的。在今天，作为展示人类物质、精神文明的重要窗口，博物馆已然成为反映特定时期社会发展状况的晴雨表。所以，"博物馆展示性保护"作为保护非遗的途径之一，正是将这些包含着中华传统文化核心价值的内容传播给大众、展示给世人的一项伟大工程，更是一项借助展览手段传播传统文化的一项重要举措。

从博物馆展陈现状调研来看，随着信息时代的到来，博物馆建设开始日趋常态化，其空间形态也趋于多元化，开始向互动性、多样性等方面发展。在众多新建博物馆中，展览陈列依然是博物馆的核心功能，而陈列空间作为将展品、观众、媒介等要素连接的场所，对博物馆的建设起到关键作用。但在实践项目的展览设计及布展实施过程中，博物馆的外部建筑设计与非遗馆的内部空间设计之间存在着断裂。首先，建设分工工作逐渐细化，建筑外观设计与内部展陈设计是由不同的设计部门负责，中间出现衔接不当以及空间与展示陈列脱节的现象，这就导致展品与展示空间之间出现一定的矛盾。其次，在空间设计过程中，建筑设计师所负责的是建筑的外观设计和内部的功能空间设计，而展陈设计师则负责的展陈空间的策划、设计及布展等工作。在具体的布展工作中，先期设计的通用型大空间无法满足主题展览的需求，为弥补陈列展览主题性表达缺失，需要展陈设计师对展馆内部空间进行二次设计。这期间建筑设计师则参与度较低，一定程度上就会出现内外空间不协调，语境时空错位等问题。设计工作的先入为主，也会导致与非遗项目本体的展示需求相背离。此外，基于以上问题的出现，依据不同的非遗类型的展示需求，去探索多元化的空间类型已成为目前迫切需要解决的问题。

从文化系统建构来看，非物质文化遗产作为人类文化的积淀，是有鲜活生命力的，它的生命具有延续性和变化性，是在文化主体、所生长的"自然环境"以及"社会环境"相互作用的过程中产生并存续着，其本身所具有的文化意义并非一成不变。"在文化的展示中，说者和听者、作者和读者都处于同一'文化环程'之中，而参与者之间的差异及权利因素促进了文化交流"[1]；也就说非物质文化遗产的展示活动是需要互动与交流的，同时又是需要沟通、体验与分享的，需要将这些具有文化意义的内容做实时的沟通。从人类学的角度上来讲，人类学所定义的'文化展示'，就是'激活艺术品'，对其场景多角度、多维度的还原。同时，"艺术成为族群认同、身份诉求的途径，艺术品的产生和消费体现了不同群体、阶层、文化之间的交流和冲突，艺术品的收藏更展示了艺术品、生产者、消费者及其所在的文化之间的微妙关系。"[2] 这一释义也正是诠释了在纷繁复杂的文化空间系统中，对于非遗项目的展示空间，需要将隐藏先民长期无意识的规划和自我组织、共同结构的空间理念以及空间关系重新建构起来。从另一角度来讲，这种营造诉求为非物质文化遗产的展示与传播提供了一种方法。所以，对于非物质文化遗产展示空间的建构，我们不仅需要达到保护和传播的目的，还需要思考用什么样的方式和手段展示，思考如何将复杂的种类依据其本身的特性以及展示的需要合理的进行空间规划，整合有限的空间资源，为人们提供能体验、休闲、学习、思考和想象

[1] 庄孔韶：《人类学概论（第二版）》，中国人民大学出版社，2015 年版，第 4-5 页。
[2] 百度文库：《人类学概论》，互联网文档资源，http://wenku.baidu.c。

的场所，从而获得文化价值的认同。

综上所述，非遗展示空间作为保护和传承非遗的重要场所，在信息高速发展的时代被赋予了特殊意义。非遗空间的解构、重组、建构对如何将活态的非遗项目完美地保护和传承将起到关键性的作用。本书将探寻非遗展示空间的多元形态，建构非遗展示空间的理论逻辑框架，搭建多维展示空间的结构体系，挖掘人、展品与空间的关系，并通过对空间的感知来形成对非遗核心价值的集体认同感，从而形成非遗展示方法及展示叙事的实际操作的参本，为非物质文化遗产的传播与展示以及丰富建筑空间体系做出贡献。

二、研究意义

"对于非遗展陈，空间的含义是一个有别于其他日常生活的特殊空间形态，其特殊性在于它既可以是通过围隔和顶构成六面围合的'有形'空间，也可以是通过项目本身技艺展现的'无形'空间"[1]，还可以是传承人非意识下的二度创作的空间等。展示空间架构的价值不仅在于"场所"氛围的营造，更在于人与空间的互动体验，以及通过对展示空间的策划完整、全面地诠释非遗价值。本书以非物质文化遗产展示空间为研究对象，诠释非遗展示空间的概念及内涵，并以非遗展示空间的形态、类型以及构成要素等为主要研究内容，借鉴博物馆叙事理论体系，通过大量的实地考察以及实践案例，全面、系统地进行非遗展示空间的研究，在博物馆学、建筑学以及非遗展示策划与实践方面具有一定的理论和实践意义。

（一）丰富建筑空间理论，寻求非遗展示空间话语权

在理论方面，通过对相关的文献梳理，发现关于非物质文化遗产

---

[1] 张娜娜：《设计人类学视野下的非遗展陈要素关系辨析》，大观，2018 年 8 月 20 日，第 112 页。

展示空间的研究较少，多集中在博物馆空间以及建筑空间等方面，而建筑空间（包含博物馆空间）与非遗展示空间之间多存在"矛盾性"的现象。对于建筑空间而言，事件、功能、形式、构造、材料等都成为空间中的"部件"，机械化的操控着人们的观念与思想。但对于非遗项目而言，所需要的空间不应是文化的"牢笼"，人性化的设计、有机的现实与思想都需要在非遗展示空间中彼此地交融与渗透，才能真正实现具有代表意义的空间图式，并且在人的意识中随着观展项目的不同而形成不同的空间意象。确切地讲，非遗展示空间不同于以往的空间形态，它既是人们意识形态的产物，也需要融会个人生理、心理、社会价值、文化背景等非意识空间形态。这种空间形态不仅表现出复合化的特征，而且还是一种多维的空间逻辑景象。

其次，非遗项目分类众多，联合国将非物质文化遗产划分为五大类，在我国国家级非物质文化遗产名录中将其分为十大类，但都并没有根据展示的需求分类，也没有二级分类，从展示的角度而言就缺少了实践与理论相衔接的环节。同时，针对一级分类与二级分类都没有相关的展示空间理论的研究，学术界多侧重于从美学、设计学、保护方法去研究非遗展示，忽略了空间作为展示要素的重要性和多维性。

对于空间艺术而言，建筑是丰富而矛盾的，正如文丘里（Robert Venturi）在其《建筑的复杂性与矛盾性》(*Complexity and Contradiction in Architecture, 1966*) 中开篇就表明了这样的观点："用意简明不如意义的丰富，既要含蓄的功能也要明确的功能……，一座出色的建筑应有多层含义和组合焦点。它的空间及其建筑要素会一箭双雕地既实用又有趣"。[1] 建筑形式与内容之间具有矛盾性与复杂性，而这种矛盾性与复杂性也成为了建筑空间持续发展的艺术源泉。在非遗展示空间的研究中，因为非遗项目的特殊性与复杂性，其空间

———————————

[1] [美] 罗伯特·文丘里：《建筑的矛盾性与复杂性》，周卜颐译，江苏凤凰科学技术出版社，2017年，第21页。

艺术与空间精神的建构也变得复杂而矛盾。在当代社会，随着数字技术的不断创新，对空间艺术的感知和解读与以往发生了很大的不同。非遗展示空间作为建筑空间研究的一个分支，其空间观念的研究也必然发生相应的变化，并在建筑空间领域，寻求其文化领域下的"话语权"，通过感知不同的主体，在不同视角、不同认知层次及深度上，根据其复杂性与矛盾性，探究多元视角的研究，这也是在多领域空间观念的探讨下对建筑空间的补充和丰富。所以，本书以空间作为研究的切入点，落脚于非物质文化遗产项目，从而弥补了非遗分类理论相关研究中的不足。

（二）打破传统博物馆展示空间的认识，探讨多维性非遗展示空间

现代社会，人与空间之间存在着复杂的关系，经济活动和社会活动中形成的空间模式和空间形态都是人在不同地域上的行为映射。在数字技术高速发展、网络覆盖的今天，人类的思维方式逐渐颠覆着对传统建筑空间的认知、研究和设计方法。随着海量信息的不断出现，图像数字化的时代已然来临，对传统博物馆及建筑空间的影响也越来越不容忽视。

博物馆的发展与演变经过了漫长的历史过程，从诞生时的"以物为主"到今天的"以人为本"，无不表现出博物馆紧跟时代步伐，逐步突破了传统的、固定的内部空间形式，开始展现出多样化的空间形态。这为本研究所涉及的非遗展示空间的研究奠定了一定的理论基础。就中国目前的非遗展陈现状而言，实体化的博物馆展陈空间给部分非遗项目提供了一个展示的场所，但距离能够完全适宜非遗展示空间的要求还有一定差距，需要不断地研究和实践。博物馆室内空间展示对非遗项目而言只是展示空间的一种形态方式，而非遗这种原生态环境生长的项目，有其需要展示的特殊空间形态。在多元化信息媒介传播的今天，非遗传承和传播所需要的媒介也就更加丰富化和专业化，媒介的选择更加代表着展示空间的"特殊"演绎和消解，换句话说，媒

介化的展示空间是被媒介重构的空间形态。

经调研，目前针对非遗的展示场所一般分为：各省级综合类博物馆、非物质文化遗产展览馆、生态博物馆、非遗专题馆、虚拟博物馆、非遗博览会、非遗传承基地等空间类型。这些空间类型虽都以非物质文化遗产作为展示对象，但在整体的空间规划、空间形态、空间塑造以及空间氛围营造方面并没有突破传统博物馆的展示理念，空间形态过于单一，对非遗项目的展示也多以传统博物馆展示方式为主。非遗核心价值的体现，不仅仅需要展品所构建的实体展示空间形态，这常常是部分的、局部的、受限定的；而通过多维空间的展示，才是侧重非遗艺术、文化、核心价值的传播，这才能最终形成属于非遗项目自身的"空间精神"。同时，这就需要各展览机构整合现有资源，进行行之有效的展示空间研究，针对非遗项目本身的活态性以及传播过程中的流变性等特征做出相应调整，探索出适宜各类别非物质文化遗产项目的展示空间之路。

（三）展拓展示与传播理念，完善非遗展示传播体系

"传播"一词，对应的是英语中的"communication"一词，它起源于拉丁语"municatmmunis"，原意为双向、互动的，带有"共享"的基本内涵，引申到信息传播领域，就成了"交流"。[1] 在非物质文化遗产保护实践中，我们不仅需要突破单纯的技术性保护，还要通过传播和展示的途径，建构起持续发展的路径，只有这样才能将非遗核心价值的阐释与展示传播的方式有机结合起来，最终将保护与传承观念置入大众的心中，获得中华传统文化的精神与物质的享受。

21 世纪是文化的世纪，传播的世纪。"在媒介社会，人们对客观现实的认识很大程度上需要经过媒介提示的'象征性现实'的中介"[2]。也就是说，我们对世界本质的认识，大都来源于"媒介"的

[1] 胡正荣：《传播学总论》，北京广播学院出版社，1997 年，第 59 页。

[1] 郭庆光：《传播学教程》，中国人民大学出版社，1999 年，第 224 页。

解释和诠释，通过媒介大众能看到这个世界的"镜像"形态，并通过传播媒介对信息的加工，呈现在人们面前的则是净化后的社会环境。人们对信息的认知和理解是一种媒介化的而非实际的原始信息。非物质文化遗产的价值不仅通过非遗本身的形态来阐释，还通过传播媒介对信息的加工、投射和表现，这种通过大众媒介建构的非遗形象有时比非遗本身的真实环境更加引人注目。

随着近几年媒介形式的不断发展，传播形态也开始不断推陈出新。对于非遗的传播也开始不仅仅局限于博物馆陈列、文化艺术展览以及一些传统的传习场所等，媒介的融合发展，使得传播形式开始多样化，人们既可以进入实体场馆进行非遗精品的观展，也可以利用数字网络技术随时随地线上浏览，同时还可以利用 VR 虚拟现实与增强现实进入非遗发生的原生态环境中进行沉浸式的感官享受。这种通过媒介的介入，传播形式的交叉融合，对非遗传播理念的搭建具有重要的意义，这也对非遗的保护和发展带来了新的契机。人们利用有效的传播手段增强对非遗价值的认知和解读，并在大众社会中形成有效的交流与沟通，从而激发社会广泛的关注，加入到非遗的保护与传播行动中来。

（四）探索展示空间新模式，增强非遗的公众性传播

非物质文化遗产展示空间研究，是针对目前众多非遗项目本体特征所展开的研究，通过空间叙事结构的研究将人的情感、现场感知、想象等思维空间与非遗展示空间结合，将人置入空间要素的设计之中，通过展示媒介、展示手法、空间结构等来营造一种独特空间情境，在认知与传承非物质文化遗产方面具有重要的研究价值和意义。其次，在实践方面，本课题主要通过对非遗展示空间的研究，找到非遗项目展示的特性，并归纳出相关的空间设计表现方法，总结出展示策划理念，这对于非遗项目的空间设计能起到一定的指导作用，在一定程度上避免了非遗展馆与博物馆趋同化的展示模式，避免了非遗项目作为一种藏品被禁锢在博物馆中的现状。同时，叙事化的空间结构对于各

地不断举办的非遗展览策划具有一定的指导意义。

最后，本课题的研究在非遗保护以及非遗博物馆研究方面提供了新的视角，将相应的展示手段、展示媒介、展示道具、叙事手段、策划理念融入到非遗展示空间的构建体系中，从而为提升非遗展示的接受度以及非遗展示与传播的深层次需求注入了新的方法和理论。

第二节 国内外展陈空间研究成果

　　"空间"这一概念最早源于拉丁语中"spatium"一词，代表着物质依托空间而表现出的延展性和持续性。关于空间相关的理论研究较广，而相对非物质文化遗产展示空间的理论研究尚少，多集中于非物质文化遗产展示内容与展示形式等方面，因此，在阅读了大量的文献资料后，从建筑空间理论、博物展示空间理论、空间现象学、空间哲学、叙事学等几个方面整理和归纳了国内外研究文献，力求对本课题的研究提供一定的理论帮助。

一、相关理论研究

（一）关于建筑空间理论及相关研究

1. 建筑空间理论研究

　　对于建筑空间而言，建造建筑本身并不是目的，而是通过建造这一活动而形成"空间"，才是实践活动的最终目标。在人类社会活动的过程中一直包含着对空间的创造，老子《道德经》一书中言："埏埴以为器，当其无，有器之用。凿户牖以为室，当其无，有室之用。故，有之以为利，无之以为用。"[1] 通过举例来说明"有"与"无"的相互关系。"有"，则为建筑实体，"无"，则为空间，非常形象地比喻了建筑的外壳不是实践活动的基本，建筑围合的空间才是建筑的根本。这是中国古代记载中最早描述"空间"的论述。彭一刚所著的《建筑空间组合论》从空间的基本建构和组合两个方面较为系统地阐述了建筑空间的基本原理和运用，该书从建筑学的角度全面地介绍了建筑空

---

[1] 老子：《道德经》，第十一章。

间实践中的相关问题，为本研究非遗展示空间组合以及与展陈内容之间的协调关系提供了一定的帮助。另外还有一些学术论文，主要集中于两方面：一是从美学的角度出发，研究建筑空间的建造意境，二是从方法论的角度出发，在实践的基础上研究建筑空间设计方法。

在西方，建筑空间理论形成较早，理论著作较多。布鲁诺·赛维（Bruno Zevi）在《建筑空间论：如何品评建筑》（*Architecture as Space. How to Look at Architecture*）一书中认为空间才是建筑最重要的部分，"建筑不应被当作雕刻品或绘画那样来评价，也就是说，当作单纯的造型现象，就其外表进行表面的品评"[1]，认为建筑的特殊性与雕塑、绘画的区别点就是建筑的独特所在，即空间。在这本书中确定了空间在建筑体系中的重要性，但这里所讲的"空间"主要以三维物理空间为主，对空间与人的关系并没有过多地展开讨论。瑞士建筑评论家希格弗莱德·吉迪恩（Sigfried Giedion）用含蓄地辞藻引入"渗透"的概念来描述新的空间体验，在他的著作《空间时间建筑》（*Space, Time and Architecture*）一书中更进一步地提出了"空间——时间"的概念。对于它而言，新的方法不再将时间和空间看作是单独的维度，而两者是统一联系的整体，并通过现代主义建筑大师的作品来印证新建筑的时空观念。书中所提出"新的空间观念"已成为现代建筑的第四维度，并让人体会到现代建筑空间不是静态的，而是随着时间因素不断变化而形成新的空间意义。对于非遗项目而言，展示场所的建构也正是一种"活"的空间形态，这一理论为本论文的研究奠定了一定的理论基础。

随着对空间研究的不断成熟与深入，建筑学研究开始逐步重视非空间领域的研究以及进行交叉学科的空间研究。如美国建筑史学家巴纳姆（Reyner Banham）认为建筑是"人的生物学需求与知觉体

---

[1] [意] 布鲁诺·赛维：《建筑空间论》，张似赞译，中国建筑工业出版社，2006 年，第 4 页。

验下的一处空间组织的会聚"[1]，开始研究人在空间的感受问题，将人的身体与空间之间的关联作为研究的两个要素，这种研究方法脱离了以传统物态的、空间的视角进行研究的方法。凯文·林奇（Kevin Lynch）的《城市意象》（*The Image of the City*）中将城市作为一个整体研究，着眼于人对环境的感受，将物理环境与使用者结合在一起，从而塑造一种可感知的场所。他认为建筑不仅是某种空间结构，更是由空间所营造出的时空意象，这种意象是人们直观的感受与头脑中记忆储存发生反应的共同产物，是空间形态与人的意识之间建立起的内在联系，以此探索一种适宜人居住的空间形态。

综上所述，以上著作皆以建筑学为研究背景进行的空间、空间——时间、空间——时间——人等的相关研究，分别以不同的视角以及研究方法说明现代建筑空间的研究转向，以及基于现代社会发展现状，为空间研究提供了一些思考方向，也为非物质文化遗产展示空间这一新的研究领域提供了方法和视角，同时启发我们不要只局限于对空间本体的研究，更应该重视整个展示空间中的相关因素以及各因素之间的联系。

2. 与建筑空间相关的理论研究

空间哲学是博物馆展示空间研究的哲学基础，自 20 世纪以来，西方思想发生了转向，开始进行各种跨学科趋势的研究，进而也产生了一系列的空间哲学著作。法国哲学家米歇尔·福柯（Michel Foucault）较早地提出了关于空间的理论，他认为空间不应该被看作是僵死、静止的，而是应该具有生命力的一个概念，并于 20 世纪 60 年代中期出版了《词与物——人文科学的考古学》（*Les mots et les choses: Une archeologie des sciences humaines*）一书，书中第一次提出了"异托邦"（Heterotopias）的概念，并在《另类

---

[1] [希腊] 帕纳约蒂斯·图尼基沃蒂斯：《现代建筑的历史编纂》，王贵祥译，清华大学出版社，2012 年，第 85 页。

空间》(*Des espaces autres*) 这篇文章中对空间进行了阐述，"异托邦" (Het-erotopies) 不同于"乌托邦" (Utopie)，他的这一理论主要强调世界是真实存在的，通过他的这一理论总结出关于空间的几大特征：第一，"异托邦"表现为多元共存的文化现象，正如中国的文化，既表现多民族文化共融，但又不失各民族特色；第二，不同时期内产生的文化形式会各有不同，但都会处于一个相对稳定的文化空间中；第三，"异托邦"可以把相互间没有联系的空间和场所组合成一个真实的空间，比如，我们的博物馆，可以说是集展示、教育、宣传、收藏等功能为一体的场所空间，也正是这一理论特征的真实再现；第四，提出了与时间的关系，将这种关系称为"异托邦"，也就是说，在博物馆的展览空间中，正是因为展示空间这一场所的存在，才将各个不同时期的艺术品，藏品聚集到一起，产生关系，发生作用；第五，"异托邦"是一个自由开放或者关闭的空间系统，这个系统将空间进行分隔、组合，也可将观众进行隔离和随意进入，在非遗展示空间的自由组合以及形态上提供了一些思考方向；第六，"异托邦"可以缔造一个"虚无空间"，这个空间是对我们真实空间的补充，而这一空间理论特征为笔者研究非物质文化遗产展示空间提供了理论支持，正是因为非遗项目展示的特殊性，所以在展示过程中既需要真实空间的存在，又需要对"无形"空间进行诠释和表现，只有这样才能将非遗项目本体特征及价值展示出来。

从 20 世纪 70 年代开始至 90 年代，建筑现象学的相关理论研究已初具规模，而建筑现象学对空间本质阐述最多的是建筑学家诺伯格·舒尔茨（挪威 Norberg-Schulz,C.），他在《存在·空间·建筑》（*Existence, Space and Architecture*）中认为："存在空间是从大量现象的类似性的图像抽象出来，具有'作为对象的性质'""因此空间是有机体与环境相互作用的产物……宇宙的组织化是不可能同活动的组织化分离的"。也就是说人与空间是一个统一的整体，空间是人类在物化条件下与世界发生关系时的过程呈现。在建筑现象学的体系下，空间是一种以方向与路线、区域与领域、存在与空无等为要素的结构化场所，进一步指出了现代城市建设中"场所感"丧失的问题。这一理论的研究确立了人的生存、建筑环境以及空间要素需要保持在统一节奏的时空之下，从而也打破现代主义、后现代主义建筑以"量"来建构空间的思想，强调空间与人的关系。该书的"场所"概念为本篇著作研究空间提供了另一个角度，但舒尔茨的场所理论知识停留在概念的梳理上，相关论述也较为笼统，对于本书研究具体的展示空间并不能提供很大帮助，但他从使用者的角度阐述了空间存在的向度，将空间场所的要素及其背后隐藏的意义与人文精神归纳为一个整体进行体验和思考，与此书的研究对象不谋而合，有可借鉴之处。

法国当代文艺批评家加斯东·巴什拉（Gsston Bachelard）的《空间诗学》（*La Poétique de l'Espace*）一书中，从现象学以及象征语义学的角度出发，认为空间不仅是具有物质意义的"容器"的作用，还是人类精神及思维的承载之所。由此，巴什拉将"人的意识"融入到空间因素之中，在一种意境的空间中对物象进行描绘，但对"人"与"空间"的关系并没有细致的分析，而是将人的意识作为描绘空间诗学的一个因素。同时，通过对诗歌中现象学的研究，分析诗歌与现实空间所具有的关联性，建立交叉研究的框架，通过对人类诗学本源性的思考，来分析空间的诗学，从而将"空间"上升为一种文学理论的高度，突出对空间意境和氛围的追求。

以上文献将"空间"与现象学、社会学、哲学进行跨学科结合并展开相关研究，给本书的写作提供了一种独特的视角和方法论。虽然全国各地都在建设形形色色的非遗馆，但针对这一领域的理论研究还较少，基于非遗展示空间这一新的研究课题，并结合文献中所提及的建筑现象学、建筑哲学等研究成果，为本课题的研究提供了重要的理论支持。

（二）关于非物质文化遗产展示空间理论研究

目前，针对非遗展示方面的研究理论虽逐渐增多，但针对非遗展示空间的理论研究颇少，并多以硕博论文为主。其中中国传媒大学杨红的《非物质文化遗产展示与传播前沿》一书以传播学为学科背景，从基本理念和技术手段双向入手，探索了不同类别非遗的展示方式，虽然其中有关章节对非遗展示空间的形态特征进行了对照研究，从生态博物馆、"后博物馆"和遗产阐释中心等参考模式出发，探索非遗实体空间的发展方向，但缺乏对"无形空间"形态的研究，缺少对具体的空间形态进行相关分析，缺乏建筑学理论视角。另外，相关的学术论文有童东升的《非物质文化遗产展示的空间形式与传播方式研究》，此文从非物质文化遗产传播以及实践案例来分析目前非物质文化遗产博物馆面临的问题，但仅仅将"空间"的概念局限于博物馆之中，并没有深入的分析。张晓梅的《非物质文化遗产展示的空间形式与传播方式研究——以无锡非遗传承与创新中心展示馆为例》一文，主要从分析非物质文化遗产的特性入手，以无锡非遗传承与创新中心展示馆为例，探索非遗展馆展示设计需要把握的要素与方向。中央美术学院赵同庆的论文《展示空间中知觉情感的叙事性研究》，主要是以知觉情感作为切入点，研究人与展示空间形成的互动关系，进而通过实践案例分析在展示设计过程中，应如何考虑人的体验和认知的问题，将所研究的切入点放在整个展示空间中去思考，但对于空间本身并没有深入的理论分析。何宝明的《非物质文化遗产展示空间形式研究》，主要分析了非物质文化遗产展示空间的特征，从意境和视觉方面着手研究展示空间的形式，着重强调空间氛围的营造。此论文虽然对展示空间特征进行了相关的研究，但是针对非遗项目来讲，对于"空间"的研究范围还比较局限，需要进行深入的理论知识挖掘。

综上所述，以上专著及学术论文的研究虽以空间为研究载体，但研究重点多着力于以下几个方面：第一，从传播学以及叙事学等外围学科的角度来探讨非遗展示的发展；第二，从研究与空间相适应的非遗展示手法与展陈技术等方面入手，探讨所营造的空间氛围及情景；第三，以非遗种类中的具体的专项案例为研究对象，分析非遗博物馆空间中的设计手法及特征。这些论文虽从不同的角度切入到展示空间中，但都没有就现有的非遗空间进行系统的梳理和分类，也没有明确提出针对非遗项目的展示具体需要什么样的空间，具体的空间形态是什么，应该基于非遗项目的本体特征营造什么样的空间等，这些问题都没有得到系统性的梳理和交代。同时，上述论文都是以实体展馆进行分析和研究，存在一定的片面性和局限性，因此，基于现有的研究成果，笔者将在论文中对非遗展示空间进行系统化的理论梳理，并提出具有实操性的展示策略分析，以便能够丰富和推进现有的理论成果的发展。

（三）关于博物馆展陈及相关理论研究

1. 国内研究现状

中国博物馆的发展从张謇创办"南通博物苑"到现在已有 100 多年，随着经济建设的不断发展，当代中国也正步入一个文化建设的高峰期，博物馆的建设也出现了前所未有的繁荣。进入新世纪后，人们在物质生活不断得到改善的同时，越来越注重精神和文化生活的改善，博物馆以其独特的造型魅力和文化艺术价值，成为承载人类文明进步的文化殿堂，在塑造文化生活和精神文明方面起到越来越重要的作用。展示空间作为博物馆建筑设计的重要环节，直接影响了整个展览水平以及展品价值的实现。对于博物馆展陈的重要性，中国工程院崔恺院士提出："建筑和展陈设计的互动交流是博物馆建设成功的关键所在"；其他研究学者也有类似的观点，如张威认为："建筑师应将展陈空间的合理布局作为建筑设计依据"；建筑师吴云一和项秉仁也认定："在博物馆学领域的研究中，与博物馆建筑空间表现最直接相关的莫过于其展陈设计。"[1] 所以展陈成为博物馆开展各项工作的基础，直接关系到博物馆的正常运营。目前，国内相关的研究方向主要集中在两个方面：

在理论方面，20 世纪初期，中国的博物馆展陈理论受到苏联的影响，《博物馆陈列的组织与技术》的出版对于我国展陈技术及展陈方法起到了理论指导的作用。20 世纪 80 年代以来，博物馆协会的学者举行了关于展陈设计的研讨会，并于 1997 年，与国家文物局共同编写了《博物馆陈列艺术》一书，书中一方面对展示要素、展示原则、展示手法等方面进行了概括性的总结，另一方面对展示陈列的技术性问题也进行了专业性的讲解和分析，全书内容丰富全面，操作性比较强，代表了当时乃至今天中国博物馆展示设计的主流方向。2001 年，王宏钧主持和参与编写了《中国博物馆学基础》修订本，此书是对 1990 年《中国博物馆学基础》的修订整理，系统地介绍了有关博物馆的社会功能、陈列研究、组织管理以及高科技在博物馆工作中的运用等相关专业知识，具有一定的理论前瞻性和现实的指导意义。在实践方面，齐玫的《博物馆陈列展览内容策划与实施》从实践角度出发，系统的阐述了博物馆陈列策展内容在不同阶段的运作过程，总结、梳理了博物馆陈列展览的程序、规范以及要求，在具体的实践操作过程中对博物馆展示空间设计具有指导意义；《博物馆策展实践》充分展现了首都博物馆的展示空间的理念，通过几次大型的展览实践来诠释展览的主题、展线设置以及展览内容之间的逻辑关系，具有一定的实践指导意义。

2. 国外研究现状

自博物馆学正式诞生以来，国际上关于博物馆的历史发展、展示

---

[1] 吴云一、项秉仁：《"容"与"器"——浅探展陈设计的演进与博物馆建筑空间建构的时代特征》，城市建筑，2011 年 12 月 5 日，第 93 页。

方法、功能和目的等内容的研究颇多，产生了很多重要的理论著作。其中，博物馆展示理论自 19 世纪末开始出现并逐渐得到博物馆界重视，多以理论与实践结合的方式示人，论述新技术下博物馆展陈方法、设计流程、展陈理念、展陈形式等，但对于相关的博物馆展示空间方面的研究较少。如玛格丽特·霍尔（Margaret Hall）的《展览论——博物馆展览的 21 个问题》（*On Display A Design Grammar for Museum Exhibitions*）一书，分为上下两部，上部主要对当今博物馆展览的发展背景作了简要描述，探讨了博物馆展览的组织、规划、设计、维护等内容，下部是设计师手册及专题展览，介绍了如何处理各种物品以及各类型专题展览的技巧。该书对于本课题提供了展览方向纵向的梳理和理论基础，同时面对非遗展陈不同项目的繁杂性、复杂性，进行专题类展陈空间形态的分类研究，成为课题研究需要思考的重要环节。

墨西哥大学雅妮·艾雷曼（Yani Herreman）撰写的《陈列、展出与展览》（*Display, On Display and Exhibition*）对于博物馆陈列做出了深入的探讨和研究。文中从陈列、展出与展览的差异展开论述，并根据展示的不同类型给出相应的处理方法。随着信息技术及社会文明的不断进步，博物馆功能发生转变，开始注重观众在展陈空间中的交流、体验与学习。其中，美国博物馆学教授大卫·迪恩(David Dean)在《展览复合体：博物馆展览的理论与实务》(*Museum Exhibition: Theory and Practice*) 一书中结合教学实践，对展陈设计流程及设计要素进行了相关的论述，并围绕展品内容与信息传达媒介进行评述，最终实现观众的最大化认知。其中书中对于展品呈现方式的重要性做了分析，基于非遗项目展品的特殊性，这一分析内容对本论文的研究具有直接性的帮助。

另外，有关新博物馆理论的前沿性解读也多集中在西方，以 1984 年《魁北克宣言》（*Quebec Declaration*）为代表，标志着新博物馆学的诞生，其中包括生态博物馆学、社区博物馆学、以及其他形式活动的博物馆学。1989 年彼得·弗格（Peter Vergo）发表的《新博物馆学》(*The New Museology*) 将新博物馆理论作为一个新兴课题正式进入学术领域，并试图挑战传统博物馆，表明他们需要改变现有的展览空间，关注人的需求，使博物馆更加具有包容性。另外，关于新博物馆理论方面的著作还有美国学者珍妮特·马斯汀 (Janet Marstine) 编著的《新博物馆理论与实践导论》(*New Museum Theory and Practice*)，本书共收录了 12 篇论文，并通过"定义新博物馆理论"与"展望未来：理论付诸实践"两部分来追溯博物馆的发展和博物馆理论中的建筑史、女性主义馆藏和保护的发展过程，并将博物馆理论付诸于实践。大卫·卡里尔 (David Carrier) 的《博物馆怀疑论——公共美术馆中的艺术展览史》(*Museum Skepticism: A History of the Display of Art in Public Galleries*) 则是在"新博物馆学"的背景下系统研究博物馆中的艺术展览，并采用跨学科的研究方法，运用文化学、哲学、博物馆学等理论，在深入分析巴黎卢浮宫、纽约大都会博物馆、加州盖蒂博物馆等案例之后，探讨了博物馆未来发展趋势的问题，给博物馆未来的发展方向提供了思考的空间。依据文献资料的整理来反观非遗展示空间的探索，我们可以窥见传统博物馆与新博物馆展陈理论方面的转变：

传统博物馆以"物"（藏品）为主的展陈理念已然转变为今天以"人"（观众）为主的展陈理念，即从关注物的搜集转变为对人的重视。这种理念的转变从空间营造方面来讲，主张营造一种多样化的空间文化，这种理论的构建与非遗特殊的展示需求达到了某种契合。对于非遗展示空间的研究更是一种逆向求解的过程，尊重文化多样性发展，立足于新学科、新技术所创造的优良条件，革新空间叙事方式，加强"人"与"空间"的综合关系，聚焦空间关系的复杂性、维度关系的多层次性以及感知关系的动态性等，从而发现各空间离散元素之间的本质特性，从而为非遗展示与传播提供多元可能。

（四）关于博物馆叙事学及其他相关理论研究

1.国内研究现状

目前国内对于博物馆叙事理论的研究尚处于探索阶段，通过网络及各大图书馆数字终端检索发现，利用叙事学作为切入点对博物馆展开研究的学术成果颇多，多以论文期刊为主。2012年中国国家博物馆刘佳莹在《中国博物馆》发表的《历史类展览的时空与节奏——结构主义叙事学的视角》一文中，以四种代表性的历史类展览作为分析对象，探讨叙事学的理论模式，尝试在博物馆的时空与节奏方面进行运用并取得突破。此外，如《文化建筑中文化性、地域性与时代性的综合叙事——惠州市文化艺术中心、博物馆、科技馆建筑设计方案》《"容"与"器"——浅探展陈设计的演进与博物馆建筑空间建构的时代特征》《当代博览建筑中的叙事思维表达研究》等相关论文也是利用叙事学分方法来解决博物馆建设中问题。而随着叙事学在整个博物馆学领域中的应用，也开阔了博物馆展示空间理论研究的视角。

通过对上述学术论文的总结和归类，我们发现目前国内虽已出现利用叙事学来研究博物馆展示空间理论，但有的研究也仅仅是停留在"叙事"的字面意思，叙事术语应用较多，但并未能真正结合在一起，造成理论与实际研究的对象两层皮的问题。此外，叙事学作为一种学术方法，虽对博物馆展示空间的研究具有一定的影响，在集中于对空间这一大的范畴研究之下，更应该将叙事方法具体到设计程序、展览文本、案例分析、设计实践操作中，类似于电影"剧本"的叙事方法，这样更加接近叙事学的研究对象，更有利于将叙事学的理论带入到非遗展示空间理论的研究中，同时，基于非遗项目的特殊性，对其的研究更加要重视叙事模式、叙事方法等方面，以便能够在设计实践方面给出直接性的理论指导。

2. 国外研究现状

国外对博物馆叙事理论进行深入研究的著作及论文屈指可数，只能借鉴相关、相近的叙事理论著作作为参考，如通过对建筑叙事与传统媒介叙事的研究等，来借鉴与充实展示空间叙事理论的相关研究。

《建筑体验》的问世让建筑学领域首次意识到"人"作为欣赏主体的重要性，此书的著作者系哥本哈根皇家美术学院 S·E·拉斯姆森 (S·E·Rasmussen) 教授。在《建筑体验》(*Architectural Experience*) 面世之后 S·E·拉斯姆森教授又相继发表了关于空间的事件模式、人对建筑本身的动力影响等方面的著作，着重论述了人对于建筑空间的重要性以及人对建筑艺术的意义，对人与建筑的关系做了更深入的探讨与领悟。"以人为本"的建筑体验开始被重视，加之叙事学理论的发展，建筑学者渐渐觉醒，在建筑体验的基础之上，结合"接受心理学"以及"行为现象学"等相关学科，开始在建筑领域中研究空间的叙事性，挖掘和探讨建筑的本质内涵。美国密歇根大学索菲亚·莎拉（Sophia Psarra）所著的《建筑和叙事——空间与其文化意义的建构》(*Architecture and Narrative The Construction of Space and Its cultural Significance*) 一书系统而全面地分析了作为建筑学分支的建筑叙事学所具有的价值及其意义，这本书的出版标志着建筑叙事学在当代逐渐走向成熟，是建筑叙事学发展史上重要的里程碑。在此之前作为建筑叙事学先驱的尼格尔·寇替斯（又名尼格尔·库特斯 Nigel Coates）就已将他的叙事学理论与"今日叙述建筑（NATO）"的实践成果做了系统的总结。美国当代建筑师斯蒂文·霍尔（Steven Holl）认为，叙事性是一种"认知框架"，是对行动与实践本身以及对经验性的符号再现。而在博物馆这种具有特殊功能的建筑中，这种"认知框架"的运用则显得尤为重要，对于人类个体而言，经验性则是人类意识对世界进行的一种中介行动，这种行动犹如读者感知文字、大脑处理信息一样。欧洲最大的犹太历史博物馆，被其设计者、著名建筑师丹尼尔·里勃斯金（Daniel Libeskind）比喻为"无结局小说"，在这座建筑中，设计师通过不同的历史故事和生活事件，为观众呈现了三条不同的叙事路径，由观众选择，通过三条主线来探索犹太名人在城市中的生活痕迹，也可以将三条不同通道中的人物、故事随机排列组合，来形成属于自己的"认知框架"，在自我意识中形成对犹太人独特的心理印记。近几年，国外对博物馆叙事研究已经有了新的进展，作为传统媒介叙事研究的《书面叙事·电影叙事》（*Récit écrit·Récit filmique*）和《小说与电影中的叙事》（*Narrative in Fiction and Film An Introduction*）这两部著作的写作方式与论点，为博物馆叙事研究提供了一个新的研究方向，能够给博物馆展示叙事研究提供一个新的思路与参考，具有很高的参考价值。

综上所述，基于国外学者对建筑叙事学及相关理论的研究，我们发现将叙事学应用到建筑学领域中，不仅解决了人与建筑之间的构建关系问题，还从一定程度上诠释了建筑语境下文化的深刻内涵，这对将叙事学引入非遗展示空间中提供了一种研究方法，但目前这些学术理论所谈建筑领域甚广，现实设计当中出现的具体问题没有解决。因此，展示空间中引用叙事学理论及方法时，需要把握典型个案，对叙事学的研究对象要有针对性，依据不同研究对象的特征，需用不同的叙事方式及叙事结构，才能挖掘对象背后的本质内涵。

二、非遗展示空间现状分析

（一）现有的展示空间场所类型的多样化

我国非遗保护工作起于 20 世纪 50 ～ 60 年代，自 2005 年我国正式全面启动和加强非物质文化遗产保护工作到 2013 年我国《中华人民共和国非遗法》的颁布，中国通过自有的模式在进行着非遗的

表 1 中国现有的非遗展馆类型

类型	综合类	专题类	生态类	展览类	主题园区类	数字虚拟类
展示对象	依附于大型博物馆，对展馆所在地的各个类型非遗项目进行综合展览	针对专项非遗项目的区域类独立性非遗展馆，从内容分级属于二次分类展馆	区域性户外人文景观及原住居民形成的文化空间及地域记忆	同一主题及品类的临时性非遗展览	针对世界范围内不同非遗种类的展示，主要为户外大型园区性展览	区域性非遗项目综合展示及专题类非遗展示
陈列方式	静态、动态为主，活态	静态、活态	静态、物态、活态	静态、动态	静态、活态	虚拟
展示形式	图文、实物、声光电等设备	图文、实物、场景还原、真人展演	历史遗迹、聚落环境、民俗日常	图文、实物、多媒体播放	图文、实物、真人展演	PC+移动、手机APP、二维码、数字设备等
展示目的	典藏、研究、教育、展示、传播	典藏、教育、展示、传播、娱乐	保护、保存、展示、研究	教育、展示、传播	保护、展示、旅游、销售、交流	展示、传播
叙事方式	主题分类叙事	主题叙事	动态叙事	主题叙事	主题—区域分类叙事	主题—历史叙事
场所举例	南京博物院—南京非物质文化遗产馆	中国昆曲博物馆、南京云锦博物馆	安吉生态博物馆	中国首届非物质文化遗产保护成果展	中国成都国际非物质文化遗产博览园	陕西省非物质文化遗产陈列馆线上全景展馆

保护。非遗起源于民间，展示空间最初的表现形态便是传承群体及传承人的工作作坊及表演的原生态空间，随着展示性保护逐渐受到社会各界的认可和关注，我国的展示空间类型在原有的基础上逐渐丰富多样起来。据不完全统计，我国的已建有非遗的传习场所和展示场馆近9000余处，随着场馆数量的增多，场馆类型也由原来的传统博物馆展示扩展到线上虚拟等空间类型，展示空间的多维性日渐凸显。如表1所示，中国目前的展馆类型分为六大类，多数以已建成或正在建设中的实体类展馆为主，综合性和专题类的非遗展馆主要依托于传统的建筑空间类型，为非遗保护和展示提供博物馆式的馆藏保护和展示服务，这样的展馆类型其展陈方式及空间形态都延续了传统博物馆的展示理念，创新性有所欠缺，

但正如著名的德国文学家歌德所言："博物馆者，非古董者之墓地，

乃活思想之育种场。"[1] 对于非遗项目本体特征而言，这类展示空间带有一定的展示局限，对于还原非遗原生态及活态性的本体特征会受到空间面积及形态的限制。而在勒内·里瓦德（René Rivard）提出的生态博物馆理念中，"地域＋传统＋记忆＋居民"是一种新博物馆理念，这种空间形态对于保留非遗项目的原生态环境及原始记忆提供了展示的方法及展示的场所。而对于具有临时展览性质的非遗展览园区以及非遗展览类空间而言，其空间建造具有程式化的特征，对促进非遗展品及文创产品的展示和销售具有一定的作用。此外随着信息技术的高速发展，种类繁多的非遗展示带来生机，线上虚拟全景博物馆等数字机虚拟空间的出现实现了人们足不出户便享受非遗展览带来的视觉盛宴。由此，通过上述几类非遗展示空间类型的对比，我们发现每一类展示空间都具有一定的空间特性及展示的缺陷，非遗空间的多元化发展及多维性的建造目前已成为非遗展示的根本性需求。

（二）展示空间建造过程中凸显的问题

目前，随着非遗展示性保护的热度逐渐升温，非遗场馆建设项目也逐渐增多，但在展示空间策划、设计、施工的过程中一直延续着传统博物馆的工作模式及工作方法，整体的展馆空间由建筑设计单位、展陈设计单位以及施工单位三方共同来完成，但三者之间在工作模式的衔接上存在断裂与脱节的问题，这也就导致了展示内容与空间设计之间不协调，从而也就出现了非遗展示需求与展陈设计不能满足其本体需求之间的矛盾。而导致这些问题出现的原因，一是展示设计流程一直延续传统的工作流程，相互之间缺乏沟通与交流，建筑设计往往会完成对室内进行一次空间设计，而在建筑设计师完成该项任务后则交由展陈设计团队来完成二次空间设计，两者之间在空间理念的诠释及空间设计方法上存在很大的区别。同时，相互之间工作的不对接也

---

[1] 君实译：《博物馆之历史》，东方杂志，第15卷，第2页。

会导致设计资源的浪费，如建筑外部空间与内部展陈主体及内容不协调，就要重新进行规划和设计，这在一定程度上势必会造成建筑材料及时间成本上的浪费。如果不进行改造，空间形态就会出现杂乱化，这对于展览路线及展示内容的诠释都会受到影响。二是因为设计师的主观因素。对于一个展馆空间建设而言，所参与的人员众多，每个人其自身在教育背景、社会背景以及认知程度方面都会存在差异，进而在进行同一空间不同设计流程以及不同空间同一流程的情况下会对设计的认知有所不同，对美的定义也会出现偏差，就会产生不同的设计方案，进而也就造成了物质空间的客观性差异。

（三）非遗展示内涵诠释的片面性

对于非遗项目而言，每一类非遗项目都蕴含着特殊的地域特征及文化内涵，非遗展示空间的建设需要通过有形的空间载体来诠释"无形"的非遗价值。而承载非遗价值及非遗文化内涵的往往集中在展品本身或技艺制作过程之中，如表演类非遗项目则需要通过现场的表演才能将非遗文化淋漓尽致地展示出来，其本质的价值也体现于此，简单的图文展馆以及服装道具的展示已经成为展示与传播的"障碍"。因此，"展示中对非遗的感知需要建立在"即时"和"在地"两者的基础之上，重视技艺本身及过程中所产生的"文化意象"才是非遗对展示的要求。"[1]非遗源于大众生活之中，我们需要运用恰当的展示语言以及展示手法来诠释非遗文化的丰富性与整体性，为营造一种可持续发展的展示传播体系而努力。

（四）非遗展示策划缺乏价值空间的话语

在非遗展示策划中，各个要素之间的相互连接成为展示内容实现的重要条件，空间本身作为整个展示语境下的重要元素，不容忽视。实体类空间与线上虚拟空间所具有的属性不同，当我们进行线上虚拟

[1] 张娜娜，《中国非物质文化遗产展示现状及问题研究》，中国艺术时空，2019年9月15日，第66页。

中国非物质文化遗产展示空间研究

展览观看时，空间是基于二维平面中视觉语言来进行转换的，体验与互动才是线上虚拟展示空间的价值本身。而当我们走进实体类的非遗展馆时，设计理念、空间布局、展现设置、主题组合都成为空间语言，对展览内容进行着叙述。色彩的搭配能够引起我们观展的冲动，数字化的体验项目能够带来娱乐效应，但是这些语言的无层次性以及混乱性也会成为非遗内容诠释的障碍。目前就有部分的展馆存在这样的状况，如南京博物院数字馆，琳琅满目的高科技覆盖了展示策划的初衷，成为了消遣娱乐的场所，在展馆中人们重视的不是展示内容本身的价值，而是展示手段带来的娱乐性，因此缺乏整体展示策划的战略性规划，空间价值也就成为了无稽之谈。这种情况的出现，一方面会影响整体的效果呈现。另一方面，作为非遗这种活态性的展示项目，文化空间、虚拟空间等多维空间则消逝殆尽，其核心价值的诠释也会受到阻碍。所以如何利用空间的语言进行战略布局及主题性策划，就成了目前建设非遗展示场所的基本要求。

第三节 内容梗概与结构框架

一、内容梗概

在社会文化蓬勃发展的背景下，各种展览活动层出不穷，展示空间开始出现注重"体验"的新特征，并呈现"复杂性""互动性"的特点，因此亟需用新的空间思维与空间理论来指导展览空间的实践活动。鉴于非物质文化遗产的展示理论相对欠缺，非遗展览活动逐年增多，非遗展示空间肩负着对展品的陈列、阐释、教育、传播、交流等多种功能等原因，本课题拟在博物馆空间和建筑空间已有成果的基础之上，以非物质文化遗产作为切入点，对非物质文化遗产展示空间进行相关研究，进而丰富非物质文化遗产展示以及建筑空间理论的研究内容。通过实地考察调研非遗项目以及建成的非遗展馆，总结出非物质文化遗产展示所需要的不同空间类型，分析不同非遗项目所必要对应的不同空间形态，并运用叙事学、心理学、社会学、人类学等学科进行交叉研究，探索出一条适合非遗本体项目的展示空间体系。借鉴国外展陈理念及展陈方式，结合本国非遗项目的本体特征，总结出展示空间设计中如何做到文化内涵的挖掘与人类情感的共鸣问题，形成一套非遗展示空间的设计方法，进而对现有的非遗展馆的建设及策划起到参考作用，促进我国非遗展示与策划水平的提升。

二、结构框架

本研究通过对非遗展示空间概念和特性的分析，探索不同展示类别的非遗项目的空间需求，对观众的参与、体验、接受、感知等行为以及展示空间中的展品、所用的展示媒介等要素之间的关系进行辨析，从而提出科学、可行的策划方案。根据对非遗项目的分类，探寻不同的空间序列模式以及空间形态，运用空间哲学以及空间现象学的理论知识，剖析非遗展示空间中的场所塑造，借助叙事学手法对展示空间进行系统化分析，继而探求"活态"展陈理念，将非遗的文化价值传递给观众，并通过大量的实地考察，对已有的非遗展示空间进行对比分析，进而寻求最佳的展示空间，延续中华文化的脉络。据此，论文共分为六个章节。

第一章为本书的绪论部分。从选题背景和意义入手，分析非物质文化遗产展示的价值，梳理国内外关于非遗展示空间的相关理论研究，借鉴建筑学、社会学、叙事学等方面的理论研究成果，结合国内外展示空间设计发展的现状，进而解决目前国内非遗展馆及展示空间场所所面临的问题，提出面向观众认知提升的非遗展示空间设计理念及方法。

第二章为展示空间本体的结构与建构。首先，从博物馆展览的历史形态以及溯源入手，理清博物馆展示空间的发展脉络及发展趋势，总结以实物为主的空间形态特性。根据展示需求对非遗项目进行一级、二级、三级的分类研究，探讨不同非遗展示内容对空间的层次的需求。其次，基于非遗本体项目特征以及时代文化特质，分析非遗展示空间内涵及外延，客观论述非遗展示空间整体空间策划理念。

第三章为认知部分，主要依据非遗展示特征、展示内容、观展需求对展示空间进行分类，进一步对非遗展示空间形态进行完整、系统的认识和总结，并将展示空间形态依据非遗本体展示需求分为"有形空间""无形空间""静态空间""动态空间"以及"多维互动空间"等，对与非遗相关的场域依次归类为实体性空间、实体类中叙事空间、虚拟化空间以及多元共生空间等空间类型，并对这几类空间形态及特征进行归纳整理。其次，进一步地将策划理念与设计理念融入展示空间中，对空间进行展示策划模式的序列分析，进一步阐释非遗展示空间不仅限于展览形式，更是包含了展览策划与展览实施，因为三个方面共同构成了展示空间系统。最后，运用展示手法、展示理念以及相关的案例调查来分析非遗展示空间的构成。

第四章为空间系统中要素关系部分。在本论文中，展品、观众、媒介、空间四要素共同构成了非遗的展示空间系统，在本章节中重点剖析各要素在空间系统下的重要性和特征以及它们各自所扮演的"角色"，并对四要素之间的关系进行辨析，进一步深化观众体验对于非遗项目传播与展示的重要性，从而打破传统的展示空间体系，借助现代数字技术，寻求一种创新型的非遗"体验"空间模式。

第五章为本论文方法论部分。在整个非遗展示空间中，通过对空间中叙事、性格、情感、意境等方面进行研究，探究出非遗展示空间设计中的营造方法及空间本身的表达方式。运用叙事学原理，整合展示空间的叙事模式、叙事结构以及叙事特征，分析叙事学空间体系下展览内容的连续性、逻辑性、故事性，分析空间中展览节奏的把握，将展示空间中的各个要素在空间叙事下进行逻辑性的呈现。同时分析材料、色彩、光照、情感等"无形"因素对空间设计的作用及影响，进而为非遗展示空间设计提供理论模式和方法。

第六章通过实际的案例进行非遗展示空间理论与实践的归纳总结，分析笔者调研与亲身参与的设计项目，归纳非遗展示空间策划的理念与原则，关注人的情感需求与非遗项目的文化内涵，将展示空间的文化精神价值作为空间存在的落脚点。最后提出面向社会的非遗展示空间策划模式及发展思路。

第二章 非物质文化遗产展示空间及设计的阐释

Introduction Interpretation of Intangible
cultural heritage Exhibition Space and Design

随着非遗保护工作的顺利开展，非物质文化遗产作为现代社会生活中的内容逐渐衍化为具有鲜明时代特色的知识形态。在现代知识体系中，非遗正经历着传统到现代的转变，并在现代文明中由文化承载者的一元表达向"他者"的多元表达扩展开来。空间作为展示对象、载体以及媒介在非遗的展示与传播过程中的起着重要的作用，本章节主要"以史为据，以大见小"，梳理出展示空间的历史发展脉络，对非遗展示空间的概念进行界定，通过对种类繁多的非遗项目进行展示性分类，总结出各项目的展示空间需求，并对其所需求的空间进行特征及功能的研究和叙述，以便为后续展示空间的研究做好铺垫。

第一节 非遗展示空间历史追溯及概念界定

一、展示空间的历史溯源

（一）"空间"的含义

在人类的社会实践中，无论什么活动都会与"空间"发生关联。在不同的历史时期，不同的学科范围下，"空间"的概念进行着不同的解读和阐释。中国古人早就提出了"时空"的概念。"《管子·宙合》（卷四）曰：'宙合有橐天地。天地苴万物，故曰万物之橐。宙合之意，上通于天之上，下泉于地之下，外出于四海之外，合络天地，以为一裹。散之于无间，不可名而山，是大之无外，小之无内，故曰有橐天地。'我们可以看出，"宙"指古往今来的时间，"合"被引申为空间[1]，"时空观"则是由宇宙观演变而来的。老子《道德经》中用"有"与"无"之间的关系来阐释空间："埏埴以为器，当其无，有器之用。凿户牖以为室，当其无，有室之用，故有之以为利，无之以为用。"[2]此外"郭璞《山海经·海外南经》中我们可以看出先民对于广泛空间秩序的把握和理解：'地之所载，六合之间，四海之内，照之以日月，经之以星辰，纪之以四时，要之以太岁，神灵所生，其物异形，或天或寿，唯圣人能通其道。'在这里空间的秩序是指日月星辰、四时太岁，是万物生存之所在。"[3]在西方，对空间概念的讨论可以追溯到古希腊时期的哲学家，古希腊有关空间的概念主要集中在大方、方位、虚空、空隙、间隙等几个词中，"后来被逐渐转化、概括为对空间的三种经

---

[1] 张娜娜：《中国古代文化空间秩序建构思想研究》，山东工艺美术学院学报，2019 年 8 月 15 日，第 114 页。

[2] 老子：《道德经》，第十一章。

[3] 张娜娜：《中国古代文化空间秩序建构思想研究》，山东工艺美术学院学报，2019 年 8 月 15 日，第 113 页。

验：处所经验、虚空经验和广延经验。这三种空间概念在近代被概括为空间的关系论、属性论和实体论。"[1]18 世纪，黑格尔在《自然哲学》(*Philosophy of Nature*) 一书中将时间、运动和空间统一起来，并用思辨的方式认识空间。这种空间的概念也是现代大多数人所认同的空间概念。而康德认为空间不是唯一的属性物质，并提出了人和事物的新关系，至此空间观念被不断发展。19~20 世纪，各个学科领域分别从科学、心理学、人类学、哲学的角度去介入到空间方式的解读和思考之中，如 20 世纪中期以前，建筑空间的认知主要基于对透视学的研究以及对空间真实性的解读，1895 年，卢米埃尔发明了电影，人们在这种移动的影像中开始受到启发，逐渐对空间进行控制、干预和介入。其中海德格尔运用胡塞尔现象学中的本质直观方法与"形式化"概念分析空间，并从"场所"精神出发，认为："空间是人存在的家园，'空间'是为意义和秩序所规定的世界，它把人作为人而展示出来，与此同时，它把人的生活'空间'安置在切合物性的大地上，因此空间往往关联着自由、价值和永恒。"[2]在梅洛-庞蒂的理论中，"空间被认为是身体空间和客观空间的交叉，是兼具这两种空间性质的，在两种空间相互蕴含中呈现的，所谓'知觉空间'理论"。[3]随着网络信息及数字技术的高速发展与传播，"虚拟空间"开始在人们的生活中被普遍认知和理解，并在各行各业中普遍受到人们的关注和追捧。"在以'幻觉''沉浸'为特征的网络、虚拟世界中，真实与虚拟混淆，虚拟空间成为人脑的技术性外化。"[4]"甚至物质性连同身体作为感觉的主体都可被人造感知消解。"[5]"几何空间、物理空间、文本空间、社会空间、想象空间，几乎所有类型的空间都被统摄在网络空间中，

[1] 吴国盛：《希腊人的空间概念》，哲学研究，1992 年第 11 期。

[2] 胡淼森：《空间的嬗变、私化与终结：以 Z. 鲍曼的后现代空间思想为中心》，社会，2009 年第 3 期，第 74 页。

[3] 颜隽：《再造空间——当代建筑空间的多元解读》，同济大学出版社，2012 年，第 47 页。

[4] 张怡等：《虚拟认识论》，上海学林出版社，2003 年。

[5] 翟振明：《有无之间：虚拟实在的哲学探险》，北京大学出版社，2007 年。

中国非物质文化遗产展示空间研究

网络空间成为了一个可以实现各种潜在意念、欲望和幻想的空间。"[1]

随着空间在不同专业及不同学科下的介入和发展，空间的概念也由此呈现出多元分裂的状态，无论是中国古代还是西方，通过科学、哲学等手段对空间进行阐释和理解，都在一定程度上对现代空间的形成和发展产生了重要的影响，扩展了空间的概念和范围。由此，我们也可以看出，"空间"方向的研究是具有高度理论化、抽象化的，并且它贯通哲学、社会学、美学、心理学等学科，是一个既有高度又有维度的现代学科体系。

（二）中西方展示空间的概念与发展沿革

"展示的定义是以空间视觉为主要表现形式，多种元素相结合，四维（空间＋时间）双向性，以资讯的创造和传播为主要任务的活动"。[2] 由此，我们可以看出，空间元素在整个设计活动中的重要作用。展示空间作为"空间"形态上的分支，其实质上是对人为环境或者自然环境的一种创造活动，通过对场地的规划以及运用各种媒介的手段来进行传播，对事物进行阐释和表达，并在人与场地之间建立一种情感联系，为展示内容提供一个合理化的空间结构。

1. 中国古代展示空间的发展

20 世纪末，为适应市场人才的需求，最早由中央工艺美术学院开设展示设计课程。人类早在远古部族时期就已经存在展示活动，人们为了生存的需要，进行着"物物交换"和"祭祀活动"，悬挂图腾，树碑立柱，这种展示活动更多地出于生存的本能和精神需求。随着社会经济的发展，剩余劳动力的增多，社会分工开始出现，产品买卖活动开始增多，逐渐形成了集市，这就是古代中国早期的博览会的雏形。在封建社会时期，随着教化活动和商业活动的空前繁荣，一些神殿庙宇、教堂、石窟开始成为祭品、神像等的陈列空间，一些专业博物馆

---

[1] 陈卫星：《传播的观念》，人民出版社，2004 年，第 248 页。

[2] 李克：《现代展示设计》，山东美术出版社，2002 年，第 16 页。

和私宅中也出现了博古架式的陈列。南宋吴自牧的《梦粱录》中就曾详细记载了南宋杭州城内各种店铺陈列的形态："自五间楼北，至官巷南街，两行多是金银盐钞引交易，铺前列金银器皿及现钱……纷纭无数。"[1] 再如在北宋张择端所绘《清明上河图》的画卷中，我们可以形象地看到商品陈列、店铺的招牌等展示设计的符号并且已经有早期的展示形式的出现。在明代计盛版《货郎图》中，商贩进行商品售卖时以单个货车的形式进行商品的展示陈列。由此，通过中国远古时期至封建时期的商品展示售卖活动，我们可以看出，展示空间在历史演进发展过程中，空间形态开始多样起来。由具有精神意义的空间场所开始向店铺、集市、货车等形式转变，空间也由教化意义的庄严场所开始向平民大众集体活动的场所发展。这不仅是展示空间的不断发展和完善，更是一种价值取向的转变。

2. 西方展示空间的发展变化

展示空间的发展同展览建筑一样经历了早期—现代—当代的转变，早期的展示空间形态的出现并不是专门为展示艺术品而设置或建造的，主要用于贵族统治阶级对奇珍异宝的搜寻和收藏，随着时间推移和收藏数量的增多，在埃及的亚历山大诞生了第一座专门用来收藏的缪斯神庙，这是早期的博物馆形态的雏形，但整个博物馆功能的设置与普通公众并无太大关系，主要以收藏和研究为主，展示设计的概念无从谈起。直至 18 世纪，欧洲爆发的资产阶级革命，对展览活动产生了重要的影响，促使一些以收藏为主的庙宇、宫殿和府邸打开库房、悬挂展品，接纳观众，结束了博物馆封闭的状况，博物馆才开始了集收藏、展示、研究"三位一体"的功能定位。比如法国巴黎的卢浮宫，在路易十四统治结束后，由原来的国王宫殿变为对公众开放的美术馆，但它的内部展示空间的设置存在不合理性，"很多展厅几面墙上挂满

---

[1][宋]吴自牧：《梦粱录》。

了画，显得过于拥挤，作品之间相互影响而削弱了各自的力量；许多过道走廊也被用来挂上画，狭窄，视距不够，影响了观众对作品的鉴赏和研究。"[1] 由此人们对博物馆展览空间及展览模式提出了质疑，要求改善展示空间环境，采用开放性大空间取代狭窄的小空间，增加顶棚光照，改善展品与观众的距离感等。由此可以看出，这一时期建筑本身就是"展品"，各个展示空间虽相对独立、完整和稳定，但观众是在一种强烈的空间仪式下来欣赏展品，压迫感较强，对民主性的问题关注较少，展览咨询较为闭塞，空间尺度不合宜，展品陈列凌乱，主题性及层次性较差，建筑本身的价值表现已经大大掩盖了展品的艺术价值。

20世纪，随着现代设计及现代教育的开始，现代主义建筑在现代主义思潮的影响下，开始注重民主主义色彩，展示空间随着建筑形态的发展也发生了变化，整体采用大空间的内部造型，标准化的展示道具，空间造型较为简洁明了，没有多余、繁琐的装饰，力求摆脱传统"庙

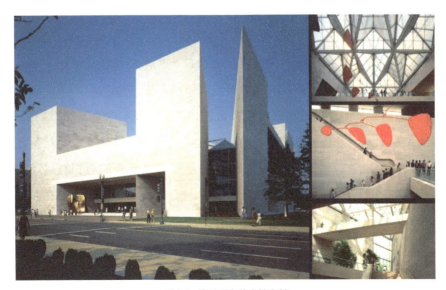

图 2-1 美国国家艺术馆东馆

[1] 余中元：《当代美术馆的内部空间》，新材料新装饰，2004年第7期，第36页。

宇式"空间模式。这一时期的建筑空间主要作为一种"空间背景"的角色而存在，空间组织多为线性的、静态的。随着科技的进步、文化的多元融合，各种设计理论蜂拥而起，打破了单一为功能而设计的空间模式，本身具有矛盾性和复杂性的建筑空间，在一定程度上使得空间功能分界相对模糊，而由于展示空间之间形态的相互渗透，也直接导致了展示活动模式的多样性，为整个城市助添了生气和活力，拓展了空间的内涵和意义。如美国国家艺术馆东馆与原西馆，两者建设前后相差长达37年，它们虽然在建筑风格及空间处理手法上差异较大，但最终能够相互协调统一。在内部空间关系的处理上，建筑师贝聿铭则采用三角形大厅作为中心，（如图2-1）各层展览室围绕它进行分布，观众可以通过楼梯、天桥等进入各个展厅。室内空间采用三角形为基本的构图元素，使空间变得丰富交错，犹如中国园林采用的"移步异景"的造园手法，同时相互交融的空间变化增加了空间的流动性及动态性，也体现了建筑师的独具匠心。但总的来说，这一时期的展示空间处于一种形成和发展的阶段，建筑空间与艺术的结合以及建筑空间设计与陈列设计之间的关系都在不断摸索中前进。

20世纪末以来，随着经济水平、科技文化不断发展，展示空间处于迅速发展的时期。首先，文化需求促进展示空间理念的更新。随着社会的多元化，世界各国兴建了大量的博物馆、美术馆及专题类展馆，展示空间设计由此也得到了进一步的发展。先进的科学技术及材料在展示空间中被广泛应用，拼接式的、多层级、曲线式的造型打破了传统的静态空间样式，这使得展示空间形态变得丰富多样起来。同时，在这一时期随着生态博物馆以及新博物馆理念的出现，展示空间打破了常规性的室内区域范围，由此延伸至户外的景观空间、社区空间、生态环境空间等。

其次，信息革命催生了展示媒介的变化。随着数字信息技术的发展，展示空间中的传播媒介由传统的图文、实物等变得多元化，人们

表 2-1 展示空间历史沿革表

时间 分类	18 世纪以前	18 世纪~19 世纪末	20 世纪初~20 世纪末	20 世纪 70 年代至今
历史背景	贵族统治阶级对奇珍异宝的搜寻和收藏,数量和规模逐渐增多	受英国工业革命、法国启蒙运动等的影响,展览有了社会属性,展览空间格局初具规模	二战后,随着科学技术发展及欧洲各种思潮的影响,博物馆数量逐渐增多,展示空间类型增多	受信息技术革命的影响,数字媒介被广泛应用,空间形态向多元化、多维化发展
展示空间模式	藏宝盒式,以奇珍室、富人宫邸、宫殿为主	博物馆、美术馆	博物馆、美术馆以及商业展览会	博物馆、美术馆、艺术展览馆、展览园、数字博物馆、区域性文化空间、生态博物馆
功能定位	收藏为主	收藏、展示、研究三位一体	收藏、保护、展示、研究	收藏、展示、研究、交流、娱乐、教育、传播、销售、多位一体
展示方式	静态陈列	静态陈列	静态陈列、动态陈列	静态陈列、动态陈列、活态陈列
展示媒介	实物	图文、实物	图文、实物、声光电等设备	图文、实物、数字媒体、虚拟互动技术等
空间格局及特色	古典主义建筑风格,展示设计无从谈起	沿用宫廷式古典格局,展示空间相对独立、完整、稳定	打破宫殿庙宇的固定格局,以现代主义风格为主,空间划分灵活	展示空间向技术化、个性化、智能化方向发展,空间形态多变、空间界面软化
不足之处	空间狭窄,作品拥挤、视距不够	空间尺度不合宜,展品陈列凌乱,主题性及层次性较差,建筑自身的表现掩盖了展品本身	空间浪费、光线不足,展线混乱,空间作为展示的背景存在	空间的复杂性与矛盾性共存,数字技术在空间的应用缺乏合理化标准
观众参与度	贵族间权力的游戏,与普通公众无关系	以物为主,民主性关注较少	以人为本	以人为本,将观众的参与互动融入展示空间中

可以随时随地使用手机 App 进行线上展馆的浏览,也可以通过 VR 虚拟现实、增强现实进行虚拟沉浸式场景的体验。同时,展示空间形态也开始由传统实体博物馆的单一形式,转变为数字博物馆、虚拟博物馆等多种空间形态。由此我们可以看到,数字技术革命的到来,给传统的展示空间带来了新的机遇。展示空间不再仅仅局限于对水平、垂直的墙面进行空间分割,而是更加注重空间类型的多样性,注重环境优化,加上数字技术、声光电等展示手段的运用,对整个空间的氛

围营造产生了较大作用，让空间内容的陈列也变得丰富起来。

再次，当代展示空间强调人的互动参与性。2001 年召开的国际博物馆协会第 20 次大会明确了博物馆的定义："博物馆是一个为社会及其发展服务的、非营利的永久性机构，并向大众开放。它为研究、教育、欣赏之目的征集、保护、研究、传播并展出人类及人类环境的物证。"[1] 也就是说，当代博物馆的功能开始转变，更加注重人的互动参与性及心理感受。展示空间的塑造不仅仅是区域性和城市人文的象征，更是人民大众进行文化交流、娱乐教育、信息汇集的场所，空间兼具着多重功能属性。

通过对西方展示空间历史脉络的挖掘，每个时期展示空间形态的变化与当时所处的历史环境、经济发展水平、文化需求等都具有密切的联系，同样也表现出相应的属性特征，（见表 2-1）这也为现展示空间的多元化解读提供了非常重要的历史佐证。同时，也为现代展示空间方法与对策的解答提供了不可或缺的资料。

二、非遗展示空间设计的概念界定与表达

通过上文对中西方空间发展历程的梳理，我们系统地了解了其存在的规律及特征变化，并根据现有的建筑空间的变化和发展总结了现存博物馆展示空间对非遗展示的必要性，但针对非遗本体特征及展示空间的特殊需求，还需要对非遗展示空间未来的发展趋势及形态变化做出系统的理论分析。本小节将会对非遗展示空间进行概念界定及研究范围的概述，为接下来的论文整体理论建构奠定一定的概念基础。

---

[1] 雷体洪，袁志成，林玉：《基于"象征主义"的专题博物馆建筑设计个性表达——以三峡乌木艺术博物馆设计为例》，华中建筑，2014 年 12 月，第 78 页。

（一）何为"非遗展示"

1."展示"的概念

展示，在《现代汉语词典》中的意思为："清楚地摆出来，明显地表现出来"[1]，但与之相关的词汇还有"展览""展现""陈列""阐释""解说""诠释"等，其主要意思为通过物品的摆出和安放，通过各种途径的解释说明供人欣赏和理解。在维基百科中，展示的定义为："就一个主题向观众进行展示介绍的过程。它通常是一个为了使人了解、说服人或建立良好意愿的演示、讲座或演讲。"[2]展示的英文"display"，此词源于拉丁语中的名词"diplico"和动词"diplicare"，表示展现一些行为状态。其中，在《牛津高阶英汉双解词典》中对这一词的解释为[3]：

v. to put sth in a place where people can see it easily;to show sth to people; to show signs of sth, especially a quality or feeling; to show information. 动词：陈列，展出，展示；显示，显露，表现（特性或情感等）；显示。

n. an arrangement of things in a public place to inform or entertain people or advertise sth for sale;an act of performing a skill or of showing sth happening, in order to entertain; an occasion when you show a particular quality, feeling or ability by the way that you behave; the words, pictures, etc. shown on a computer screen 陈列展览；展示，表演;(特性、情感或能力的)显示，表现，表露；（计算机屏幕上的）显示，显像。

根据以上中西方词典中的解释，我们将"展示"与"展览""阐

[1] 中国社会科学院语言研究所词典编辑室编：《现代汉语词典》，商务印书馆，1978年，第1582页。

[2] Wikipedia 维基百科：Presentation网页, https://en.wikipedia.org/wiki/Presentation, [2016-04-01]。

[3] A.S.Hornby（霍恩比）：《牛津高阶英汉双解词典》第6版，石孝殊译，商务印书馆，2006年，第491页。

释""解说"等词
在理论层面上进行
联系，但相互之间
存在很大的区别。
展览，即英文中
的"exhibit"，
源于拉丁语
ex——"出来"、
habere"有"，其
原义是"将自拥有
的东西拿出来"。
换句话说，就是将
储存的物品陈列
出来供人欣赏和观

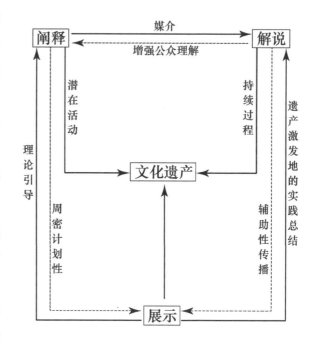

图 2-2 阐释、解说、展示之间的关系链

看，受众是这一活动的被动接受者，观众与物品之间没有形成闭环交流与沟通，这是展示活动的最初形态。从概念范围而言，展示的概念是从展览概念中演化而来的，在社会形态中比展览的概念包含的范围更广。从原始社会开始，展示行为就以物物交换的展览形式存在于人们的生活之中，并逐渐扩展到各行各业。在文化遗产领域"阐释""解说"应用频率较多，并与"展示"的概念有一定的区别。国际古迹遗址理事会（简称ICOMOS）《文化遗产阐释与展示宪章》*(The Icomos Charter for the Interpretation and Presentation of Cultural Heritage Sites)* 中给出的"阐释"的定义为：

"阐释 (interpretation) 指所有旨在提升公众意识、提高对文化遗产了解的潜在活动。包括印刷和电子出版物、讲座、现场服务和直接相关的异地服务设施、教育活动、社区活动，以及正在进行的对阐释过程自身的研究、培训和评估。"[1]

"展示（presentation）更具体地说是指通过编排阐释内容、物理访问和在文化遗产地的阐释性基础设施，对阐释内容进行有周密计划的传播。通过各种技术手段传达，包括但不必须包括信息面板、博物馆类型的展示，正式的徒步旅行、讲座和导游以及多媒体应用程序和网站等这些元素。"[2]

《文化遗产解说与展示宪章》的主要编制者之一 A·希尔伯曼尼尔（Neil A. Silberman）对"解说"的解释为："解说指由文化遗产地激发的活动、反馈、研究和创造的全部。换言之，"解说"被视为一个持续的过程，个人或集体的活动并且应该由每个人、外行和专家、儿童或成年人、当地居民和外来游客来完成。"[3] 通过对以上概念的解读，我们发现，这三者对文化遗产保护和传播都起到了重要的作用（如图 2-2），"展示"作为一种传播性活动的专业行为，有其专业性及特殊性，这也就为本课题所研究的非物质文化遗产的展示研究奠定了一定的理论基础，但基于非遗项目本体特征的特殊性，决定了需要对其"展示"要求做相应的界定。

从设计实践的角度而言，"展示，是以多种方式提供、展现、陈列物品和作品，使其以更易于人们接受的方式出现在人们的视野中，使展出物与环境与观众发生对话。"[4] 由此可知，展示作为一种行为存在方式，其过程是双向的信息交流，观众则是整个过程中的一个接受者与传播者，信息是整个过程中传播内容，展示主题及展示目的则是整个过程中的结果，这一系列"活动"则又称为"展示活动"，而展示活动作为现代经济社会发展的产物，随着城市经济和文化的发展

---

[1] 张成渝：《遗产解说与展示：对＜艾兰姆宪章＞的释读》，同济大学学报（社会科学版），2012 年 06 月，第 33 页。
[2] ICOMOS（国际古迹遗址理事会）：《文化遗产阐释与展示宪章》，http://www.icomos org/en/charters and -texts，2008。
[3] 张成渝：《遗产解说与展示：对＜艾兰姆宪章＞的释读》，同济大学学报（社会科学版），2012 年 06 月，第 38 页。
[4] 黄建成：《空间展示设计》第二版，北京大学出版社，2013 年，第 9 页。

其内涵在不断丰富，外延在不断扩展。与此同时，"展示""展示活动"与"展示设计"三者之间存在必然的联系，"展示设计"作为展示活动中的一种研究方法，在现代设计发展过程中已经形成了一定的"态势"，并作为一种实践方法作用和服务于各行各业，是一种复合应用型创新设计。

综上所述，"展示"是在一定的空间范围内，通过对信息的编排、阐释形成一定区域内的符号编码，并运用各种技术手段（视觉传达、造型设计、影像、多媒体、材料、色彩、模型、网络技术等），借助一定的服务设施，完整地将信息传达给公众，并在空间氛围的烘托下，调动观众的一切感知器官，形成一种互动交流的双向传播模式，以此来启发、引导观众的认知行为，形成一种有规律、有目的的学习和审美活动。

2."非遗展示"的含义

首先，从保护角度切入非遗展示。通过上文可知，人类对世界文化遗存的关注约在 4000 多年前，但对这些宝贵的文化财富的保护和收藏仅限于物质文化遗产方面。随着现代化发展的加快，丰富的文化遗产在精神文化方面正面临着不同程度的消逝，在这种情况下，非物质文化遗产才逐渐进入到人们的视野，并受到国际组织的关注。非物质文化遗产概念的兴起最早是在 1950 年日本《文化财保护法》中提出的，并在法律的架构下，提出了"无形文化财"和"无形民俗文化财"，这一理念的提出是"非物质文化遗产"概念的雏形，同时也引起了东亚及欧美对这一理念的关注和重视，自 20 世纪 60 年代起先后在韩国、法国、美国等国家通过立法的形式确立了对无形文化遗产的保护。直到 1998 年 10 月在教科文组织的第 155 届会议上才正式提出"人类口头和非物质概念"。在 2003 年联合国教科文组织第 32 届会议上大家才从国际准则的视角下阐明了"非物质文化遗产"的概念，并界定了非物质文化遗产保护的范围。由此可知，国际对"非物质文化遗产"

的研究是从保护的角度来展开工作的。

其次，从设施建设需求的非遗展示方面而言。目前，对非物质文化遗产展示的要求最初是从 2008 年国际古迹遗址理事会（简称ICMOMS)《文化遗产阐释与展示宪章》的原则中提出的，并将"展示"的概念建立在文化遗产中的"阐释"过程之中。2011 年我国颁布了《中华人民共和国非物质文化遗产法》，并在相关条例中，提出了非物质文化遗产展示与传播的要求，"国家鼓励和支持公民、法人和其他组织依法设立非物质文化遗产展示场所和传承场所，展示和传承非物质文化遗产代表性项目。"[1] 国家法律政策的出台，为"非物质文化遗产展示"（以下简称"非遗展示"）提供了一些必要的场所空间。直到"2014 年，国家发改委办公厅和文化部办公厅联合印发了《国家非物质文化遗产保护利用设施建设实施方案》，根据非物质文化遗产的不同特点，非物质文化遗产保护利用设施建设主要分为传统表演艺术类、传统手工技艺类、传统民俗活动类三种类型。"[2] 由此可知，通过国家政策、各地文化机构以及社会团体的努力，"非遗展示"有了交流与传播的平台和场所空间，由此，非物质文化遗产在展示层面上有了固定且稳态的空间（如图 2-3）。由此，"非遗展示"的概念和范围逐渐被确立。

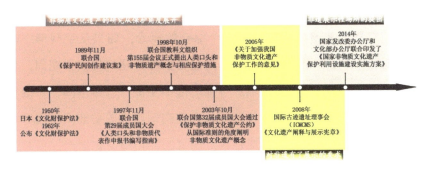

图 2-3 "保护性展示"的由来

[1]《中华人民共和国全国人民代表大会常务委员会公报》，中华人民共和国非物质文化遗产法，2011 年 4 月 5 日。

[2] 张娜娜：《中国非物质文化遗产展示现状及问题研究》，中国艺术时空，2019 年 9 月 15 日，第 60-61 页。

综上所述，目前在非物质文化遗产及建筑学的学理范畴下，"非物质文化遗产展示"的概念，还没有被系统地提出和完整地诠释，基于本课题的研究方向，现对"非物质文化遗产展示"的概念作概括说明。"非遗展示"就是在一定的空间环境下，对非物质文化遗产的具体存在事物及无形的精神内涵进行规律性、完整性的再现或表现，并运用静态的实物类陈列、动态的声光电等技术陈列、虚拟类的多媒体互动陈列以及活态陈列等辅助性展示手段，加强观众对非物质文化遗产的认识和理解，达到研究、传播、教育、弘扬、振兴非物质文化遗产的目的。非遗展示是一个咨询采集、加工、传播、接受的动态策划或规划过程，其活动目的不是展示本身，而是运用设计、空间规划、民俗学、人类学等技术和知识，进行有目的、有计划、有意义、有价值的信息交流过程。

（二）非遗展示空间设计的内涵和外延

由于展陈主体的不同，非遗展示空间的定义与范围需要重新的解读，何为展示空间？学术界曾这样定义："在既定的时间和空间范围内，运用艺术设计语言，通过对空间与平面的精心创造，使其产生独特的空间氛围，不仅含有解释展品、宣传主题的意图，而且使观众能参与其中，达到完美沟通的目的，这样的空间形式我们一般称为展示空间。"[1]非遗展示空间有广义和狭义两方面。

1.广义上非遗展示空间是一个综合的概念，如果从空间形态的角度来讲，广义的非遗展示空间，既包含依附于建筑的实体空间，也包含一些利用数字技术完成信息传播的虚拟空间、叙事空间、多维空间等多元化的空间类型。实体空间具有博物馆相应的功能，如国家博物馆、首都博物馆等综合性博物馆，南京的非物质文化遗产民俗馆、北京民俗馆、苏州市非物质文化遗产馆、中国昆曲博物馆等专题类非

[1] 杨顺勇，曹扬：《会展手册》，化学工业出版社，2007 年，第 304 页。

遗馆，以及短期举办非遗展览的非遗博览园、非遗公园等场所。非物质文化遗产的展示一般将这类实体建筑作为非遗展示的空间载体，是"有形"的空间；虚拟空间是指包含一些基于 PC、移动端、数字媒体等媒介形成的多感官、交互式、沉浸式的空间形态；叙事空间是指运用空间运行逻辑所形成的隐形性思维逻辑空间；多维空间是指运用"物""网""事"所形成的多元共生的空间形态。

从非遗项目特质及属性来看，展示空间还包括基于非遗项目动态活动过程中所形成的精神文化场、通过二度创作所表现出来的精神想象空间以及隐含在这些记忆背后的文化内涵所表现出的时空观等，也可称之为"无形"空间。"天地有大美而不言，四时有明法而不议，万物有成理而不说"（《知北游》），空间的建构不仅仅局限于有限的空间，而是在整个活动的宇宙空间之中，是一种精神活动空间。如表演类非遗项目的展示活动，是通过传承人现场表演、舞台道具、灯光、音乐等的渲染所表现出来的故事情境空间，并且将这种精神文化空间升华为一种意象空间。

2.狭义的非遗展示空间是指在固定的室内空间区域内，设计师运用设计语言对展示空间进行设想和规划，策展人员对展示项目进行内容的策划，并通过展陈道具、展示路线以及灯光等物质载体为展览内容服务，从而烘托展示主题，形成良好的室内空间氛围，这种展示空间多出现于常见的博物馆内或与之相邻的实体空间，并且具有一定的固定性、教育性、普及性，如典藏式博物馆。建筑空间建构具有明显的顺序倾向，注重展览内容的时序性，是基于强大信息背景而创造的强叙事的展示活动空间。

三、博物馆参与非遗展示的必要性

博物馆这一词语来自于西方，并作为一种文化形态在中华大地上生根发芽，成为一种为非物质文化遗产提供保护和展示的实体类空间场所。"博物馆一词源起于希腊语——Mouseion，意即'供奉缪司（Muse 是掌管学问与艺术等的九位女神）及从事研究的处所'。17 世纪英国牛津阿什莫林博物馆建立，museum 才成为博物馆的通称。"[1] 据史料考证，中国汉语中"博物馆"一词最早出现于林则徐主持编译的《四洲志》中："兰顿建大书馆一所，博物馆一所"，[2] 其中"兰顿"是指英吉利，"博物馆"是指 1753 年建于伦敦的大英博物馆（The British Museun）。随着社会历史的发展和需求，各国对博物馆的定义及建设都持有不同的看法，其功能及展示理念也日趋丰富，不断适应着人们的需求。

（一）国际博物协会的推动及功能变迁

20 世纪 50 年代，日本颁布了《文化财保护法》，并第一次提出"无形文化财"这一概念，这一概念在内涵及外延上与"非物质文化遗产"的概念基本相同，其中规定了有形民俗文化财及无形民俗文化财的指定、管理、展示、权利和义务的继承、经费等，这就意味着非物质文化遗产"展示"需求被国家和社会广泛认可。而国际博物馆协会（简称 ICOM）从 1946 年成立以来，先后对博物馆的定义、功能及范围进行了 8 次修订。其中 1961 年博物馆协会给予博物馆新的定义，并指出："以研究、教育、欣赏为目的而保护和展出具有文化和科学重要性的藏品的任何永久性（固定性）机构为博物馆。"[3] 定义之外还扩展了博物馆的空间范围，包含公共图书馆和档案馆、历史纪念馆以及自然保护区等。2001 年 7 月国际博物馆协会在巴塞罗那召开第 20 次会议，会议在以往博物馆概念修订的基础上重新修订，博物馆实体类场所范围的扩大是国际上对有形和无形文化遗产保护形势的重视，

---

[1] 王宏钧：《中国博物馆学基础》，上海古籍出版社，2001 年，第 36 页。

[2] 陈建明：《汉语"博物馆"一词的产生与流传》，回顾与展望：中国博物馆发展百年，第 211 页。

[3] 国际博协："博物馆"定义即将重新调整，简书，2019 年 1 月 29 日，https://www.jianshu.com/p/aac3fbeebb03。

更加肯定了博物馆对非遗项目保护、收藏、展示的作用，其重要性不可忽视。直到 2007 年国际博协对博物馆进行了重新定义："博物馆是一个为社会及其发展服务的、向公众开放的非营利性常设机构，为教育、研究、欣赏的目的征集、保护、研究、传播并展出人类及人类环境的物质及非物质遗产。"[1] 在国际层面上，正式为博物馆能否作为非物质文化遗产保护、收藏、展示性场所空间给予了书面确定。

通过国际博协对博物馆定义的不断补充修订以及博物馆类别的不断增加看出，近半个世纪，博物馆的功能定位从早期单一性功能逐渐向多元化方向发展，从以收藏为主扩展为集收藏、保护、研究、教育等为一身的多功能场馆，很快这一模式又被打破，博物馆的功能开始逐渐向展示、娱乐、传播等功能方向迈进。在信息化不断发展的今天，其功能的不断转变具有了时代所赋予的特殊意义。同时，博物馆空间类别从最初的收藏机构逐渐扩展至天文馆、科学中心以及对有形遗产和无形遗产进行保护的文化中心等实体空间范畴，基于非物质文化遗产在人类社会发展进程中的重要地位，国际博物馆协会开始认识到博物馆对非遗展示、保护、收藏的积极作用，因此这也直接促成了非物质文化遗产被纳入了博物馆保护和展示的范畴。

（二）"新博物馆学"与非遗展示理念相契合

"自博物馆诞生以来，'不是历史与文化的保护者，而是破坏者'的声音在社会上一直未曾中断。面对传统博物馆展示陈列带来的弊端性问题，德国法兰克福学派理论家阿多诺（Theodore Wissengrund Adorno）则把博物馆放在了被告席上，'以文化之名控告博物馆使文化失效的罪名，博物馆呈现给观众的对象都不再是有生气的关系，而是步向死亡的过程……。'20 世纪 80 年代初期，全球博物馆在面对外来抨击及自身不断反省的过程中，提出了'新博物

---

[1] 国际博协："博物馆"定义即将重新调整，简书，2019 年 1 月 29 日，https://www.jianshu.com/p/aac3fbeebb03。

馆学'的理念，试图从理论和实践的角度进行反思和讨论。'新博物馆学'修正了传统博物馆一向奉行不逾的'典藏—研究—展示—教育'的功能，将博物馆工作归纳为'收藏—保管—跨学科研究—展示—观众参与的教育活动'，力图通过博物馆功能定位转变，利用多种展示手段，将观众在展示空间中的作用凸显出来，重视观众的参与、互动，让整个展示空间'活'起来。"

非物质文化遗产具有原生态性、本真性等属性特征，如社会习俗和节庆礼仪等依附于当地的生态环境和社会环境，并在不受外界干扰或人为干预的情况下形成。如果将这些非遗项目从原生地移入博物馆中，剥离其孕育而成且血脉相连的地域文化环境，孤立地收藏在博物馆中陈列展示，这将使它们失去与文化、历史的联系，扼杀了其生命，也将导致非遗项目本体内容的变异与缺失。而"新博物馆学"展示理念与部分非遗项目，在实体博物馆中的展示理念达到了一定的契合性，这也预示着两者之间存在着互为补充、互为促进的关系。

（三）博物馆自身的先决条件

"对于非物质文化遗产展示来说，实体类博物馆固定场所的展示是必不可少的，正是这些展品或藏品的展出，使得一些非遗项目能依赖于这些有形物质载体得以保护下来，并且能够保存至今。如缺少这些有形的物质载体，非遗项目将失去固有的根基，那么保护更无从谈起，这些留存着的历史记忆也将消失殆尽。"[1] 主要分为以下几个方面：

1. 博物馆具有"安全且温度适宜的库房及储藏设备，并且最早是因其具有先天优势的独到性、陈列展示场所的固定性、展示传播平台的针对性而参与到非遗保护角色中来的，对于非遗项目的保护和抢救工作自然是不可替代的重要展示机构。"[2]

2. 博物馆系统的工作方式和完整的工作方法为非物质文化遗产保

[1] 张娜娜：《中国非物质文化遗产展示现状及问题研究》，中国艺术时空，2019 年 9 月 15 日，第 63 页。
[1] 张娜娜：《中国非物质文化遗产展示现状及问题研究》，中国艺术时空，2019 年 9 月 15 日，第 62 页。

护积累了经验，这些经验对于新时期非遗的保护工作具有一定的借鉴意义。如两者在民族学、人类学领域已经拥有了相互交叉、相互结合的具体研究方法；再如博物馆工作的重心之一就是保护"实物"，而非遗项目中实物正是承载无形文化遗产的物质载体。

3.博物馆由"物"及"人"的关注重心，能够让更多的人参与到博物馆保护和展示中，从而增强观众的互动性与体验性，以便更好地为社会服务。这种"以人为本"的展示理念对非遗项目的展示和传播具有重要的意义。

4.博物馆是提供教育、推广非物质文化遗产的平台。非遗需要传承，更需要宣传和传播其重要的文化价值，博物馆运营及推广平台对于大众了解非遗起到了重要的作用，尤其是在博物馆中不定期举办的非遗主题活动，使得博物馆在这一系列活动中充当了重要的角色。

第二节　非遗展示分类及空间需求

一、非物质文化遗产的概述

随着近年来国家的支持和社会的关注，"非物质文化遗产"已从一个新的应用型词汇变为一个学术概念。这一概念代表了所有非遗项目的共性，是一项重要的理论结晶，扩展了人类文化遗产所涵盖的范围及类型，其形成经过不断的演化并于 21 世纪初正式运用。

"非物质文化遗产"一词最早来源于日本的"无形文化财"，1950 年，日本颁布了《文化财保护法》，首次提出了"无形文化财"的概念，其在内涵和外延上与"非物质文化遗产"的概念基本相似。

1989 年联合国教科文组织通过了《保护民间创作建议案》，其中对民间创作 (传统的民间文化) 下了一个定义，这对后来非遗定义的界定及分类产生了的影响，并用"民间创作"代指"非物质遗产"，其定义如下：

"民间创作 (或传统的民间文化) 是指来自某一文化社区的全部创作，这些创作以传统为依据，由某一群体或一些个体所表达并被认为是符合社区期望的作为其文化和社会特性的表达形式；其准则和价值通过模仿或其他方式口头相传。它的形式包括：语言、文学、音乐、舞蹈、游戏、神话、礼仪、习惯、手工艺、建筑术及其他艺术。"[1] 同时，由于受到日本"无形文化财"术语的影响，1992 年，将"非物质遗产"部门改为"无形遗产（Intangible Heritage）"部门。1998 年，联合国教科文组织执委会第 155 次会议通过了《人类口头和非物质遗产代表作条例》，该条例延续了《保护民间创作建议案》中定义的界定，将"民间创作"改为"人类口头和非物质遗产"，其定义如下：

"口头和非物质遗产是指来自某一文化社区的全部创作，这些创作以传统为依据，由某一群体或一些个体所表达并被认为是符合社区期望的作为其文化和社会特性的表达形式；其准则和价值通过模仿或其他方式口头相传。它的形式包括：语言、文学、音乐、舞蹈、游戏、神话、礼仪、习惯、手工艺、建筑术及其他艺术。"[2] 而"非物质文化遗产"的概念正式以法律的效力进行界定和分类是在 2003 年联合

---

[1] 白庚胜，向云驹：《中国民间口头与非物质遗产推介丛书》总序，民间文化论坛，2005 年 10 月 20 日，第 71 页。

[2] 王巨山：《"物"与"非物"之辩——谈非物质文化遗产保护中"物"的角色》，非物质文化遗产研究集，2009 年 6 月 30 日，第 137-138 页。

国教科文组织第 32 届会议正式通过《保护非物质文化遗产公约》后，该公约是迄今为止联合国有关非物质文化遗产保护的重要性文件，其定义如下：

"非物质文化遗产指被各群体、团体、有时为个人视为其文化遗产的各种实践、表演、表现形式、知识和技能及其有关的工具、实物、工艺品和文化场所。它包括以下：口头传说和表述（包括作为非物质文化遗产媒介的语言）；表演艺术；社会风俗、礼仪、节庆；有关自然界和宇宙的知识和实践；传统的手工艺技能等五个方面。"[1]

综上所述，"非物质文化遗产"作为一个科学有价值的学术概念在经历了一系列演化后才得以界定和确认，这一系列过程使得各界对"非物质文化遗产"定义及范围有了更加深化的认识，保护对象也更加明晰化。由此我们得出，"非物质文化遗产"概念的界定和确认是人们对整个物质文化遗产以外的非物质文化遗产的又一重大发现，并再一次确定了非物质文化遗产存在的价值以及肯定了其对人类生存和发展所产生的重要影响。其次，"非物质文化遗产"概念的提出也就意味着又一新的研究领域出现在人们的视野中。同时，一个新的对象的出现也意味着需要更多的学科门类去揭示其形态、构成及其所具有的价值，更需要多学科交叉研究，扩展其研究的领域，从不同的角度和方法论上提高对非遗的认识，争创理论研究的新高度。

二、非物质文化遗产的展示分类

（一）非遗现有的分类体系对比研究

英国著名学者爱德华·伯内特·泰勒（Edward Burnett Tylor）在《原始文化》（*Primitive Culture*）一书中讲到这样一个观点："研

---

[1] 联合国教科文组织：《保护非物质文化遗产公约》，2003 年。

究文化的第一步，应当是把文化分成若干组成部分，并给这些部分分类。"[1] 通过上文的论述，我们可以确定"非物质文化遗产"概念是从 2003 年通过的《保护非物质文化遗产公约》中而来，而此概念的认识和界定总体分为两个阶段，以 2003 年公约诞生之前为第一阶段，

2003 年公约诞生之后为第二阶段。此书对非物质文化遗产的分类研究主要集中于第二阶段，并根据论文的研究方向提供适用于展示空间的分类方法。由此，通过资料搜集显示，非物质文化遗产的分类主要分为"五分法""十六分法""十分法""十三分法""四分法"等，如下图表 2-2 汇总所示。

表 2-2 非物质文化遗产主要的分类方法

五分法	十六分法	十分法	十三分法	四分法	
1.口头传统和表现形式,包括作为非物质文化遗产媒介的语言	1.民族语言	1.民间文学	1.语言(民族语言、方言等)	口头文学	
	2.民间文学(口头文学)		2.民间文学	音乐演奏	
				口头演唱	
				舞蹈	
				传统戏剧	
				曲艺	
2.表演艺术	3.民间音乐	2.民间音乐	3.传统音乐	1.传统表演艺术	
	4.民间舞蹈	3.民间舞蹈	4.传统舞蹈		
	5.戏曲	4.传统戏剧	5.传统戏剧	传统体育、游艺与杂技	
	6.曲艺	5.曲艺	6.曲艺		
	7.民间杂技	6.杂技与竞技	7.杂技	其他	
	8.游艺、传统体育与竞技		8.传统体育、游艺与竞技		
3.社会实践、礼仪、节庆活动	9.生产商贸习俗	7.民俗	9.民俗	2.传统节庆与仪式	节庆
	10.消费习俗				仪式
	11.人生礼俗				
	12.岁时节令				
	13.民间信仰				其他
4.有关自然界和宇宙的知识和实践	14.民间知识	8.传统医药	10.传统医学和药学	3.传统生产、生活知识与技能	农 / 林
					牧 / 渔
					商 / 工
					其他生产知识和技能
					衣 / 食
					住 / 行
					医
					其他生活知识与技能

[2][英]爱德华·泰勒:《原始文化》，连树声译，上海文艺出版社，1992 年，第 8 页。

中国非物质文化遗产展示空间研究

56

5.传统手工艺	15.民间美术	9.民间美术	11.民间美术.工艺美术	4.传统工艺美术	雕塑工艺
					锻冶工艺
					烧造工艺
	16.民间手工技艺	10.传统手工技艺	12.传统手工技艺及其他工艺技术		木作工艺
					髹饰工艺
					织染工艺
					编扎工艺
					字画工艺
					剪刻工艺
——	——	——	13.文化空间	——	其他

　　首先，通过表2-2我们可以看出，在2003年联合国教科文组织《保护非物质文化遗产公约》中的"五分法"主要是依据该公约的定义进行划分的，而其中的个别概念是依据各国历史文化背景的不同而进行的综合提法。在公约中关于非遗的定义又有一个极为重要的概念即"文化场所(the Cultural Space)"，其同样具有"文化空间"的意义，这在公约的分类中并未列出，但在联合国教科文组织公布的第一批、第二批、第三批世界非遗代表名录中，也有部分项目属于文化空间的范畴，同时我国国务院办公厅《关于加强我国非物质文化遗产保护工作的意见》之《附件：国家级非物质文化遗产代表作申报评定暂行办法》中给予了明确的分类和界定。这一分类的界定对非遗展示及保护工作具有非常重要的意义，并为相关的工作实践提供了良好的方法。

　　其次，"文化的分类是丰富多彩、多种多样的，并不存在某种统一的、僵固的模式。这一方面源于人类文化现象本身的丰富性、复杂性；另一方面则取决于研究主体的研究视角、分类原则和标准以及研究的目的、需要的不同。"[1] 而在关于中国民族民间文化保护工程国家中心编写的《中国民族民间文化保护工程普查工作手册》第二部分"非物质文化遗产分类代码"中的"十六类"分类方法，我国公布的第一批、第二批《国家级非物质文化遗产名录》中的"十大类"的分类方法以及以学者个人为代表的《非物质文化遗产概论》中对非物质文化遗产

---

[1] 王文章：《非物质文化遗产概论》，教育科学出版社，2013年，第239页。

进行"十三大类"的分类方法的探讨等都站在各自不同的研究角度分类，并有着不同的研究目的，所以形成了不同的文化分类体系。如果从本课题研究的出发点及研究目的上看，存在一定的问题：

上述分类中各类别之间存在交叉或个别类别跨类的现象。如《保护非物质文化遗产公约》的"五分法"中"口头传统和表现形式"与"传统表演艺术"之间就存在项目类型界限模糊的现象，一些民间故事、民间歌谣、民间史诗等民间文学在表现形态、表现方式上与"传统表演艺术"之间并无差别，都是通过人的口头语言及形体表现等手段展示和传播的，所以这两种类别之间在展示形态上界限并不明显，两者既是一种语言艺术，又是一种说唱艺术，两者存在一定的交集。

就归属而言，存在应归属于类别本身还是载体本身的问题。通过上文所述，在《保护非物质文化遗产公约》关于"非物质文化遗产"的定义中，以及《非物质文化遗产概论》的"十三类"分类方法中均有"文化空间"(cultural spaces) 这一术语，这正是将"文化空间"作为一个分类系统中的一个类别进行界定的，但从表现形态上来看，"文化空间"是与其他社会实践、观念、技能相关的内容，正如刘锡成先生所言："'文化空间'不是指一个举行群众性文化活动的场所，如戏台、鼓楼、说书场等，而是指民间在农历相对固定时期里、定期反复举行的群众性文化活动，如庙会、歌会（圩）、山会等。"[1] 换句话说，"文化空间"的概念是丰富而复杂的，不仅包含展示传统文化的场所，也包含定期举办的一些文化活动，兼具空间性与时间性，如我国少数民族地区的"泼水节""火把节"等节庆活动。"文化空间"既拥有了传统文化的空间性，具有载体属性，同时也拥有定期举行民俗活动的时间性。

现存的非物质文化遗产分类标准单一，缺乏全面统筹。我国现行

[1] 刘锡诚：《对几个"非遗"理论问题的思考》，凯里学院学报，2008 年第 1 期，第 14 页。

的分类体系其服务主体主要为国家政府机关、文化单位及各界学者，因人员结构的不同，其分类需求也会各有侧重，全面性及整体性则相对缺乏，分类的标准也主要依据非遗表现形态、分布区域等划分，属于纵向的线性分类，而横向的线性分类还没有被广泛认可，这就导致各非遗项目之间原本固有的联系被忽视，从而成为非遗纵向分类的缺点。这种分类方法使得非遗在实际应用过程中无法满足实践的需求，缺乏一定的应用价值。

综上所述，在现存非遗的分类原则、分类方法、非遗项目本身的复杂性及现存分类方法横向分类缺乏的背景中，本书拟通过研究非遗项目的表现形态及相互之间固有的联系，以非遗展示与传播作为立足点，对非遗项目横向分类，达到提高非遗展示工作效率的目的。

（二）提出适用于空间需求的非遗分类体系

《世界民间故事分类学》一书的作者斯蒂·汤姆森 (Thompson, S.) 曾阐释分类研究的意义："知识的每一分支，在成为严肃而周密的研究对象之前，对它进行分类是必要的……只有当这种逸事趣闻性的研究阶段让位于系统性分类，它们才走向了真正进步的和方法彻底的研究……"[1] 从展示非遗项目的形态来看，非遗的保护一般通过"物化"与"非物化"的形式存在，它是通过实物收藏展示、书面图文展示、动态制作过程展示及多媒体展示等方式进行非遗的传播与教育，这就决定了其需求的空间形态及分类也会产生相应的变化。为满足在实践过程中对展示空间的需求，本书将艺术学本体论的分类方法及逻辑学原理引入非遗的分类体系中，并将非遗划分为动态空间表演艺术、非全静态空间展示艺术、多维性"空间——时间"艺术。如表 2-3 所示，上述分类方法主要是将数学逻辑学中的真假命题理论引用到非物质文化遗产的划分中，亚里士多德曾在《范畴篇》中研究了命题之间的相

---

[1] [美] 斯蒂·汤姆森：《世界民间故事分类学》，郑海、冯晓坚译，上海文艺出版社，1991 年版，第 496 页。

互关系，其中在数学逻辑中存在"真假命题"这一关系，"真命题"就是正确的命题，即如果命题的题设成立，那么结论一定成立。简单说成立的、对的即为真命题。条件和结果相矛盾而文中的"动态空间表演艺术"和"非全静态空间展示艺术"为一对"真假命题"，其运用原理如下：

1.假设口头文学、传统音乐、传统舞蹈、传统戏剧等多为通过真人表演进行展示的传统表演艺术，那么这些类目是动态空间艺术（真命题）。

2.假设民间知识、民间美术、传统手工技艺是通过文字图片等实物进行展示的传统工艺美术类，那么这些类目是动态空间艺术（假命题）。

3.假设民间知识、民间美术、传统手工技艺等是通过传承人现场技艺表演展示的传统工艺美术，那么这些类目是静态空间艺术（假命题）。

由此，从以上 2、3 两个命题中看出，民间知识、民间美术及传统手工技艺是同时具有动态空间艺术与静态空间艺术两种空间艺术属性的，所以不能将其归类于单一片面的动态或静态空间艺术中。因此，

表2-3 适用于空间需求的非遗分类体系

分类	一级类目	二级类目		主要的空间形态
动态空间表演艺术	传统表演艺术	口头文学	传统音乐	室内展演空间(包含博物馆内的舞台空间形态)、室外场域内公共空间等
		传统舞蹈	传统戏剧	
		曲艺	传统体育、游艺和杂技	
		其他		
非全静态空间展示艺术（重在展示实物及技艺制作过程）	传统工艺美术及其他工艺技术	民间知识	民间美术	室内技艺制作、展示空间(传习所、技艺展示厅、展馆等)
		传统手工技艺	其他	
多维性"空间—时间"艺术	传统节庆、仪式及文化空间	传统节庆类	传统仪式类	特定区域内的公共空间、虚拟展示空间等
		文化空间	其他	

笔者将此归类为"非全静态展示空间艺术"。

此外，上述分类还根据各类目之间的展示空间、展示方式、展示手段的需求，将其进行归类、划分及命名，三者在空间需求上存在一定的关联。首先将口头文学、传统音乐、传统舞蹈等通过声音、动作、形体等进行展示的艺术形态称为"动态空间表演艺术"，这一类的非遗项目其共同的特点是通过动态的表演过程进行一种叙事的表达，并供人欣赏，其对空间的需求主要通过一种舞台空间及室外集会空间进行，开放性及公共性较强。其次，文中将民间知识，如农、林、牧等生产知识和技能与民间美术、传统手工技艺等归类到一起。其一，它们之间在展示方式及展示手段上采用动态与静态进行相结合的方式，便于人们理解和学习；其二，在空间需求上，这类非遗项目主要依靠室内展馆及传习场所进行，多为围合形空间形态，空间组织路线也较为明显。另外，这类项目多与人的生活技能知识相关，在展示上也多采用"活态"展示的方法，增加传承人现场制作的可能，进行场景的还原性展示，故其分类名称为"非全静态展示空间艺术"；最后，将"文化空间"与传统节日类、传统仪式类非遗项目归为一类，在展示空间需求上这类项目都需要特定的、具有象征性、代表性的场所进行展示，并且举办活动都有相对固定的时间及叙事方式，时间——场景的变化是展示内容的策划的主要部分，其展示手段也是多样化的，如数字媒体技术的介入，形成一定的虚拟展示，将空间、时间、事、人连接到一起，形成一种"多维空间"，所以这类项目归类为多维性"空间—时间"艺术。

三、非遗展示的空间需求

（一）"在地性"及"即时性"的非遗体验空间

非物质文化遗产源于人民大众的生活，是对民众的民俗文化及生活的过程再现，是非遗语境下"物与人"关系的阐释，在不同的地域环境中，非遗表现出独特的文化个性和地域文化属性。所以非遗的"在地性"既是非遗的事象本身的表现，又是地域性文化特征的总体表现，更是一个地区生命力的象征。在非遗的展示过程中，如果缺少"在地性"的表现则意味着"均质化"空间对项目展示的地域性的断层，破

图 2-4 湛江人龙舞

图 2-5 浦江板凳龙

坏了非遗整体性及活态性展示的原则。例如中国的龙舞，也称"舞龙"，民间多在喜庆节庆的场合以"舞龙灯"或"耍龙灯"的表演形式进行庆贺。目前，据数据统计分析，这种非遗项目分别分布在全国各地，形式也是多样变化。广东的湛江龙舞与浦江板凳龙舞在表演阵式及构造上就有很大的区别。湛江龙舞以人相接，组成一条"长龙"进行着起龙、龙点头、龙穿云、龙卷浪等独具特色的表演程式（如图 2-4）；浦江板凳龙由龙头、龙身（子灯）、龙尾三部分组成，舞龙造型设置不同，有方灯、字灯等 11 种不同的形态，一条板凳龙就是一个艺术的集合体，集书法、刻花、雕塑、彩画、编织等工艺为一身，在表演程式上更有大地回春式、麦饼团式等样式（如图 2-5）。这两种传统舞蹈形式虽同属一个省份，但是在表演样式及表演程式上却存在着很大的差别，走进广东，我们可以在不同的地理区域感受不同的文化氛围。同时，因表演者为本地居民，对表演形式及当地的节庆风俗有深厚的情感，在表演过程中，因情感变化所产生的表演节奏及"即时性"

互动是这个区域所独有的。正是非遗项目这种"在地性"及"即时性"特征的存在，从而对非遗展示空间场所提出了特殊的要求。

（二）非遗活态展示空间语境的需求

非遗展示重在对时空、人文、精神以及传承人所创造的价值等进行综合阐释，并通过科学技术等展示手段对非遗创造者的心境及内心情感进行展示，是一个动态化、过程化的展示活动。同时，非遗价值的承载载体不仅仅是物质形态，更多的在于通过人与人、人与物之间的互动来呈现，这是一种"活"的动态过程，也是非遗的最本源的属性——"活态性"的体现。无论是展示性活态的表现还是非遗活态的本质属性，都是在特定时空下一种立体性的复合再现，表现传承主体的形而上的核心思想内涵。在这种文化氛围下引起大众心理共鸣的主要原因，为非遗长久持续的传承与发展奠定了基础。正如苏东海先生通过以民俗文化为切入点诠释非遗的文化内涵中所言："习俗是通过生活表达出来，传统工艺是存在于流程之中，因此可以说人或人与物是感知非物质文化遗产的一种'介质'负荷的文化内涵，是一个展示的过程。"[1] 所以，非遗展示不仅是对中华文化样态、传统技艺、人民生产生活情感与记忆的诠释，更是为广大受众提供一个交流与享受的文化环境。对于以物质载体为主的文物而言，如果"民俗文物的角色从国家文物体系下的近现代文物，转变为日常生活方式的现象载体。"[2] 那么，对于活态性的非遗而言，则是在大众生活中的一种"动"与"活"的过程，通过展示语境的建构来塑造非遗文化的"层次感"，诠释非遗在当代生活中的作用。

---

[1] 苏东海：《建立广义文化遗产理论的困境》，中国文物报，2006 年 9 月 8 日，第 5 版。

[2] 毛若寒：《文化地理学视域下对地方民俗展览构建的探索》，中国博物馆，2018 年第 1 期，第 51 页。

第三节　非遗展示空间的特征及功能

一、博物馆展示空间的一般特征

（一）展示空间功能的综合性

任何空间的形成都是出于对某种功能需求而进行的建设性活动。随着博物馆事业的不断发展以及大众日益增长的需求，博物馆的功能表现出丰富性和多样化的特点，并通过空间的表现手法传递着不同的信息。

进入信息时代，对于实体的展示空间，如博物馆、展示馆等，不仅是参观和学习的场所，更是集教育、休闲、娱乐、展示、收藏、保护、销售等功能为一体的综合性空间。对于展示空间而言，依据其功能进行空间的分区是展馆的首要任务，并通过空间的组织元素形成有机联系的整体。在整个展示空间中，功能主要分为两大部分，一是对外展览展示空间，二是内部作业空间。根据《博物馆建筑设计规范（修订版）》中的定义，博物馆又划分为公众区域与工作区域，公众区域包括有藏品区与无藏品区，有藏品区即为陈列展览区，无藏品区即为公众服务区。其中又将陈列展览区概括为陈列展览区，一般由陈列展览空间、陈列贮藏室、讲解员室、安保员室等部分组成。无藏品区一般为公共服务区，即纪念品销售区、餐饮、厕所、观众休息区等。而内部作业空间即工作区域，一般由库房、技术用房、行政及学术研究用房等组成。在空间划分上，展览展示空间仍是博物馆的核心区域，占主要的面积。其展览空间的设计质量也是展示空间的重要环节，决定着整个场馆的整体价值，并且能够直接地反映出展品及展览主题的优劣。

（二）展示空间形态的静态性

对于传统的博物馆而言，物品的陈列成为整个空间展览的工作重心，三维立体及二维平面的展览物是空间中最为常见的图形或视觉图像，也是展示空间中最显著的陈列特征。实物类的展品通常摆放于展示柜内及展示台上，垂直于展墙四周，成点状及块状分布于空间内。二维平面的展板一般起到对展览主题或展示物解释说明的作用，根据展示需求挂立于展示墙，同时起到装饰空间的作用。这种实物及平面的静态性陈列方式进一步达成了博物馆展示空间静态性特征的呈现，正如国家文物局主编的《中国博物馆学概论》中对博物馆特征的概括："以文物和标本为基础，组成形象化的科学的陈列体系，对观众进行直观的宣传教育，就是博物馆的特征。"[1] 在这里，空间不是展览的"主角"，而是展品进行理念诠释的服务者，也是观众视线的牵引者，也就意味着空间不参与展示主题的艺术创造过程，只是一件提供展品的"容器"，展品的陈列特征间接性地暗含了展示空间的特征。这种空间特征为展品和观众搭建了能够进行充分交流的舞台，还原了展品独立的展示原境及观众原始的思维观展模式，以不争的姿态存在于展示系统中。

（三）展示空间组织结构的程式化

在消费文化的现代社会结构下，随着人们精神需求层次的多样化，博物馆展示空间类型也丰富起来，如综合类博物馆、历史博物馆、军事博物馆、科技博物馆等。但这些博物馆在展示空间的组织模式上呈现了程式化的特征。主要集中表现在展示单元组织形式上，由于展馆在整体空间设计上将展品作为设计的主体，忽略空间感对观众以及整个展示效果的作用，对主体考虑大于对客体的顾虑，从而使博物馆整

---

[1] 王俏梅：《从文博角度谈如何宣传和弘扬江桥抗战精神》，经济研究导刊，2012年第21期，总第167期，第224页。

体采用通用的串联式、衍生式及放射式的单元组织模式，这种组织模式在一定程度上避免了迂回、重复、堵塞、交叉等问题的出现，在博物馆设计时，根据博物馆规模的不同，对参观路线的设置，根据现有的资料进行组织设置。但非遗展示空间的设计更多的体现出"活态性"及"体验性"，对空间组织结构需要复杂化或者混合式的布局方式，能够让观众与展品以及传承人之间产生现场的互动。

二、非遗展示空间的特殊性

在现代学术研究中，在国家及社会各领域的帮助下，非遗一直在寻求着保护、传承、创新的发展路径。就研究现状而言，对非物质文化遗产的研究主要从三个方面展开，即"非遗本体论的问题、价值论的问题以及保护方法论的问题"[1]，其中非遗展示理论的"知识型"探讨被涵盖在这三大问题之中。

非遗展示语言体系的建立需要各界学者对非遗展示各领域进行研究，对于非遗展示空间而言，不仅是非遗项目展示与传播的重要平台，而且还是非遗项目在全球文化下视觉图示化的现代知识型语言。正是基于这一任务的紧要性和重要性以及非遗项目的特殊性，就更需要将非遗展示空间的研究，区别于传统博物馆展示空间，更要掌握非遗展示空间的独特性。这种独特性主要表现在以下几个方面：

（一）非遗本体的特殊性

"本体"一词源于哲学术语，是形而上学理论的一个哲学分支，各学科领域都对本体具有不同的释义，"人工智能领域的学者内奇斯（Neches）等人在 1991 年对本体进行定义，即本体是构成相关领域词汇的基本术语和关系，以及利用这些术语和关系构成的规定这些

[1] 苑利、顾军：《非物质文化遗产保护干部必读》，社会科学文献出版社，2013 年，第 122 页。

词汇外延的规则的定义。"[1]"而美国斯坦福大学格鲁伯（Gruber）在 1993 年将本体定义为：'本体是概念化的规范说明。'"[2] 学术界对本体的定义一直没有统一的定论，但却有基本的共识。对于非遗项目而言，其本体存在一种概念集中化、形式化的总体性特征。因此，对非遗展示的特殊性的描述应先从非遗项目本体出发。

1."载体"与"介质"的区别。非物质文化遗产与物质文化遗产两者有很大的区别，物质文化遗产的展示载体为物化的外壳，并通过物质载体的外在形式传达其丰富的文化内涵，而非物质文化遗产并不存在于任何物质之中，其精神价值的体现在于非遗项目呈现过程之中，正如古琴艺术的核心价值正是演奏者在表演过程中所呈现的，也正如苏东海先生所言："从文化的内涵来看，物质载体负荷的是文化内涵的终端，它是凝固在物质载体内的。而介质负荷的文化内涵，是一个展示的过程。结果与过程就是载体与介质的差异之所在。"[3] 也就是说，"介质"是一种过程的表现，是区别于物质载体所负荷的。追根溯源，物质文化遗产与非物质文化遗产两者之间的区别就是"结果"与"介质"的区别。

2.就非遗自身特性而言，其具有流变性、整体性、原真性等特点，更是一种复杂多变的活态性遗产，如果在其展示的过程中不考虑这些特殊性，用以往的普遍化展示的标准进行介入性展示，其结果是不理想的。

3.对于非遗本体展示的特殊性而言，根据第一批至第四批《国家级非物质文化遗产名录》，"我国非物质文化遗产分为民间文学、民间音乐、民间舞蹈、传统戏剧、曲艺、杂技与竞技、民间美术、传统

---

[1] 王向前，张宝隆，李慧宗：《本体研究综述》，情报杂志，2016 年 6 月第 35 卷第 6 期，第 164 页。

[2] 王向前，张宝隆，李慧宗：《本体研究综述》，情报杂志，2016 年 6 月第 35 卷第 6 期，第 164 页。

[3] 苏东海：《建立广义文化遗产理论的困境》，中国文物报，2006 年 9 月 8 日。

手工技艺、传统医药、民俗等十大类"[1]，这十大类中既具有借助"有形"的物质载体用于展示，如代表传统技艺制作或表现的工具、服装、乐器、工艺品等物质载体，根据展示主题、运用展示手段进行"成果式"的展览和策划。也有一些"无形"的精神内涵及文化价值需要进行展示呈现，如"口头传统"类的语言艺术、文学艺术、说唱艺术等。但对于非遗而言，"文化积累到文明的程度，它最突出的东西不在于物质本身，而在于物质背后所隐藏的最深层的期盼、愿望、心理和最高的精神境界"[2] 所以，对于非遗而言其展示本体就具有一定的特殊性，这也正是现代展示现状中亟需解决的问题。

（二）非遗展示空间的多维性需求

1. 非遗项目类型的多样化

非物质文化遗产是人类在长期生产生活中积累和保存下来的无形文化遗产，种类繁多、内容庞杂，具有整体性、原真性、地域性、活态性、传承性等特征。目前，国务院公布了 4 批 1372 个国家级代表性项目，2018 年文化和旅游部公布了第五批国家级非物质文化遗产代表性项目代表性传承人名单，共 1082 人。由此可见，在我国国家级非遗项目数量非常庞大，并且子项目众多。根据类型学分类方法以及非遗本体所具有的特征，我国对非遗的分类方式主要有"六分法""十分法""十三分法""十六分法"等，但基于非遗展示的需要，这里只按照"三分法"进行划分，依次为传统手工技艺类、传统表演艺术类、传统民俗文化类。这种一级分类法主要在非遗展示形态、展示需求及展示手段和方法上有较大的区别，但每个一级分类项目下还有很多的二级和三级子项目，由于每个子项目在形态及地域环境上有很大的不

[1] 刘礼堂，宋时磊：《基于需求视角的中华茶技艺保护传承研究》，武汉大学学报（人文科学版），2016 年 3 月第 69 卷第 2 期，第 91 页。
[2] 冯骥才：《文化遗产日的意义》，灵魂不能下跪——冯骥才文化遗产思想学术论集，宁夏人民出版社，2007 年，第 3-5 页。

同，进而展示时所表现的"场域精神"会有所区分。如传统表演艺术类与传统手工技艺类在表现形态上的区别将会导致展示需求及建筑空间要求的不同，传统表演艺术类是一种口头语言艺术或者形体艺术，其本质特性就是通过"人"的形体及语言的表达来诠释艺术的精华，并通过"表演"的方式与观众形成即时性以及在地性的交流与沟通，进而，在进行展示或表演时对场地、空间环境、舞台氛围及观众都会有一定的限制和要求；而传统手工技艺类其核心价值的展示是对通过手工技艺人的制作过程及制作成果体现出来的，其展示对象分为"有形"及"无形"两种，"有形"的展示载体为经过精心制造而成"实物"，"无形"的展示载体为巧夺天工的技艺制造"过程"，那么对于展示空间及展示手段的要求也分为两种。所以，由于项目本身形态及特征的不同两者在展示层级上会出现类型的区分，这也是非遗项目繁多所带来的展示要求多样化的结果。

2. 展示空间诠释的多元化

随着人类社会逐渐步入现代化发展的进程，我国非物质文化遗产在大的社会背景环境下，也面临着工业化及城市化的巨大挑战。原始环境遭到破坏，文化的生态性及完整性也急遽消融；传承人年龄老化，一些靠口头传唱的非遗项目正面临着后继无人的境况；城市商业文化的兴起，工业化批量生产的产品正挑战着传统的手工制品，致使生存和发展的空间环境变得窘迫不堪。正是基于这样严峻的形势，对非遗的展示和保护显得尤为重要。近几年来，随着国家对非物质文化遗产的重视，一些法规政策及社会人士的宣传都对非遗的传承与发展提供了基础性的保障，但非遗作为从人民大众生活中产生的艺术形态，更需要健康优良的展示空间环境以满足非遗的展示和传播，进而系统全面地阐释非遗的核心价值。

目前，根据现有的建筑形态的发展，国内外对非遗展示和传播的空间类型也出现了多元化发展的趋势。其中，从空间类型上来讲，我国对非遗的展示和宣传主要依靠一些现有的博物馆、艺术馆等实体空间，这也是作为具有保护、收藏、展示等功能为一体的博物馆，最早以实体空间形态介入到非遗保护中来的建筑空间类型，这些具有一定空间面积规模及系统完整的运营模型的博物馆，在对非遗的展示中突显独有的优势。另外实体类空间还包括以历史街区为载体的建筑空间，如北京前门的"非遗一条街"，以前门大街及两边的历史建筑为展示空间，通过每个历史单元设置不同非遗类别的展示场所，如服装类的瑞蚨祥、餐饮类的全聚德、华韵非遗体验中心等。这类历史街区的展示空间区别于公共性的博物馆，主要集展示、销售、旅游、宣传等服务为一体，空间类型更是丰富多样。此外，除实体类的展示空间外，虚拟性的展示空间也成为现当代展示非遗的重要空间类型，这种空间类型集数字化、互动体验为一体，通过网络、数据集成、科学技术等手段将非遗展示成为一种"线上"展示平台，并形成一种虚拟空间展示。就虚拟空间形态而言，现有的空间类型可以分为手机 App，PC 电脑终端系统以及数字化体验设备等。正是实体与虚拟的展示方式的多样化引起了非遗展示空间类型多元化的变革，更是当下多元文化融合时代背景下的产物。除了以上两种空间类型外，另一种空间类型是指基于人们思维诠释的空间形态，通过策展人、展示设计者、观众等人物角色，对展示物及展示主题进行一种形而上的思维训练及思维引导，现实存在的物质载体成为他们在思想空间遨游畅想的导火线，引导人们思维空间的发散。如非遗展览中空间叙事的建构，通过叙事空间的设计思维及叙事方法，来完成非遗文化内涵的诠释，成为一种隐形性的空间模式。

由此，面对非遗项目的多样化与丰富性，对非遗展示需求提出了更多的要求，这也导致了非遗展示空间多元化的持续发展，为建立高效、直接、可识别的非遗展示空间形态奠定了一定的可实施性基础。

三、非遗展示空间功能及价值

(一)非遗隐喻含义的可视化表达

对于非物质文化遗产而言,对实体"物"的展示并不能完全代表非遗的价值,需要通过对非遗项目的工艺制作流程、表演过程中的技法及地域场景等展示才能挖掘其背后的核心内涵,这样才能做好非遗保护和传播的工作。非遗展示空间就是以"人""物""事"为展示内容而创造出来的空间形态,空间中语言能否被合理运用是关系到非遗所隐含的核心内涵能否充分表达的关键,如展示道具、展示色彩、空间造型、装置、文字语言、叙事手法等的运用。例如我国所独有的年画技艺,它不仅仅代表一种艺术形式的存在,它还寄托了人们美好的祝福及愿望,隐含着先民淳朴的精神意愿及高德品质。我们在展示空间中所看到的不仅是民间艺术形式的代表性产品,还可以通过空间中的展示语言,将这一技艺的核心内涵用视频播放、虚拟成像及叙事手段进行一种可视化的表现,观众不仅能够现场感受体验,还在头脑中对展示对象的背后含义形成一种可视化的形态认知。

(二)建构非遗 "关系"图式

20 世纪前半期,对空间的认知是建立在"关系"线索之上的,在各个部分之间的相互组合都是建立在关系观念的立场之上。在非遗展示空间中的功能表达,各种组织所形成的关系及系统并不是自我封闭的闭合系统,是通过相互之间重组、结构来完成的。而海德格尔(Heidegger)的"道具",就是在各种事物之间发生相互关联的情况下产生的,"事物在这种功能之中,各自有各自的出场局面,彼此之间相互赋予对方意义,即构建稳定的关系。什么是功能,这种关系就是功能。"[1] 非遗展示空间其本身的建构就是一张"关系"图式。

---

[1][日]原广司:《空间——从功能到形态》,张伦译,江苏凤凰科学技术出版社,2017 年,第 174 页。

在空间中，对于空间本体而言就需要在展览空间、辅助空间、公共服务空间等功能区域之间寻找一种良好的秩序关系。而就展览空间区域而言，就需要建立空间造型、展区面积、展线色调、光线等之间的联系，同时对展示对象——非遗项目而言，更加需要对展示内容、展示理念、展示主题、展示手段等统一规划，同时在观众、展品、空间之间建立一个可供观众体验参观的图式，才能充分发挥非遗空间的功能性及价值。

（三）有效的非遗认知及传播场所

由于非物质文化遗产数量庞杂，内容繁多，不仅包含传统舞蹈、传统音乐、传统戏剧等表演类非遗项目，也包含传统美术，民间文学，传统体育、竞技、杂技和节庆时节的民俗活动等。与此同时同一项目类型不同地域又分别具有不同的特点。如中华织锦，历史悠久、古朴典雅、独具特色。但各地因地域及制作手法的不同，形成了各地不同的织锦特色。南京的云锦主要采用传统的大花楼木织机，需要织手与拽花工两人相互协作完成，其图案更是丰富多彩，造型优美，可谓"逐花异彩、通经断纬、魅丽无限"。而四川蜀锦多采用小花楼织机，常以单层或多层彩经和纬经起花，采用对称纹样，色彩明快鲜艳，汉民族特色较为明显，惟妙惟俏。针对同一类型的手工技艺，其制作方法及独特性如果没有相应的展示空间诠释，其所具有的价值也就无法传播和传承。同时，多种展示空间类型的提供能够将同一类型、不同项目进行有效保护与传播，不同类型、不同地域的非遗项目也能在信息化发展的今天，利用传播媒介及展示手段让公众更好地认识非遗、了解非遗、感知非遗。

（四）开放的非遗文化体验中心

非遗展示空间的建立给公众进行非遗项目的体验提供了无限的可能性，首先，展示空间可以根据需求进行主题性的展示，这样在一定程度上就消解了地域带来的不便。通过展示策划，人们在同一地域可以浏览不同区域的非遗信息，也可通过同一空间网站的浏览和观览世界各国及全国各地的非遗项目。这就为非遗体验和学习提供了开放性的平台。其次，展示空间中体验性观念的到来，促使空间不再是信息的单向传播，而是将观众放在展示的重心上，让观众通过互动体验融入到非遗项目之中，感受非遗的价值。但这种空间形态在向着多样化的方向发展，如传统的博物馆、生态博物馆、非遗展示中心、民族文化传习馆、数字网络空间、旅游景区、非遗文创销售中心、社区公共空间等都已成为观众体验非遗的开放性空间，也正是这些空间形态的多样化，让非遗深入人们的生活，变为公众所共享的文化活动。如现在学校及地区性行政机构都纷纷设立的民族文化传习馆，而"民族文化传习馆是一个基于区域民族文化源头活水的传习空间，虽不可能完全达到民族文化自身实际生存、呈现的真实态，但可设计一种拟自然的情境，使进入大学接受主流普世知识的区域民族文化主体，拥有一个在文化知识继承和创新之间缓冲和过渡的链接当口。"[1] 也就是说，民族文化传习馆是集非遗传习中心、交流中心、展示中心等角色为一体的传播场所，通过模拟情境来让观众融入到项目的生存地，跨区域的学习非遗项目。

（五）实现非遗"活态化"的弹性展示

非遗的活态化展示是基于非遗项目本体的活态性特征产生的，正是这一特征的存在，使得非遗在展示方面区别于一般的物质文化遗产，它所要展示的正是非遗项目动态过程中表现的价值以及项目所承载的文化内涵。同时，非物质文化遗产重视人在项目传承过程中的价值、高超技艺及所反映的民族情感，而在非遗展示过程中，并非只有物质形态的载体能够表达这一丰富的含义，而非遗的活态性正是在人类行为活动中产生的，所以借助人的行为活动才能够将非遗最核心的内涵

---

[1] 黄龙光：《民族文化传习馆：区域性大学非物质文化遗产传承新模式》，文化遗产，2012 年第 1 期，第 26 页。

展示出来。展示空间的功能正是通过科技的手段、网络平台、展示道具、展示工程技术及叙事方式等为非遗活态性展示提供了更多的方法和诠释手段。非物质文化遗产的生存有其固的原生环境，但因缺乏宣传及传播的渠道和媒介，使得非遗项目的价值没有得到顺利开发和传承。但随着经济和科技的迅速发展，博物馆实体空间、数字虚拟展示空间、网络信息展示平台等都为非遗的活态展示提供了可能。在《礼记·中庸》中 "变则化"对于传统音乐、传统舞蹈、传统戏剧等表演艺术类非遗项目，展示空间的建设让这些具有原生态、即时性、在地性的项目得到了很好的诠释，其表演过程也不再受到时间的限制，从而为其传播提供了固定的场所。而对于一些节庆类的民俗活动，通过数字技术达到一种情境沉浸式的体验，将非遗的"活态化"在另一层面上进行了诠释。所以，正是社会的不断发展变化，使得非遗的活态性展示在非遗展示空间的诠释下有了新的方法和途径，让非遗的"活态性"增加了多种可能性，实时变化，与时俱进，在历史中前进，在变化中创新发展。

第三章 非遗展示空间的形态与类型

The Form and Type of Intangible Cultural Heritage Exhibition Space

空间是通过人的知觉方式感知的，与"实体"的概念相对，依靠实体完成空间形态的塑造，更作为一种媒介成为空间创造过程中的重要元素。空间因实体而产生，实体的存在也成为提升空间品质、建构空间美学的重要因素。所以，对于非遗展示空间而言，对空间形态、类型及特征的研究必须借助于实体的构成而进行。

第一节 实体性空间类型解读

　　空间是通过人的知觉方式感知的，与"实体"的概念相对，依靠实体完成空间形态的塑造，更作为一种媒介成为空间创造过程中的重要元素。空间因实体而产生，实体的存在也成为提升空间品质、建构空间美学的重要因素。所以，对于非遗展示空间而言，对空间形态、类型及特征的研究必须借助于实体的构成而进行。

一、以历史街区为载体的建筑空间

（一）非遗街区展示空间的形态分析

　　原有的历史街区经过改造后而形成的非遗展示空间，包含了空间单位和组织结构两方面的信息。在历史街区中，最基本的空间单位是以门店为单元，门店则成为保持空间属性的最小空间单位，这种基本的空间单位，我们称之为"空间原型"。但每个空间原型都有各自不同的象征性特征及空间属性，如前门吉龙·民俗文化城内的空间形态，分为"摊位型"的空间组织、"发散型"空间组织以及"场景型"的空间组织。

　　1."摊位型"的空间组织

　　"摊位型"的空间组织一般采用的是最常见的矩形的建筑空间（如图3-1），因为摊位型多为个人经营，流动性较大，所以在建造技术上也采用最为经济、合理的摊位搭建

图3-1 前门非遗市集的摊位展示活动

方式。这种矩形平面建筑空间是根据人的运动和视觉感受塑造的，因顶面往往不影响人们的视觉和行为活动，所以人们通常关注点多集中于四个垂直面及底面，这种空间原型是基于人的运动和视觉感受而产生的。

2."发散型"空间组织

"发散型"空间组织，是在原型空间的区域范围内，因其受到历史建筑的影响，存在两种空间状态，一种是受原有建筑结构的影响，空间范围有一定的限定物，一种是空间范围无任何限定物。在历史建筑空间中也通常表现为"有柱"或"无柱"。面对这种空间结构，非遗的展示结构设计也通常采用两种空间原型进行展示，即"平行并置"展示与"垂直相交"展示。首先，"平行并置"展示是基于室内空间开阔产生的，没有"柱"等承重结构，这样就给了展示空间以充分发挥的余地，在前门历史街区的多个空间原型中，我们可以发现其中所运用的展示布局，如华韵·刘氏竹编馆，就是将无"柱"的空间进行"平行并置"展示（如图3-2），这种展示方式一是展线明确，观众参观路线清晰明了，既可以观看传统竹编的精品展示，又能通过图文及制作工具的展示来感受高超的技艺。其次，"垂直相交"展示是由于受主体建筑结构的影响，为使展示场景与空间相协调而采用的手法，如

图3-2 刘氏竹编馆的平行并置展示空间形态

图3-3 吉龙·民俗文化城的垂直相交展示形态

吉龙·民俗文化城内，因受"柱"的影响，将各种非遗体验的项目进行开散型的"垂直相交"展示（如图3-3），这样既充分利用空间结构，又增添了展示空间的趣味性与活动性。总之，这两种"并"与"交"的展示结构形式构成了"发散型"空间构造独有的特性。

图3-4 源昇号二锅头博物馆前店的场景展示

图3-5 源昇号二锅头博物馆的酿酒工艺流程展示

3."场景型"的空间组织

"场景型"的空间组织是在原有空间结构的基础上，根据展示对象的内容及展示需要，改造现有的空间，以便建立与观众之间的互动关系，以情感人、以境为本，通过展示内容和主题场景建构起特有的空间形态。这种场景型空间组织的建构是将展示对象和观众置于同等的地位，并通过物质空间和情景空间来表达非遗项目中"意境"。如前门"源昇号"二锅头博物馆，通过具有历史文化的街区展馆展示二锅头的历史及制造技艺，在一定程度上能够提升观众的情感认知及观感体验。展馆一层保留了古时的酿酒作坊"前店后坊"的格局，在空间组织流线上，前店还原了古时售卖的场景（如图3-4），后坊设置了古时酿酒工艺流程，并通过展示道具还原酿酒场景（如图3-5）。由此可知，"场景型"的空间组织是对非遗项目过程性展示的可实现化的手段之一，利用空间建构手段达到观众的认知和情感体验。

4. 服务体验型空间组织

服务体验型空间组织是指开放性的公共空间，如公共休息区域、游船、花坛等其他设施全面的服务性空间。这种空间形态没有具体的边界限制，场地特征多属于一种自然属性，遵循生态发展的原则，是建立在群体共同文化的基础上，带有符号象征的寓意。如利用大照壁以及百年老字号食铺等建筑形态渲染起历史记忆深厚的古街—南京夫子庙。服务体验型的空间形态有江南贡院前的广场、步行街、秦淮河畔等公共空间。非物质文化遗产则是利用其具有历史记忆的文化空间进行展示和表演，如秦淮河上借助潺潺流水、昏暗的灯光，乘船观看河畔戏台上的昆曲表演的实景演出，（如图3-6）让人们可以享受非遗表演带给人们的感官体验。每逢岁时节令，如春节、元宵节等，这些公共空间都会选用这些空间来举办秦淮河灯会等民俗活动（如图3-7）。与此同时，具有中国传统文化气息的秦淮灯彩、南京白局、皮影戏、剪纸等非遗项目也会与现代艺术相融合，在这些空间中进行表演和展示，从而形成了灵活多变的展示空间。

（二）非遗街区的展示空间特征

建筑从诞生之日起就记载了人类发展的历史，建筑空间以及建筑形态的形成与特殊的地域环境有着不可分割的实质性联系。非物质文化遗产与地域性历史街区有着微妙的关系，非遗作为一种无形文化遗产需要文物建筑这种有形的物质文化遗产作为承载容器，从而通过街区的肌理、街区的空间形态、街区的地域环境来透视传统文化的发展

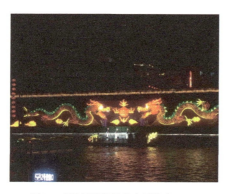

图3-6 秦淮河畔的昆曲实景演出　　　　　图3-7 秦淮河灯用于装扮街景

脉络以及提供传统技艺进行传承的良好生态环境。

2017 年 9 月出台的《北京城市总体规划（2016 年—2035 年）》中提出了保护传统中轴线、恢复历史河湖水系等要求："以历史文化街区为依托，打造文化魅力场所、文化精品路线、文化精华地区相结合的文化景观网络，将老城建设成为承载中华优秀传统文化的代表地区。"[1] 如山东青州南阳城的北门里古街，有 1500 多年的历史，在长约 500 米的大街两侧店铺林立，将古老的物质化的历史建筑遗产与带有活力的无形非遗项目相结合，形成"物"与"艺"的对弈，在浓郁的历史文化空间氛围下，展示着非遗独有的特质。再如北京前门作为众多中华老字号汇集的大商圈，在北京市的总体规划下进行了又一次的文化定位，将具有中华文化元素及中华文化思想的非物质文化遗产与历史文化古城相结合，力求打造具有非遗特色的"文化体验街区"，进而形成以历史街区为载体的非遗文化空间。经实地调研发现，前门商业圈主要是以南北步行街为主线，东西贯穿几条辅线，但最主要的东西干线是以大栅栏商业街和鲜鱼口街区构成。整个商业文化展示圈主要有百年老字号门店，如同升和鞋店、稻香村、全聚德、庆林春茶庄、隆庆祥、源昇号等；民俗文化城，如大栅栏——吉龙动态民俗文化城；文化博物馆，如中国冠帽文化博物馆、华韵——安徽非遗馆、源昇号二锅头博物馆等；文化体验中心，如前门·非物质文化遗产体验中心、韩美林艺术衍生品体验馆、新春——非遗年味馆等；数字互动体验馆，如"大城小像·北京"、视界方舟·文化科技馆等；另外还有一些小吃店，与其他商业文化展示活动一起构成了前门大街的商业环境。由此，将非遗特色融入到传统文化街区的策划中，无论是在空间形态以及展示策划理念中都表现出了独有的特征：

---

[1] 人民网：《新总规亮点解读：北京 2035，迈向国际一流和谐宜居之都》，人民网 - 北京频道，http://bj.people.com.cn/n2/2017/0929/c82837-30792352-2.html，2017 年 09 月 29 日。

1. 历史文脉空间的延续性

非物质文化遗产作为人类社会宝贵的精神财富，在历史街区的复兴发展中起着重要的作用。目前，国家在提倡复兴中国传统文化的号召下，非物质文化遗产作为扶持历史文化街区重要的助力军，对增强历史文化街区的活力、创造新的空间形态以及加强人民群众之间的交流起着不可代替的作用。历史街区为传承和传播非遗项目提供了天然的物质载体和文化语境，正因为这些历史建筑空间的存在

图 3-8 前门大街的华韵——安徽非遗馆、源昇号二锅头博物馆

才促使非遗能够发展、变革并得以延续。但因非遗项目的特殊性以及展示传播的需要，以历史街区为载体的"原型空间"面临着重新设计和改造的问题。"原型空间"在建筑学领域内它是一种较为典型的空间形态，它体现的是相关地域的人文哲理、道德修养和艺术审美特点，是对和谐的人与自然关系的理解。如前门大街的华韵——安徽非遗馆、源昇号二锅头博物馆（如图 3-8）等，虽然从建筑外观来看，两者都是以前门大街原有的门店作为建筑空间载体，但室内空间则是在原有的空间形态上做了一定的区别，分别根据展示项目的本体特色及展示需求在"原型空间"的基础上进行了延展性和创新性的空间改造。通过平面图我们可以发现，两者共同点在于都

属于平面方形布局，参观路线为"环形"；不同点在于因展示项目的不同，两者在展示环境及展示布局上有所区别。首先在展示环境氛围的渲染上源昇号二锅头博物馆主要采用黄暗色调，特殊展示区进行局部的灯光照明，重点突出；华韵——安徽非遗馆整体展馆色调采用较亮的灯光，商业性氛围较浓。在整体展馆策划布局及展示方式上，源昇号二锅头博物馆在展示内容上主要展示二锅头历史、传统酿制技艺以及红星企业文化，分别通过老酒馆、源昇号遗址、红星企业文化展示、北京酒文化展示四大展区来进行整体的内容诠释，展示方式主要采用情景还原、实物、图文等，整体满足了实体类博物馆展示的基本要求。华韵——安徽非遗馆在整体的展示策划及展示方式上与前者有很大的区别，展馆虽以非遗为特色进行主题展示，但整体的效果更像一个地域性特色的艺术集合馆，商业性气氛浓厚，展示、教育性相对薄弱。整体展示分别以徽州漆器制作技艺、徽州宣笔制作技艺、徽墨制作技艺、宣纸制作技艺、歙砚制作技艺等不同传承技艺作为展区分类的标准，展示方式主要以图文和实物及活态展示为主（如表3-1）。

通过对前门两个非遗博物馆的分析，看出两者之间的不同以及优缺点，由此也让我们对历史文化街区空间形态的建构产生一定的

表3-1源昇号二锅头博物馆与华韵——安徽非遗馆对比图

分类	建筑空间载体	展示环境氛围	平面布局形态	展区分类	展示方式	展示目的
源昇号二锅头博物馆	原型空间（前门大街门店）	暗黄色+灯光局部照明表现历史文化及技艺制作过程	方形平面形态	分为老酒馆展示、源昇号遗址展示、红星企业文化展示、北京酒文化展示四大展区	图文、实物、场景还原	教育、娱乐为主展示二锅头的发展历史及传承技艺
华韵—安徽非遗馆	原型空间（前门大街门店）	较亮的灯光展示	Z形平面形态	以徽州漆器制作技艺、徽州宣笔制作技艺、徽墨制作技艺、宣纸制作技艺、歙砚制作技艺等不同传承技艺作为展区分类	图文、实物、真人互动展示	以商业售卖、娱乐体验为主

思考，面对历史文化氛围浓厚的历史街区，非遗展示应以何种姿态入驻文化古街，其所呈现的空间类型及空间形态应归为哪类？何种方式在发展中最为持久有效？如何在商业性的非遗街区更好地运营？

2. 非遗传承过程中观众的参与互动性

对于展示活动而言，整个活动举办的成功与否，很大程度上取决于观众接受与参与的程度。对于非遗展示活动而言，其首要目的是促进非遗的传承与传播，那么我们首先要确定的则是互动的"主体"是谁？如何发挥主体在整个展示活动中的地位与作用？这些将是展示需要考虑的重点问题。同时，从非遗保护的角度而言，加强观众的互动参与性以及引导传承人进行活态展示活动，才有利于非遗的良性发展。非遗信息的传播与传承都离不开良好的空间艺术形态，这不仅利于构建良好的展示氛围，便于观众与展示空间之间建立起情感的链接，而且还能提升整个展馆的展示效果，从而赋予空间语义化，与观众形成情感共鸣，加强非遗项目的传播。同样，观众良好的体验活动能够进一步升华展示的效果，活跃展示空间氛围，增添活动的趣味性，更利于观众与观众之间的二次传播。例如，前门传统文化街区举办的华韵"非遗年味市集"活动，此次活动主要是以前门大街为主要的开放型活动场地，整体的活动分为室内与室外两部分进行年味的渲染，室外部分主要集中对于对前门大街的街道广场及建筑小品的渲染，通过悬挂大红灯笼、张贴春联、剪纸窗花、添加绿植花卉等形式增添过年的喜庆。室内场馆部分由韩美林艺术衍生品体验馆、新春——非遗年味馆、宜兴紫砂艺术馆等多家场馆集体参与此次活动。同时，为带动观众的参与度，在各个场馆陆续推出多个主题性体验互动活动，如"游来游'趣'"，观众还
可以参与体验国家级非遗项目木板水印、剪纸、皮影戏等活动，通过现场的制作与学习，感受非遗文化的精髓与乐趣，更可聆听动人心弦的曲艺表演（如图3-9）；而"诸事顺'礼'"活动为市民准备了丰

富多彩的福袋礼包，还可亲手制作非遗年礼给亲朋好友；在新春——非遗年味馆，观众可以通过猜灯谜——"财神"送红包的活动来享受新春福利等（如图3-10）。从整体策划的角度而言，此次活动分为"启福集""年味集""贺岁集""喜乐集"四部分，利用非遗独有的特色，带动整个前门大街浓郁的年味气氛，让观众在整个大的非遗文化空间和历史文化空间下，尽情地享受和参与到春节的文化氛围中，这对于弘扬传统文化，传承中华文化优秀的传统节日具有重要的意义，也只有观众参与进来的活动才是真正弘扬和继承传统文化的重要渠道。

3. 文化特色的地域性

在人类一系列的生产活动中，由于地理环境、生活习性、生产工具、劳作方式、民族特性等的不同，形成了各地不同的营造活动，因此目前各地根据地域文化的不同也保留了大量的非遗传承技艺。这些优秀的非遗技艺积淀了当地数十代人的经验和情感，更是铭刻于当地的地域性建筑空间中。突显地域文化不仅包括人们长久以来从事体力劳作

图 3-9 非遗文化体验中心的皮影戏制作体验　　图 3-10 前门·非遗年味馆的猜灯谜互动活动

所创造的物质文明，也包含人们长期积淀而成的集体智慧的精神文明。无论是凝结精神文明的非物质文化遗产还是凝聚物质文明的地域性建筑，在人们生活的物质环境以及空间形态上都集中体现了具有特色的

图 3-11 山东潍坊十笏园非遗展示空间

图 3-12 前门大街百年老字号——"祥义号"

地域文化。地域空间的产生以及形态的发展和演变，都对生活在这一地域场所中的人们产生了重要地影响，更在一定的文化语境中潜移默化地影响了人们的行为、思想、习性及心理。反之，新的生活环境及生活方式又在滋养新的建筑空间的形成，进而推动着地域性展示空间形态的多元化、多维化发展。如国家级潍水文化生态保护实验区——十笏园非遗空间的建设，结合潍坊的地域文化特色，将潍坊丰镇、杨家埠木板年画、陶艺的非遗项目融入到地域空间中，打造了集展示展

演、休闲娱乐、交流、交易、研发等为一体的多维非遗展示空间（如图 3-11）。再如前门大街，自元朝开始，商业、手工业、饮食业就较为发达，后经明朝迁都北京后，在两侧扩展了鲜鱼口、珠市口、粮食店等街道和集市，将前门大街变成一条繁荣的商业街。目前，前门大街百年老字号店铺，如北京"八大祥"中的瑞蚨祥和祥义号（如图 3-12）、以制作鞋帽为主的内联升、以餐饮业为主的全聚德和北京稻香村，店铺鳞次栉比，凸显了老北京悠久的历史文化以及商业文化。这些百年老字号通过店铺、餐饮店等建筑空间的形式展现传统技艺，并通过商业模式与"人"产生一种内在的紧密联系，以此来展示中国优秀的传统文化。作为北京城重要的黄金商业街之一，其独有的仿古

风貌为北京文化增添了独特的城市氛围。

因此，非物质文化遗产是在一定的地域环境中产生并表现出了一定的特征，"该地域独特的自然生态环境、文化传统、宗教、信仰、生产、生活水平，以及日常生活习惯、习俗都从各个方面决定了其特点和传承。"[1] 也从一定程度上给地域性空间的塑造带来了一定的影响，而具有历史性故事的建筑空间也为非遗的诠释提供了指向性的作用。

二、综合型及专题性非物质文化遗产展示馆

专题性非遗馆是博物馆的一种类型，是针对非物质文化遗产的项目类型所建设的专业性博物馆，其主题性比较明确，展品特征较为明显。从艺术表现手法上，其建筑结构、空间形态及空间组织结构都与展馆类型相协调，并具有较强烈的个性特征。我国现存的非遗专题馆根据展示内容及展示特色主要分为传统手工技艺类展示馆、传统表演艺术类展示馆以及民俗节庆与仪式类展示馆。三者在建筑特色上并不存在界限明确的建筑形态"种类"，但在展示需求上却存在不同的空间形态。

（一）传统手工技艺类非遗馆的空间形态及特征

据实地调研发现，传统手工技艺类展示馆主要有博物馆、手工作坊以及一些传习展示场所。这些展示馆因专业上的需求在空间属性上具有一定的普遍性与特殊性，并表现出一定的特征。

1. 展馆造型与空间的设计转译

传统手工技艺类非遗馆展品类型单一，通常是对某类具体的品类展示，如陶瓷类、剪纸类、营造技艺类、服装类等。这也就决定了展

---

[1] 方旭红，黄钟浩，郑丽虹：《论非物质文化遗产的生活化保护》，合肥工业大学学报（社会科学版），2012 年 8 月，第 29 页。

馆建筑样式的目标化以及情感化，往往也是通过特殊的情感表达来开启展馆整体结构与形态之门的。非物质文化遗产项目众多，品类更是丰富多样，汲取其中的非遗元素并运用到展馆空间设计形态中，既是对传统文化的传承和传播，也是为传统文化之精髓在现代社会中的转型性发展和创新性利用提供了机会，是非遗元素在建筑空间创作中的植入和转译，主要表现在两个方面，一方面是形态语义上的转译，另一方面是历史文脉上的抽象演绎。

从建筑形态上看，建筑本身就是一件醒目的展品，建筑外观的艺术形态即是一个区域性的符号化代表，又是专题性展馆建设的一个必要元素，其丰富性及复杂性更是展示内容与展示主题在文化内涵及情感主题中的表达。如我国已建成的邢窑博物馆、崇州竹编博物馆、景德镇中国陶瓷博物馆、扬州雕版印刷博物馆等。这些专题类非遗馆从建筑外观形态上来看，地域特征明显，并在设计灵感上提取传统手工技艺类中的材料元素、色彩元素、造型元素来契合内部展

图 3-13 崇州竹编博物馆外观入口

示主题及展示内容。如四川崇州地区，当地的竹编技艺及竹编文化已经成为一种地域象征，并成为带动乡村经济发展的创新型产业。崇州竹编博物馆的建设则就地取材，利用天然之材料"竹"进行展馆空间的渲染，而且整体的设计来源也是提取"竹"的物理本色："色""艺""影""形""光"，并将这些元素应用在对展馆的改造上，如展馆入口处（如图 3-13），在结合当地原有的建筑特色及建筑形态的基础上，将竹编进行几何形态的设计和改造（如图 3-14），作为入口处的造型，这样不仅诠释了当地传统手工技艺的特色，而且更好的解释了传统手工技艺在现代社会中的创新性应用，在传统与现代之间形成一种交流传播的语汇。再如与周边环境相剥离的河北邢窑博物馆，整体的外观建筑分别由 7 件不同造型的碗型建筑组合而成，寓意着通过高超的烧制技艺，7 件质

朴精美的瓷器破茧而生，漂流在水面之上，利用方与圆构建中国传统文化空间中的精神秩序。

　　任何一个博物馆，都是一个民族、一个国家或一个地区文化和历史的缩影，它除了具有收藏、展示、研究、教育等功能外，也是这个地区精神象征的物质载体。所谓的"历史文脉"不仅是现代文明对历史文明精神的延续，也是建筑与环境之间产生的新的话语体系。非遗

图 3-14 崇州竹编博物馆入口处模型

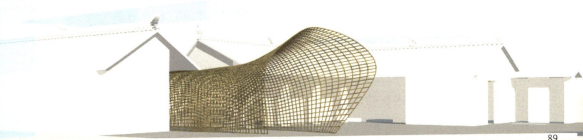

展馆不是孤独存在的个体，而是以独特建筑形态让人们感受到曾经熟悉的环境肌理和城市风貌，这样居民的记忆就不会随着新建筑的诞生而消亡，并在一种富有人情味的建筑形态中寻找到应有的归属感。这种历史文脉在建筑上的体现，从宏观上看，就是将建筑以一种谦逊的姿态融入到当地的人文环境中。如中国美术学院民俗博物馆，展馆外形设计以菱形为基本设计单元，灰瓦坡屋顶覆盖建筑顶面，将建筑通过结构的隐喻镶嵌于复杂的地形之中，进而唤起人们对历史场所的认知以及对村庄青瓦连绵的记忆。这样的建筑表达手法既延续了北方建筑的风格特点，又结合当地木材形成富有动感的形态特征，引导观众走进建筑，走进自然，在互动中感受这种文化气息及场所精神。同时，非遗展馆的建筑造型更成为内部展示空间的一种外延，通过造型设计语言的转译来诠释内部展览主体及展览内容，进一步概括为内部展示空间的"前导"，是引导观众进入展馆的"明灯"。如云南的高黎贡手工造纸博物馆、韩国木材博物馆等，都是基于当地古老的手工技艺以及丰厚的自然材料而建，通过丰富的外观建筑语言与内部的展示空间连接，作为内部展示空间的"表情"展示给每一位向它走来的观众。

综上所述，专题性传统手工技艺类展馆与其他展馆不同之处在于，注重综合利用手工艺的原材料性、地域性、文化性来建造建筑的外部形态及造型，充分挖掘非遗项目的展示性符号元素，丰富展览的空间层次，建构起内部展示空间与外部造型的本质性联系，在凸显当地地域文化的本质内涵的同时，将非遗技艺传承与传播下去。

2. 从空间属性出发探析内部空间形态及特征

传统手工技艺类展示空间的研究应是在对手工艺本体属性及特征分析的基础上进行的，本体不仅是手工艺价值的体现，更是其最基本的内容。从价值哲学的角度上来说，本体所展现的价值及内涵是一种内在的表现，具有相对稳定性及持续性，其外在形态、结构、组织程序的变化取决于内在的本体要素。所以，面对现代信息技术高速发展的今天，展示手段、展示空间繁纷复杂，我们只有立足于对传统手工技艺本体的研究才是掌握对手工技艺所需求的空间形态的本质要领。

传统手工艺是人类生产生活的一种方式，目前，据调查资料显示，实体类的展示空间中对传统手工技艺的展示主要由两种途径和方法进行，一是对其器物、材料、制作工具等有形物质载体的展示；另一方面是对"无形"文化内涵的展示，主要通过视频、文字、图片等方式进行诠释。但正如徐艺乙先生所言："传统手工艺之本体所体现和依托的知识体系之性质，是由其特质和传统所决定的。在当代，传统手工艺主要是指在前工业时期以手工作业的方式对某种材料（或多种材料）施以某种手段（或多种手段）使之改变形态的过程及其结果。"[1] 也就是说，传统手工技艺在展示与传播的过程中，其工艺制作过程以及过程中所体现的文化价值及工匠精神才是展示空间所需要集中体现的，这也就决定了传统手工技艺类非遗项目展示所需求的空间形态及空间类型。这种空间形态可以定义为"逻辑线段式空间形态"。

从传统手工技艺本体构成上看，"人"是传统手工技艺的核心主体，更是核心价值内容的探求主体，正如田自秉先生所言："人是主体，人是对客观控制的统摄者，物为我用……主体性具有参与意识。既是创造者，也是欣赏者。"[2] 在传统手工技艺制作与传承过程中最关键并起到决定性作用的因素，其本身就已然包含了文化属性及"活态"属性。"技"是传统手工艺人创造"器"的一种手段或中介，只有通过"技"才能将自然之物转化为人工之作。而"技"的内容大致包括三个方面，即技艺本身的形式及内容、工艺制作流程和实现技艺的载体。同时，"百工从事者皆有法，百工为方以矩，为圆以规，直以绳，衡以水，正以悬，无巧工不巧工，皆以此五者为法。"[3] 传统手工艺

---

[1] 徐艺乙：《手工艺的传统——对传统手工艺相关的知识体系的再认识》，装饰，2011 年第 8 期，第 54 页。

[2] 李砚祖：《中央工艺美术学院工艺美术学系建系十五周年文集》，北京工艺美术出版社，1998 年，第 85-96 页。

[3] (清)王先慎：《韩非子集解》卷 8《说林下第二十三》，新编诸子集成，钟哲点校，中华书局，1998 年，第 186-187 页。

不仅在制作过程中要遵循工艺技术之规范，还要把握材料之特性、工具之作用以及形态之表现等。对于传统手工艺的创作客体——"器"，是手工艺人实践创造的结果，是主体意识及思想外化的产物。《周易·系辞》曰："备物致用，立成器以为天下利"[1]，在传统手工技艺制作过程中重视材料本身的特性及造型特点，并要求"审曲面势，以饬五材"，进而"器"也就具有功用和审美双重价值。所以，"人""技""器"就成了展示策划中不可或缺的重要元素及展示节点，而整个展示过程，还缺少"环境"这一大的空间元素，这不仅体现了事物本身的研究价值，更是对整个展览过程中社会环境和自然环境的系统把握，也是渲染展览主题及提升展示真实性的特色表述。由此可知，从传统手工艺本体构成来讲，"人""技""器""环境"是整个线段式空间中的基本展示元素，这四个元素分别对应着不同的展示内容及所要诠释的文化内涵、核心价值，在展示的过程中我们可以采用不同的展示手段和方法进行，以便达到展示的目的及对展示主题的诠释。进而主题及技艺制作过程则是构建整个空间图式的"逻辑端点"，这就造成了空间形态的多样化及多变化。这又进一步论证了，展示空间对于传统手工技艺类非遗项目而言其形态是存在多样化和多变化特征的，既可以是现代化的建筑空间类型，也可以是具有年代感的历史文物建筑，同时也可以是手工作坊，空间本身对于传统手工技艺类非遗项目的展示起到了"容器"的作用，并随着事物的发展而变化，具有针对性、即时性、动态性的变化特征。

综上所述，传统手工技艺本体内容即："人""技""器""环境"，四者之间存在内在的本质规律，也正是这种本体的内在规律性，构成了传统手工技艺展示与传播所需求的空间形态及特征。传统手工技艺类的"逻辑线段式空间形态"主要以传统手工技艺类非遗的本体

---

[1] 黄寿祺，张善文：《周易译注》，上海古籍出版社，2004年，第520页。

内容及内涵为服务对象，换句话说，就是针对传统手工技艺类的展览对象时，主要的考虑要点是对其本体内容以及本体元素之间逻辑关系的把握和领悟，在根据具体的逻辑内容选择合适的展示手段和方法，挑选合适的实体空间进行改造，以便完成整个主题展览。

（二）表演艺术类非遗馆的空间形态及特征

表演艺术类作为非遗分类中一大类别，包含了传统音乐、传统舞蹈、传统戏剧、曲艺及传统体育、游艺、杂技等，从人类长期的生产生活中来，并经过时代的发展和演变，以一种艺术形态及艺术表现的形式呈现给观众，满足人们的精神享受及审美需求。目前，面向表演艺术类非遗项目的展示空间类型呈现了多样化的趋势，如博物馆、公共文化空间、戏台、现代化舞台、会馆等商业活动空间等。但从展示角度而言，这些空间表现出一定的规律及特征，本书从表演艺术类本体特征出发，分析实体类展示空间的形态及特征。

1. 表演艺术类本体特征

表演艺术类非遗项目品类众多，内容繁杂，形式丰富，其本体既包含项目本身的"声""形""情""境"，也包含这些要素在表演过程中所产生的艺术价值、审美价值、文化价值等，既存在共性特征也存在个性特征。从展示的角度而言，这些本体所表现出来的特征正是构成展示空间建构的必要条件。

（1）节奏性

在表演艺术类非遗项目中，节奏性关乎到内容的诠释、表演程式的变化以及情感的跌宕起伏。在表演过程中对"节奏"的准确把握，关系到表演项目本身能否深刻感染和诱导观众，增强项目的表现力。这种节奏表现在项目本身是内容外在化的表现，也是人在整个表演氛围中情感节奏的艺术化表现。如戏曲表演中包括开始—发展—高潮—结局等情节变化，正是这些故事情节的变化，才让展演丰富起来。再如传统舞蹈的展演，表演者的肢体会随着音乐的节奏来完成转身、抬足、跳跃等动作，音乐的节奏与舞者的身体变化是整个项目的情感外化与内容外化的集中展现方式。

（2）场域性

场域理论缘起于物理学中的一个概念，是关乎人类行为的一种理论研究。对于传统表演艺术而言，"空间"是场域性的一个重要因素。也就是说表演者在进行表演时需要借助一定的场地来完成整个表演过程，并且不同的非遗项目所需要的地域空间类型不同。如戏剧的演出需要戏台来提供演出空间，侗族大歌则需要原生态的固定公共空间。表演时所用的场所空间在本质来讲与物理学中的空间概念大相径庭，但唯独有偶的是物理空间需要在一定的条件下完成"转喻"，通过"场地空间"来完成"内容虚拟空间"的诠释，进而利用演员的动作、背景音乐、灯光效果等铸造大的"关系空间"。与此同时，"时间"是表演艺术类非遗项目场域性的另一个重要因素，这不仅表现在表演文本内容上时间节点的划分，也表现在演出前后准备阶段的时间，以及与观众互动之间所消耗的时间，正是因为时间的概念才使空间变得丰富、立体。也只有这样才能调动观众的积极性，形成场域性的"共享时间维度"。正如汉斯所说："剧场（表演）空间几乎变成一种活动雕塑，成为时间的一种雕塑。"[1]

（3）活态性

活态性是非遗项目最基本的特性，这一特性在表演艺术类非遗项目中更为突出，无论是传统戏剧、传统音乐、传统舞蹈等都需要借助人的声音、肢体动作、服装等表演和展示。"活态性"在展示活动中存在两种含义，一是表演者在诠释作品时，表演项目本身的内容及表现方式的活态性，如山东大秧歌，需要通过表演者角色扮演以及肢体动作才能完整的表现春节、元宵节等节庆活动的庆典。二是表演者与

---

[1][德国]Hans Thies Lehmann:《后戏剧剧场》，北京大学出版社，2016 年，第 205 页。

观众之间互动交流时所表现出来的活态性，而艺术表演的精髓就在于表演者在表演时发挥主观能动性与观众交流，并通过人在表演过程中的变异性，形成一种"言于表、意于内"的互动交流方式。在实体展示空间中对此项目的展示而言，就是将一些适于进入展馆的项目进行固定场所的展示。从保护的角度而言，这种借助场所进行传承与传播的展示是长久固定的，并为非遗项目—表演者—观众之间提供了一个能交流和深入了解的氛围空间。从展示的角度而言，表演类非遗项目通过展演的"活态性"为展示手段及空间氛围的营造提供了良好的方法和手段。

2. 从本体特征探究传统表演艺术类展示空间形态及特征

传统表演艺术类非遗展示空间类型多样，除原生地域性、自发性表演的公共空间外，多数都会以实体建筑物或建筑内部空间为载体进行表演。从类型上来看，以供表演的建筑空间有博物馆、非遗馆、具有历史价值的古戏台、现代商业化舞台、临时展厅等。但从传统表演艺术类非遗项目本体特征分析却表现出特有的空间形态及特征，主要从两方面分析：

一是从展示空间组织结构看，传统手工技艺类非遗项目所需要的是一种"营造式曲线空间"。广义上，所谓的"营造式曲线空间"是指展示形式跟随展示内容，在空间组织结构上，要设置一种"叙事"空间氛围，跟随传统表演类展示内容中"剧情"的高低起伏而进行空间变化和分段分展区的设计安排，在空间结构上也要有序曲、发展、高潮、终曲等空间形态的变化。例如中国昆曲博物馆，序曲为展馆空间的入口前言部分，通过具有传达提示性的视觉图形和特色的空间造型，使得空间体势形成迎合态势，具有一定的亲和力和吸引力；"发展"部分一般为展示内容的开始，多采用平叙的方法，对昆曲的发展历史及演变过程进行论述，空间形态多采用具有展墙的规矩形态，便于展板内容的介绍；"高潮"部分为整个空间组织结构的中心空间——"剧场化"的空间。对于表演艺术类非遗展陈而言，一般在展厅中心或者展馆中心设置内部或外部的戏台及舞台（如图3-15）进行"活态"表演，优化展示主题，进行展示空间的氛围营造，用最强的展示手段感染观众，领略昆曲的艺术精髓，触发观众的精神感悟；"终曲"部分是指空间形态开始转入平和，与现代生活及欣赏空间形态为主，正如中国昆曲博物馆设置"昆曲与生活馆""视听欣赏室"等，让人通过享受来回忆昆曲的精髓（如图3-16）。

　　二是从展示空间界面看，展示空间形态界面是营造空间的必备条件。传统表演艺术类非遗项目的展示空间界面主要是指在内部空间中

图 3-15 中国昆曲博物馆的戏台　　　　图 3-16 中国昆曲博物馆视听体验

观众可以感知、观察、接触到的建筑界面，是脱离建筑外部空间形态的。在实体建筑空间中，展示空间一旦确定，界面作为一种二维形态便成为一种独立的空间设计，并表现出非线性的复杂特征。在实际的展馆空间中一般表现为纵向界面限定、横向凸起界面限定以及一实三空单面限定。通过这些界面的处理使得整体的展示空间脱离封闭的空间实体，通过展示内容的策划，内部展示空间成为了一种符合展览内容而设定的空间形态，这种因"内容"而设计的空间不仅在形式上有跌宕起伏的情节变化，而且对观众来说，空间形态设计的目的一方面是为了满足展示内容的需求，另一方面是通过空间"事件情节"的形态变化，

来吸引观众的兴趣，将观众带入到所涉及的空间氛围之中，进而更深刻地理解空间形态的有效设置与表演类非遗项目本体的内容与特征的完美结合。

（三）民俗节庆与仪式类非遗馆展示空间形态及特征

民俗节庆与仪式类非遗项目具有强烈的地域感及民族感，这类非遗项目来源于民众的生活与行为之中，承载着人类的语言及活动范围，在非遗项目类别中特点比较突出，其本身表现出活态性、流变性、民族性以及传承性等特点。同时对空间的要求极大，既需要地域性的空间概念也需要主题类的活动场所，这类空间一般表现为三个特征。

1. 综合性

民俗节庆与仪式类非遗项目是民众对日常生活场景的模式化以及将日常行为神话化的行为。这些活动的举办一般通过固定的实体空间或虚拟的空间来进行，进而促使这些空间具有了指向的意义。如广场、巷陌、神殿、宗祠、戏楼等公共空间，这些类型的空间在民俗节庆活动举办时，通过活动的举行成为了一种思维感知的物质载体，人们通过民俗活动这一事件与特定的空间进行相连接，加强了空间的神圣感，进而也就成为了人们精神的归属地。而当活动结束时，这类空间又发挥着本有的功用，为人们提供日常生活的便利，所以，综合性成为了这类空间的基本特性，在空间设计中始终保持着集约性，保证规定时间内活动的使用以及满足日常生活的需要，充分实现空间的灵活性。

2. 生动性

民俗节庆与仪式类非遗项目是一种地域性群体活动的文化现象，涵盖的内容非常广泛，如婚假礼俗、丧葬礼俗、饮食文化、传统节日等，可以说是民众集体智慧的结晶，其项目的构成就包含了舞蹈、戏曲、民族服饰以及民间文学等类型，更是多种项目类型的集合体。同时，因项目本身的多元化特性，将表演展示的空间渲染的生动起来，如苏州轧神仙节庆活动。在农历的四月十四日这天，以具有神圣空间的神仙庙为核心，庙会上通过游走的方式，在一些具有历史文化气息的古街中行进，人们吃着五色糕，在街上挑选着各色的工艺品，热情高涨。整个行进路线以空间较为广阔的广场为节点，将几个空间序列通过行进路线串联起来，将轧神仙的活动推向高潮，每一个空间节点的选择又充满变化，形态丰富多样。节庆活动的举办，让原本一片寂静的历史古街及公共广场变得生动起来，这种空间塑造的无形语言让有形的展示空间变得具有生气和活力。

3. 参与性

民俗节庆与仪式类非遗项目是一个地区文化的缩影，承载了一个地区的民众的情感和记忆。在一定的空间里，时间、事件都成为这个空间显性的要素，共同参与到这民俗节庆活动之中，为共同营造主题空间而扮演着重要的角色。这类非遗项目具有群体传承的特点，无论是在空间体量、人群流量上都有很大的弹性。空间依靠交通系统的支持，使具有相关联的空间组织聚集到一起，形成具有代表性或纪念性价值的空间尺度，进而形成适宜性的传承场域，让更多的空间类型参与到群体的活动中来。与此同时，展示空间的主题化离不开"人"的参与，民俗节庆与仪式类非遗是一个充满生活气息的项目类型，"既需要物质载体文化空间的支撑，更需要社会群体（公民）的广泛参与，融入社会当中，借助于人的行动、技艺得以传承和发展。"[1] 在展示空间中，只有人的参与才会带动空间的真实性，还原原生态的传承环境，所以，参与性成为这类展示空间重要的特征。

三、非物质文化遗产旅游园区

非物质文化遗产旅游园区目前已成为全球非遗项目展示的最优平

[1] 贺学君：《关于非物质文化遗产保护的理论思考》，江西社会科学，2005 年第 2 期，第 22 页。

台之一，对于深入群众生活、加强群众的参与度、提高群众对非遗保护的自觉性都起到良好的效果。非遗旅游园区在全国的非遗展示空间中表现出类型多样化等特点，如非遗国际博览园、民俗文化村、非遗主题公园等，这些空间类型在非遗文化语境下呈现出共同的形态及特征。

（一）空间组合

园区的空间组合主要是结合地域环境条件，依据区域板块划分，一般呈现 "先散后聚" 的空间组合方式。所谓的 "散" 是指在园区内的功能分布采用了的混合散状结构的理念，在划定的园区分散着建筑、会展中心、剧场、商业街、公共广场、酒店、产业园等功能区域，以 "点状" 形态分散在园区内，分别承担着文化、旅游、饮食、研究、金融等功能，在业态上形成了产、学、研、娱、展等空间定位。如成都国际非物质文化遗产博览园，在园区内的各个区域内分别分布着"非遗博览中心""非遗论坛""中华民俗聚落群""多功能剧场""非遗庆典娱乐中心""古风遗韵竞技区"等，通过这些不同的功能场地满足观众多种不同的体验需求。所谓的 "聚" 一是指在园区前期的功能分区策划中，根据地域优势，分别将这些散状的功能区进行 "区块" 划分，东区分为 "绿洲情""运动汇" 两大板块，主要满足外部公共空间性质的娱乐活动；西区主要分为 "世纪舞""五洲情""百味戏""时空旅""西域事" 五大板块，分别满足非遗活动的不同需求。二是指依据非遗内容的分类进行了空间上划分，将同一类别中的非遗项目进行了同一空间的展示。如民俗节庆仪式类非遗项目主要分布在 "时空旅" 功能板块下的 "非遗庆典娱乐空间" 中，这样增添了观众根据展示空间的分区来深入了解非遗项目的一种方法与认知。"世纪舞" 为非遗博览的核心展区，兼具非遗常态展览、大型庆典活动、主题展区、文创销售等多重功能，全方位展示非遗的活力，这一区域集展示、宣传、教育、科普、收藏、交流、娱乐为一体，聚集性、集中性较强，无限放大了非遗的主题。

（二）空间序列

空间序列一般表现在连续的空间形态所产生的韵律感和层次感。以非遗为主题的文化旅游园区一般由两类空间构成，即外部园区公共空间与内部建筑场馆空间。空间是一个有实体界面构成的容器，同时人们也可以借助实体空间的序列变化取得自己所需要的空间。园区性质的非遗展示空间序列主要是多个空间以明确的区域"界面"划分和联系，从而形成一定的层次感和秩序感。犹如一曲优美的"乐章"，通过起承转合的节奏以及不同的主题形成规整的序列关系，而这种有秩序的序列关系也正是非遗空间变化的必要条件。如 2009 年成都国际非遗博览会举办的"非遗节"，在充分利用园区的现有的建筑形态及空间形态进行"一个重点、三种手段、三项活动、六大展区"的规划，进而通过各展区不同主题内容的展览形成博览园的基本格局，形成横向地域空间的秩序感，并采用"展览、展演、展销"相结合的方式形成纵向空间上的层次感。再如北京前门文化产业园的设计策划则是按照"一街、两核、三区"的理念规划整个园区的空间序列，其中"一街"为前门步行街，通过注入非遗元素将其规划成国际性的非遗文化大街；"两核"规划为非遗博览馆和非遗大戏院，加强非遗文化的教育性与娱乐性；"三区"为非遗博览区、非遗体验区、非遗创意区，增加文化产业园区的文化体验互动，并通过商业性活动带动整个园区的经济发展。

因此，非遗旅游园区类的空间序列实质上是通过不同方向中秩序的叠加和层次的渲染，产生一种叠加性的空间形态，并通过空间形态、展示内容、设计方法等异质性方法增加空间多维性的层次感和深远感，进而丰富观众对空间的感受。

四、非物质文化遗产艺术展览

在非遗实体展示空间的各种解读中，临时展览类非遗项目所需要的空间类型也普遍存在，主要分为以下几种：一是借助现有的展览馆举办一些临时展会，二是借助艺术馆的空间进行临时非遗当代艺术展。

这两者在空间形态上存在较大的差异，临时展会的举办一般在现有的展览馆或会展中心举行，也就是说活动的举办首先需要一个大的

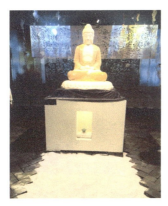

图 3-17 标准展位——"仿佛若有光"非遗沉浸式光影艺术展

框架结构空间，此空间的基础组成部分包括墙体、柱体、屋顶、楼梯、门、窗等建筑构件，梁和柱主要起到承重的作用，墙体主要起到围合和分隔的作用，这样也就形成了大的活动空间。另外根据展会活动主题，各参展商会在展场中搭建临时性的空间格局，进而形成多个展示区域，以满足与观众之间的交流。如在济南国际会展中心举办的非遗文化博览会，每个展区按照展会总体空间面积设计标准展位、特装展位等，同时根据主题内容和活动性质进行整体色彩和色调的统一规划，划定单元空间，而各参展单位会根据限定的空间面积及装饰要求进行各自的细部设计。再如，在全国农业展览馆举办的第五届设计北京博览会上，1 号馆 A28 展位利用 36 平方米的标准展位打造了"仿佛若有光"非遗沉浸式光影艺术展，结合非遗独特的特征及精湛的技艺建构传统

与现代之间的对话空间，并通过光影装置、多媒体投影、磁悬浮装置等展示手段诠释非遗的当代美，从视觉、听觉、味觉等多种感官出发，营造一种全方位、多层次的空间艺术，让观众在此空间中时时处处感受光影艺术之趣以及非遗的别样之美（如图3-17）。

总体看，展览馆内的临时展览整体空间是由于各个小单元空间组成的复合型空间，大的空间形态不会产生变化，而小的空间单元则是一种有规律有组织、秩序化、信息化较强的并具有连贯性的空间形态（如图3-18）。而在借助艺术馆进行非遗艺术化展览中，构建出的空间则是开放的，根据不同的展览主题，空间则被赋予多元化的意义。在展览过程中，空间与当代非遗艺术作品融为一体，相互作用，营造

图3-18 57届威尼斯双年展——皮影表演　　图3-19 57届威尼斯双年展非遗与当代艺术结合

出一种共享关系，共同来阐释主题。如在57届威尼斯双年展上，由汤南南、邬建安两位当代艺术家与苏绣传承人姚惠芬、皮影雕刻传承人汪天稳进行合作，共同演绎中国人独特的精神时间与空间观念，通过当代艺术与非遗作品相结合的展览方式，

诠释中华文化自古至今一种"不息"的意象（如图3-19）。同时，现场通过皮影互动项目将观众融入到整个文化氛围之中，共同建构"不息"的空间艺术能量。

第二节 实体空间的叙事性解读

一、叙事性空间基本形式解读

（一）展览文本的线性空间叙事形式

文本是整个展览策划的基础，通常在具体的实践项目中，设计师及策划人员通常会根据文本内容进行展示空间的构想及策划，在项目的前期实施阶段，文本的选择通常以"脚本"的形式存在，再以"脚本"的形式生成空间中与观众共享的展览文字内容，由此，展览文本以自己独有的方式在整个展示空间中为观众提供了思维性的空间形式。

展览是一种通过言说的方式与观众进行沟通，通过言语行为来引导观众的参展行为，通过言语线索让观众能够清楚地辨识到展览的流线，实现观众思维中的"故事情节"。如中国美术学院民艺博物馆举办的"三重奏"主题展览，整个展览分为三个展览板块，即"遗所思"传统的精致与典雅、"忽如寄"回到纯艺术的"工艺"以及"道无因"工艺当随"当代"三个板块（如图3-20），通过文本内容，观众可以了解到展览空间的分区以及展览的观展路线，同时随着展览对作品不同主题的分类，观众可以对展品进行直叙式的理解，并通过文本的话语引导与空间之间建立起彼此信赖的感觉。由此，通过展览文本与空间形式设计的相互结合，线性的故事性思维空间在观众头脑中就完整地体现出来，形成了一个观众自我认知的完整知识空间体系。

图 3-20 中国美术学院民艺博物馆"三重奏"主题展览空间

（二）故事场中的节点性空间叙事形式

故事场中的情节空间是一种"无形"的空间形式，主要通过场景中的情节叙事完成空间的塑造，呈现出节点性的空间叙事形式。"故事是一种文学体裁，是引用详尽的事实和情感来叙述的假想经历，其目的是促使听众产生身临其境般的想象。"[1] 换句话说，实体类展示空间中展览需要借用文学中"讲故事"的叙事方法来建构一种具有情节性、生动性、意念性的空间展示模式，通过完整的故事来再现事件的"原貌"，从而让观众能够通过对故事内容的了解和认知形成头脑思维中的情节空间，以及场景故事，更加深刻的感受非遗项目展示及存在的深层含义，让非遗传承

图 3-21 中国刀剪剑博物馆"王麻子""张小泉"商铺情节性场景展示

---

[1][美]安妮特·西蒙斯著，胡丽英译，《故事赢家》，东方出版社，2009年，第13页。

中国非物质文化遗产展示空间研究

能够更好的在大众心中得到认可和情感共鸣。对于观众而言，一个村落、一个技艺制作现场以及一个表演场地都能够引起他们的情感联想，通过时间以及展示手法的介入，让观众在不知不觉中建立起一种场所感，通过对场所性的思维认知与自己往昔的生活情景形成密不可分的叙事情节，进而通过故事场中的情节叙事形成触动情感的空间意象。如中国刀剪剑博物馆中利用对"王麻子""张小泉"等著名商店场景的还原营造中国刀剪剑的悠久的技艺历史，进而通过这一情节增添整个展示空间中故事场的场景体验（如图 3-21）。由此可看出，故事场中情节空间强调了一种展示秩序，通过生活情节的展示过程营造动态的空间叙事，以此产生一种场所吸引力，观众通过这种动态情节形成集情感以及记忆温存的故事场。

（三）信息媒介的立体化空间叙事形式

媒介是信息传播的主要途径，在非遗展示叙事空间中，针对非遗项目的复杂性及多样化的品貌及形态，观众通过媒介的辅助在思维空间中形成对展品立体化的信息认知。观众的知识认知是有限的，需要借助媒介进行整体性的呈现，以扩展展品内涵的延续性和思维空间感知的多维性。同时，媒介的形式及样态是多样化的，如观众进入博物馆时，展厅门口的平面展览图就是引导和协助观众观展的途径，更是整个博物馆整体展览的一个知识网格，观众通过导览图，在头脑中形成预知的空间认知，为后续参观形成一个概念化的展览叙事。再如对非遗民俗项目展览信息的展示，需要借助人的视角这一方法来完成观众的体验，正如徐纯馆员所言："一个人的视线事实上不一定是'线'，而是有幅度的'角'，再加上头部的转动，从左至右或从上至下，形成目之所及的空间。"[1] 所以大面积的展柜式空间陈列，容易让观众产生一种视觉疲劳，民俗类非遗项目，是一种时空艺术的展示，同一

---

[1] 徐纯，《"以人为本"的博物馆展览之道》，科学教育与博物馆，2019 年第 1 期，第 5-7 页。

视角的展示缺乏全面性，很难将观众带入到这种时空艺术中来。所以，多方位的信息媒介就为这种复杂的非遗项目提供了立体化的空间叙事形式。

二、叙事空间的设计思维

（一）叙事空间中设计思维的内涵

在非遗展示空间中设计思维旨在通过设计者（包含策展人、设计师、传承人）将非遗展览中所要表达的基本信息以传播学的指导方式传递给人民大众等受众群体的过程。这个过程中的"叙事者"一角，是由非遗展示的设计者来承担的。在整个展示空间中，设计者需要对空间中的各个要素及环境进行组织安排，并建立起一种新的叙事结构关系，协调好各要素之间的信息传播内容，把握好叙事对象的主次及叙述方式及手段的选择，形成一种思维上的关系图式。

通常我们参观展览时，往往将设计与展览的叙事分类考察，但事实上展览中的各个工种的工作是统一协调的，或者将其理解为一种设计方法或设计思维模式。"在西方建筑理论中，建筑师通过'形'的手段来达到体现'形而上'的目的，这里'形'的定义是对物质（包括材料、建造、结构、空间）的关注；'形而上'可理解为对思维方式的研究；两者构成一个和谐的整体。这样，建筑成为建筑师的语言，叙述性设计就成为建筑师表达设计语言的一种手段。而承载有'讲故事'这个特性的建筑一般认为是叙述性建筑。"[1] 换言之，在非遗展示空间中，对于"形而下"的物化载体需要"形而上"的思维方式进行解构和分析，只有这样，才能在统一的语境下完成对非遗展览的叙事。

---

[1] 向科：《叙述性设计与叙述性建筑》，重庆大学学报（社会科学版），2005年第11卷第1期，第21页。

（二）叙事空间中设计思维的功能及特征

在非遗展示空间设计策划时，虽然不能像影视作品一样通过非常形象的视觉人物形象进行完整的讲述，但缺乏设计思维的叙事性参与就会失去话语体系，缺乏"可读性"，由此我们也可看出设计思维在整个叙事空间中起到关联性的作用。正如苏州非物质文化遗产馆，通过"光耀历史的一刻""市井生活的一天""岁时节令的一年""人生礼仪的一生""生态苏州的一城"五个策划主题进行内容与思维上的关联，进而通过文字内容以及设计方法吸引观众，促进观众参观时在思维层面上的对策展内容的认知。

展示空间中设计思维的存在能够促进展览拥有完整的故事性，所达到的传播效果及吸引魅力的必定益增。同时，影响展示设计作品成败的关键因素是当下社会文化价值取向与未来的文化心态的发展方向。从目前来看，绝大多数的非遗展示，还是运用传统的静态展陈和简单的展品个体陈列的办法来展示，这种展示方式无法引起观众的注意，吸引大众的目光。只有在特定的空间中进行故事性的渲染才能拥有展陈设计成功的前提。这对于具有文化内涵的非遗项目，不仅是展示一个静态的"物品"或"事物"，更重要的是展示这个"物"背后的故事。因此也就凸显了非遗叙事空间中设计思维的隐含性及故事性的特征。

三、叙事空间运行逻辑

在具有思维属性的叙事性展览空间中，其运行逻辑主要体现在内容层面、方法层面以及叙事心理等几个层面，其叙事空间的运行逻辑就是要弄清叙述什么及怎样叙述的问题。叙述的内容是指展示物本身的信息展示、策展人的观念展示以及展览主题的内涵展示；叙述的方法则涉及表述的语言以及表述过程。叙事心理则是指通过展示手段及方法而形成的心理召唤，以此引起观众心理层面的变化。由此，在非遗展示空间中，通过不同层面设计可使整个展览运行逻辑更加清晰，对于提升空间体验感具有重要意义。

（一）从内容层面而言，非遗展示空间中内容的设计可分为两部分，一是叙事主题的设计，二是内容的设置。主题可谓整个空间展示中的灵魂，不仅概括整个展览核心要义，还将内容进行空间范围内的限定，从而让整个展览表现出一定的节奏性。展览内容设置与空间面积具有很大的关系，首先，空间的面积容量决定了展览内容的多少以及展示信息传播的"量"与"质"。在展示设计实践中，展览的内容以及展示的信息一般会通过展板图文以及展柜中的实物进行"物化"的呈现，这些媒介和展品都相应地占据一定的空间面积及空间容量，根据非遗展示的原则，这些展示内容在空间布置上应表现出具有逻辑关系的层次感，以便能够让观众通过不同的信息传递来了解非遗项目。其次，内容的编撰可使展示主题及空间情节变得更加富有变化，在思维理念上巧妙地提升观众的观展体验，同时也通过文字及展品本身的内涵在观众思维的运行上增加逻辑性及层次性。

（二）从方法层面而言，在非遗展示空间中叙事思维需要通过抽象的逻辑概念及表达结构形成整体的叙事逻辑，因此在叙事方法的设置上就是让观众通过现实预设的线索形成头脑中的思路和思维程序，这种方法的设置也是借用文学中的"说故事"的方法，以便达到引人入境的目的。此外，叙事媒介以及叙事结构的设置均为是方法系统中表现手段，例如文字，"文字系统如语言系统，本就是社会约定俗称后的符号，若用文字来指涉意义的话，就是一种指示性的手法"[1]。通常在展示空间中运用文字与一般叙述性的文字的指涉意义来进行思维逻辑的建构。再如一些展示手段的运用，如数字媒体技术，让展示

---

[1] 胡飞，杨瑞：《设计符号与产品语意》，中国建筑工业出版社，2003年，第62页。

项目能够全方位的呈现。因此，这些方法都为非遗展示空间构建了多维性的叙事逻辑。

（三）从非遗叙事的心理方面而言，内置展示空间中的心理召唤"按键"，就是通过视听体验设置为观众构建观看展览本体时的心理享受及情感共鸣，通过展示媒介来启发观众头脑中深层的思维逻辑，在情境中加强对非遗内容及知识的认知，在思考中不断的演绎非遗中的"工匠精神"，通过展示空间让观众具有连续性的思维，在时间的运动中展现的非遗自身价值，并通过这种心理召唤来完成空间展示，让观众在回忆和想象中感受空间的意境。正如法国哲学家吉尔·德勒兹(Gilles Deleuze)所言："那些能够调动我们所有直觉力量的影像，这种被纯化的影像是没有隐喻的，它是视觉和听觉的符号，它与潜在影像相联系，它让我们看到的不是影像表面的运动，而是时间与精神。"[1] 所以，在非遗叙事空间中，心理召唤结构的运用是一种抽象化、不确定的、去概念化以及开放性的空间叙事模式，在这种空间情境中观众的思维是具有触发性和感官性的，通过思维记忆的承载来形成新的影像。

综上所述，物与物之间的关系是叙事性设计关注的重点，"结构主义认为世界不是由事物组成的，而是由关系组成的，事物只不过是这些关系的支撑点。"[2] 叙事性设计的关注点在事物的形式和其所表达的意义之间，独立而片面的形式语言对于叙事性设计而言毫无意义，它需要在物与物的联系之中获得最终的意义和全面的解读。

---

[1] 周冬莹．《论德勒兹的"潜在影像"》，北京电影学院学报，2011第5期，第19-20页。
[2] 向科：《叙述性设计与叙述性建筑》，重庆大学学报(社会科学版)，2005年第11卷第1期，第22页。

第三节 虚拟化空间的交互实践

一、非遗数字化虚拟展示空间形态

本书将"游牧空间"这一方法理论引入文中，以此从理论层面及实践层面对非遗虚拟化空间形态的塑造进行指导。"游牧空间"是哲学体系上一个重要的哲学概念，由后现代主义哲学家吉尔·德勒兹 (Gilles Deleuze) 提出。"其中'游牧'指的是由差异与重复的运动构成的、未被科层化的自由装配状态（即德勒兹的'生成'概念），而游牧空间即指平滑的、开放的空间，游牧空间中的运动可以从任何一点跳到另一点，其分配模式是在开放空间里排列自身的'诺莫斯'（nomos，即元素间的关系规则），而不是在封闭空间里构筑战壕的'逻各斯'（logos，即传统哲学中的理性）"[1]。游牧空间就是区别于二维平面、三维立体空间的，更是一种无长度、无边界、无中心、无逻辑、无等级的空间形态，正如在围棋中，棋子可以跳跃到棋盘上的任何一个可能的点，但却不受棋盘上位置及空间的限制。这与数字媒体介入下形成的数字空间形态具有相似之处，根据非遗特征及展示方式，现将非遗资源环境下的虚拟空间形态分为两种，即再现性"游牧空间"和模拟性"游牧空间"。

（一）再现性"游牧空间"

再现性"游牧空间"是指借助特定的空间，在数字媒体技术的辅助下，通过人的肢体变化、运动路线及现存的物理空间相互作用而形

---

[1] 吕帅，赵一舟，徐卫国，黄蔚欣：《基于游牧空间思想的建筑空间生成方法初探——以茨城快速机场概念设计为例》，城市建筑，2013 年 10 月，第 30 页。

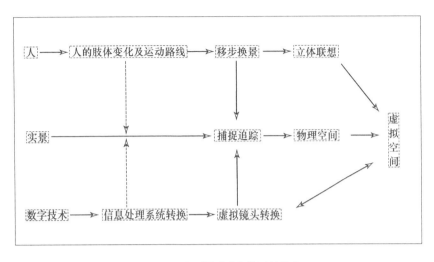

图 3-22 再现性"游牧空间"运行模式

成的具有相互关联性的空间形态。人是整个建筑空间中主要的活动元素，数字媒体技术通过技术处理对现有的环境进行转换和改变，同时实时性对人的运动进行捕捉追踪，根据人的动作及路线呈现一些虚拟的景象，让人们在立体化的空间中产生移步换景的空间感受，同时与物理空间相结合，增加虚拟空间的真实性（如图3-22）。如上海油罐艺术中心的展览"teamLab：油罐中的水粒子世界"，此展览以自然界中"水"为主题，通过"油罐"中倾倒喷发的瀑布来消融作品与人，人与空间之间的界限，并通过数字技术在有形的空间状态下创造一种自然无边界的无形空间形态，让人们感受作品魅力的同时，沉浸于这种时空交错下的自然形态之下，感受现代科技与传统艺术的结合（如图3-23）。其中在"花与人"这一展览主题下，当观众游牧在这种虚拟再现空间中，作品中的元素——花朵会依据其肢体的动作与其进行沟通和交流，当你驻足不前，花因你而开放，当你触摸、踩踏花朵之时，花会因你而凋谢枯萎。而"Black Waves：迷失、沉浸与重生"展览更是一种游牧空间的典型代表，观众与作品一起，通过艺术互动装置形成可见的艺术形态（如图3-24）。换句话说，这种数字媒介下的空间形态是一种动态的，无规律却又规则可寻的。对于非遗项目展示而言，再现性的游牧空间形态主要表现在展馆中的"虚拟场景"的再现中以及利用增强现实进行的虚拟场景再现，而"增强现实（Augmented Reality）是一种利用计算机产生的信息对用户所看到的真实环境进行增强的技术。它将虚拟三维模型动画、视频、

图 3-23 油罐中的水粒子世界，消除作品的边界

图 3-24 Black Waves：迷失、沉浸与重生

文字、图片等数字信息实时叠加显示到真实场景中，并与现实物体或使用者进行自然互动"[1]。如针对一些民俗活动以及表演艺术类非遗项目而言，传统的非遗展馆因为空间、光照等外界因素的影响，通常采用场景模型、展示道具以及二维的视频影像播放技术进行展示，一是降低了观众观展的效果，二是未能全面性的将这类非遗项目进行整体的呈现。

　　如果在原有的实体空间展示中，增加这种再现性"游牧空间"，形成一种多角度、多维度的空间展示，一方面可以增强观众互动体验效果，另一方面为非遗项目展示的整体性、全面性提供了一种解决方案。

[1] 毕秋敏，曾志勇：《基于增强现实技术的纸质出版立体化》，出版发行研究，2014 年第 2 期，第 52 页。

（二）模拟性"游牧空间"

模拟性"游牧空间"是指在数字技术的应用下，通过中介设备进行一种线上模拟场景操纵，如利用手机 App、电脑 pc、公众账号、VR 眼镜等方式进行的一种模拟现实场景的行为。这种虚拟模拟是一种不分人群等级，并通过中介设备进行的一种自由运动而产生的空间形态。在信息化时代的今天，这种空间形态在非遗展示及传播中存在的最为广泛。如手机 App——"故宫展览"，通过手机播放终端呈现水平视角360°，垂直视角180°的图像，来满足

图3-25 手机App——"故宫展览"
全景360°浏览

人们一种视觉需求，并带给人们真实的交互式现场感觉。观众可以根据网页所设置的目录浏览"正在展览"、"过往展览"、"即将展览"等模块信息，并根据自己的喜好选择自己的目标内容并进行360°"展览全景"的浏览，沉浸在数字技术所搭建的展示空间中，享受展览带来的审美感受（如图3-25）。在这种模拟性实景而呈现的虚拟空间中，每一个手机用户所浏览观看的足迹都成为一个动态的点，并自成一个虚拟空间形态。也就是说，这种空间是动态的、受感性支配但不受实体空间、地域及时间的限制，随手机用户的特点及浏览轨迹而形成一种没有中心和目标的非理性空间。

二、数字媒介下非遗展示空间的特征

（一）虚拟展示空间的交互性

目前，利用数字媒体技术及网络技术进行非物质文化遗产的虚拟

展示已成为文化传播的新途径和新方法，与传统的非遗展馆内展示空间及展示模式相比，虚拟空间更加强调体验者的参与性及主体性。

首先，在交互模式上，虚拟空间展示是一个从平面到立体，从案头文本策划到计算机虚拟场景设计、数字设备辅助加工，再到人对菜单目录、感应器、交互按钮、网络程序语言等模式进行一些列主观操作，最后以虚拟立体展品、图片、文字等形式来加深观众对展品的认知和了解。这种展示模式不仅是对人类天性的挖掘，更是对非遗展品本质内涵的深层诠释，如一些民俗文化活动以及一些表演艺术类的非遗项目，其所具有的核心价值往往是在项目举办、表演或制作过程中体现出来的，更甚者是在大众的参与下爆发出来的，而传统博物馆中的展示方式并不能将这类项目进行完整的展现，所以虚拟空间在一定程度上就体现出了其自身所具有的展示优势，以一种自由、互动、参与的方式加强展品与观众之间的交流，并通过自身的参与性来享受和沉浸于虚拟空间之中。

其次，在空间表现上，虚拟空间是通过计算机生成一个具有声音、图像、气味等多重感觉的虚拟场景，这不仅是一个全新的展示设计手法，更是一种全新的人机交互及审美体验方式，观众通过与设备之间的互动进行信息的交流与互换，而且以一种模拟现实的方式将观众带入到一种沉浸式的场景环境之中。这种虚拟空间超越了实体空间带给人们的思想束缚，人们在交互的过程中能够充分发挥想象力和创造力，解读展品背后的信息。

由此看出，虚拟空间的交互性主要表现在两个层面，从狭义层面看，虚拟空间的交互主要表现在观众在观展的过程中与多媒体数字技术构建的虚拟形态进行互动，以此达到信息交流、资讯传播的展示目的。从广义的层面上来看，交互性表现在通过观众的参与以及数字技术的辅助共同设计创造的虚拟空间，通过主题的策划，将展示内容、观众、空间环境共同融合在虚拟空间中，进而营造一种沉浸式、互动式、体验式的空间展览效果。

（二）虚拟展示空间的拓展性

"人类空间有三个要素：物理空间、人、心理空间。"[1] 物理空间通常是指客观存在的实体空间，通过空间界面的围合而形成的真实的空间形态，与通过数字技术创造出来的虚拟空间相对。虚拟展示空间的拓展性一方面表现在空间界限的消融方面，另一方面表现在空间类型的多样化方面。

虚拟展示空间主要通过巨大的虚拟网络建构起来的空间形态，是一种空间界面"软化"。它与其他展示空间形态相比，是从封闭走向开放、从静态走向流动、从实体围合走向无界无向、从有限向无限空间延伸的空间现象的存在。在虚拟化空间中，传播界限的消解与融合表现出数字化空间界面的模糊化。这种空间界限的消解与融合主要表现在两个方面：一是表现在虚拟空间设计制作中，其实践过程不再专注于对材料、展示道具、形式、制造技术等方面，而是通过电脑程序编码，数字模型扫描存储，利用互联网进行展示和传播，观众可以通过网络终端自由的观看展品，满足视觉需求。换句话说，"数字展示对象展示的是一种新的实在，实现的是本体论意义上的时空大'挪移'，因而具有更为引人入胜的神秘魅力"[2]。二是表现在展示内容上维度空间的拓展。在虚拟空间中，展示对象不再受到实体展馆建筑条件的限制，展品不仅可以突破展柜、展馆等储藏空间，观众也可以不再局限于有限的时间和空间范围内，在虚拟空间展示系统中，展品、观众都可以不受时间、环境、地点等条件的限制，达到一种超时空的观览体验。

---

[1] 石俊杰：《应用心理学》，中国物资出版社，1993 年。

[2] 陈刚：《博物馆数字化与数字博物馆展示特征分析》，数字博物馆研究与实践，2009 年，第 133 页。

（三）空间信息传播的无均质性

加拿大社会学家马歇尔·麦克卢汉（Marshall Mcluhan）最先提出"媒介即资讯（The Media is Massage）"这一科学的传播学概念。"媒介即资讯"又称"媒介即信息"，要求我们从长远着手，以发展的眼光来分析问题，他指出最有价值的讯息往往不是媒介所表达出来的内容，而恰恰是媒介本身。这一观点"影响了我们理解和思考的习惯"[1]。随着网络技术的发展，不仅为人类信息的传播带来了速度与规模，而且为人类在信息的交流与分享层面营造了一个无均质的空间环境。所谓的"无均质"空间环境，首先表现在参与者对信息以及非遗知识的共享和参与方面，正如特德·纳尔逊（Ted Nelson）所描绘的"超文本"的伟大设想，由于互联网技术的介入，参与者在借助电子搜索功能以及网络终端后可以改变传统阅读及交流的方式，如借助电子设备可进行准确快捷的搜索信息，并且所有人都可以参与。技术的发展给信息的共享与传播带来新的生命活力，换句话说是一种新的思维观念的兴起，它改变了千年来信息的单向性以及受众的被迫性，让信息传播成为创作者与观众之间沟通互动的桥梁，在这一过程中信息的发布、传输、改变以及接受等过程都是双向的、互动的、可交流、可改变的，并且是"无均质"的活动。"波普尔曾提出的三个世界划分法：将物理客体或物理状态称为第一世界；将意识形态或精神状态的世界，意识活动的行为意向的世界，称为第二世界；将思想的客观内容的知识世界，如科学思想、诗的思想以及艺术作品的世界称为第三世界。第三世界中的书籍、理论问题、问题背景和论据等都是人类的创造物内容，是与人相关的客观知识世界，是独立自主存在的，一旦被创造就成为理论上的存在，按自己的客观规律发展。数字展示创造的对象也同属于第三世界，但由于是无形、无色，无重量，

───────────

[1] [美] 保罗·莱文森：《数字麦克卢汉——信息化新纪元指南》，社会科学文献出版社，2001年。

高速运动的信息流，数字展示对象展示的则是一种新的实在"[1]。

（四）展示空间的非物质性

在人类漫长的历史发展中，非物质文化遗产留下了重多宝贵的财富，针对其展示对象而言，主要集中在艺术作品、创作工具、材料等物质载体方面，而这些技艺背后的文化内涵及工匠精神通常体现在对观展主题的渲染以及文字内容的表达上。在展示活动中，我们往往会发现，这些直观可视的展示对象都具有较为固定的"物质"本体，其性质更是长久不变的，而物质载体随着时间的推演，有其自身的缺点和不足之处。随着现代科学技术的进步，虚拟展示空间的存在和发展给现有展示活动带来了契机，这也就促使了展示空间发生了物质性向非物质性的转型发展。

展示空间的"非物质性"一方面是指在大数据信息化的资源库中非遗项目所具有的信息是不可触摸的，并以与物质形态相对的非物质形态方式存在。展示空间不再是一个实体性存在的物质空间，而是通过电脑编程以及网络数据建构出来的虚拟空间。在一个人为虚构的空间环境中，展品通过预先的扫描，存储形成数据库，再经过观众的选择以及查阅后，以其虚拟的形态还原视觉本身，而这一系列的展示过程我们可称其为"非物质设计"。此外，我们生活在一个"信息化"的时代，而这个时代也可被称作"非物质时代"，这是因为在当下的生活中，我们将非物质文化遗产进行信息化、数字化、虚拟化改造。如我们的春节活动，虽然在一些大城市已经很少听到鞭炮声、也极少进行邻里间直接的登门拜年，但一些与时俱进的传播交流方式也备受人们的欢迎，如通过手机短信、视频以及线上互动共享春节的喜庆。这种虚拟空间的交流活动也是一种"非物质"资源，为非物质文化遗

---

[2] 陈刚：《博物馆数字化与数字博物馆展示特征分析》，数字博物馆研究与实践，2009年，第133页。

产提供了一个全新的、无形的、重视传播与共享的社会环境。

　　另一方面是指符号学及语义学对虚拟展示空间的营造，主要基于计算机软件、信息系统以及网络。一般表现在通过意境渲染和序列组织设计营造出的沉浸式空间氛围，由此将空间营造的"物"的层面转向"非物"的层面，并在这种非物质的特定空间中进行重新建构形态。如一些民俗节庆、技艺、知识、表演艺术类，其展示"空间"或"场所"皆需要一定的场所才能顺利进行活动的举办，而在数字技术设定的场

图 3-26 苏州非遗馆通过数字媒体技术创建的"轧"神仙庙会的虚拟空间

域下，这些空间可以设定其"非物质性的形态"。如苏州非遗馆中对"轧神仙"庙会的虚拟展示，在有限的空间面积中，利用数字技术，对人们从四面八方感到神仙庙去进香（如图 3-26），并在人堆里"轧"来"轧"去（"轧"在苏州方言中是"挤"的意思），希望能"轧"到神仙，沾上点仙气，针对这一举动进行了虚拟互动场景的设置，人们在虚拟空间中，通过互动，沉浸在有组织的空间序列中。

三、虚拟空间场域下的非遗展示模式

　　非物质文化遗产作为当下传承与传播的对象形态，随着信息时代的到来为其提供了变革性的新型展示模式，非遗信息展示的信息化、数字化、虚拟化正是为非遗物质形态及非物质形态进行传播提供了有效途径，同时，虚拟空间中展示模式的多样化也正是非遗能够持续发

展的社会化表现。

（一）非遗移动网络平台展示系统

随着非物质文化遗产保护和传播的不断深入，虚拟化数据平台已成为展示非遗的一个重要的渠道和途径，这不仅标志着一个地区一个国家科技文明的进步，更是探寻空间化展示模式多样需求及多元化发展的一种趋势。在数字媒体技术的支持下，移动互联网技术、多媒体显示技术、无限网络技术等搭建了以手机、数字触摸技术、电脑等移动终端为媒介的信息传播平台。随着网络技术的迭代式发展，目前应用在非遗展示方面的有微信二维码、手机 APP 应用程序、虚拟数字博物馆等。

1. 微信二维码虚拟展线设置

2011 年为中国电子革新的一年，腾讯公司研发的"微信"作为一种智能性手机社交应用软件成为人们日常生活和交流的信息媒介。随着信息技术的不断发展，微信平台不断更新，扩展了通过文本、图片、视频、音频等交流的功能，如今在博物馆、展览馆等各大公共教育领域被广泛应用，如创建博物馆微信公众号或利用二维码链接窗口的"扫一扫"功能进入虚拟博物馆中观看展品，了解展览信息等，涉猎各种知识，不仅改变了传统博物馆单一的展示模式，也打破了实体博物馆中面积的限制，让观众足不出户就可以获取展览及藏品的一些动态信息，满足了非遗展览中对在地性及即时性的要求，解决了现有展馆存在的一些不足。微信二维码通常是采用几何图形结构作为识别信息的密钥，通过图像识别原理对密钥解码，二维码一般分为堆叠式和矩阵式两种。如国家博物馆举办的"伟大变革——庆祝改革开放 40 周年大型展览"，整个展览共分为五个展区，除了对每个不同主题的展区进行不同空间的实体改造外，还运用微信二维码"语音导览"功能，实现了实体藏品与虚拟展线的有机结合，共同搭建了展览的主骨架。在非遗展示中，矩阵式二维码使用较为广泛和普及。如南京云锦博物馆的微信二维码语音导览功能的使用（如下图 3-27），观众将展品前的展品编号输入到微信公众平台对话框中，由此获得语音导览内容，收听所需要的展品信息（如下图 3-28）。

通过以上例证可看出，微信二维码不仅在实体博物馆展示空间中提供一定的介绍服务功能，让观众感受到实体博物馆带来的视觉与听

图 3-27 南京云锦博物馆微信二维码语音导览　　图 3-28 相应展品对应的语音导览标识

觉的观展体验，而且微信二维码语音导览根据观众兴趣点以及观展的顺序路线形成了一种个性化的虚拟观展路线，这种虚拟展线是基于每个观众的思想、兴趣点以及对知识的求知欲所形成的，是一种主观的、有目的的行为。这对于今后非遗实体展馆以及虚拟展馆的设置都是一份宝贵的数字资料，也是让观众积极参与到展览的策划中来的一个有效的途径。

2. 手机 App 的展示服务

随着近年来博物馆"以物为中心"的服务理念转向"以人为中心"，手机移动通讯技术也成为非遗展示与导览服务的一大特色。其中将智能手机移动设备引入博物馆展示中最早发生在欧美及日本，日本的国立科技博物馆是最早尝试使用的博物馆之一，随后世界各国开始探寻其发展应用之路。近几年，随着非遗展示与传播的发展，手机 App 也已成为普遍应用的展示媒介，对非遗的传承和保护具有重要的意义。

图 3-29 广州省非物质文化遗产电子地图

目前，应用于非遗展示的 App 主要集中在展览内容信息介绍、数字地图、辅助功能等几大功能方面。如我国首个非遗 APP 项目——"广东非遗地图 App"，以广东省电子地图为依托，汇集了省内省级以上非遗项目所在的地理位置及相关传承人的相关信息，观众可以根据项目或地区分布进行图片、文字、视频等相关信息的浏览与访问。此外，还设置了手机定位服务，在获取用户定位信息的前提下，进行周边位置的定位寻找服务，让用户快速查看'我的周边'的非遗信息，同时提供目标点的交通、导航、住宿、餐饮、购物等查询各种功能（如图 3-29）。目前，国内已建成并投入使用的手机 App，其类型主要分为三大类，其中一类为综合类 App，主要结合多项功能为一体，包括展馆介绍、服务咨询、保护名录、非遗新闻资讯等，集展示、娱乐、教育、宣传为一体；另一类则为主题类数字博物馆 App，主要对展馆概况及各展区内容及展区平面分布进行文字、图片、视频、语音的展示，是实体博物馆的虚拟展示，如大理白族自治州非物质文化遗产数字博物馆。最后一类为非遗互动体验类 App，这是一种交互式移动应用程序，依托现有展馆内藏品，以观众的参与作为支撑点，通过观众的自主互动营造一种沉浸式的用户体验，如苏州非物质文化遗产馆 App。

电脑 PC 是基于电脑网络终端而设计的虚拟化桌面平台系统，主要依靠虚拟化技术及云基础服务完成虚拟桌面的展示任务。换句话说，这种"虚拟展厅是虚拟现实技术与网络技术在非遗展示中的运用，是将现实展馆内的场景信息通过三维模型、多媒体、虚拟现实技术等多种手段在计算机上模拟再现，并通过互联网供参观者访问的全新网上展示方式"[1]。这种方式在非遗传播和保护方面被广泛应用，其主要的特点就是不受时间和地点的限制，通过浏览电脑网页就可以获得视觉上的真实感，并且通过互动就可以在线收到信息的反馈以及搜集大量的展示信息，节约体力及时间成本。如"2016 年 5 月 1 日，"数字敦煌资源库"上线，用户可以在线虚拟游览敦煌莫高窟。"[2] 通过鼠标的点击进入相关页面及入口，观众可浏览经过激光扫描以及真实的三维空间模型而还原的洞窟场景，并且进入内部虚拟洞窟场景后，网站还设置了自动播放式浏览，改变了观众一味的机械性点击鼠标，而是模拟人视线及身体行走的一种交互体验，这样一方面可以解决距离、交通等方面的问题，另一方面观众可以身临其境地感受数字化展示与艺术的高度结合产生的审美感。这种虚拟展示方法除了应用在文化遗产方面，在非物质文化遗产的保护和传播上也较为广泛，如中国非物质文化遗产数字博物馆、江西省非物质文化遗产数字博物馆、苏州博物馆、苏州非物质文化遗产数字博物馆等。通过调查我们可以发现，数字博物馆的建设通过网页设计以及信息数据的采集，确定用户群进而组织信息模块单元、链接以及网站管理等，建立系统的展示内容，并通过不同的分类链接进行有目的设计和组合，通过视觉可视化建立与用户的交互界面。如江西省非物质文化遗产数字博物馆（如图3-30），其展示目的是通过数字化方式将江西的非遗类目及项目特征

---

[1] 张枝：《基于 Unity3D 校园虚拟展厅的构建与技术研究》，常州工学院学报，2015 年第 5 期，第 67 页。
[2] 宋喜群：《"数字敦煌"资源库上线》，光明日报，2016 年 4 月 30 日。

进行系统的介绍，该系统的架构包括主页、首页、非遗项目种类概述、地市区县非遗类目概述、视频、音频、图片、文字等。

综上所述，可以发现，电脑 PC 网站式虚拟化展厅有其建设的特色及特征，首先，这种非遗展示模式对空间的需求是基于数字设备的帮助下而形成的操作空间，在虚拟化的操作界面中，空间本身所具有的范围被扩大，由此，展示内容在一定程度上也被扩展。其次，由于不受空间因素的限制，展示模式多是基于非遗丰厚文化底蕴的角度上进行选择的，意在从文化背景、历史沿革、项目概述等方面展示非遗的内涵，这在一定程度上增强了空间观展的效果。另外，通过系统科学的内容分类及深入浅出的讲解，为这种展示模式提供了传播过程中的普适性方法。此外，从设计的角度我们可以看到，网页中色彩的选择、版式的编排、构图的设计以及视频、音频的播放方式都是展示主题的重要元素，对项目系统的传播与展示起到了非常重要的作用，充分发

图 3-30 江西省非物质文化遗产数字博物馆

挥了网站平台优质的传承资源，进而推动着非遗项目的可持续性发展。

（三）三维虚拟场景沉浸式展示

随着多媒体数字化虚拟技术的发展，一些新兴的媒体技术也在应接不暇的出现，非遗展示模式逐渐丰富多元，如虚拟现实技术（Virtual Reality，缩写为 VR）、增强现实技术（Augmented Reality，简称 AR）等应用。虚拟现实技术是 20 世纪发展起来的新兴的实用技术，是计算机及其附属硬件设备以及软件所营造的一种具有仿真效果的多媒体"交互"技术。增强现实技术又称为"混合现实"，是通过计算

机网络技术生成的一种虚拟现实场景，然后再叠加到现实存在的环境之中，与实体存在的空间环境融为一体，增强展示空间环境的体验感与沉浸感。利用这两种技术既能模拟一种虚拟的三维空间环境，也能仿真一个虚拟的展品，同时结合实体空间也可以形成一种多维逼真的场景环境。而在对非遗的具体展示应用中，首先，我们需要给这些展示技术提供一个观展和操作的实体空间，以保证"人"与"机"之间操作与互动。其次，借助展示模式提供的技术支持，在虚拟化的空间中，将人与环境、展品之间的形成一种多维空间的互动关系，调动观者的多种感觉器官，产生一种沉浸式的场景体验。目前，在非遗的展示应用中，主要分为两种展示模式，一是桌面式虚拟互动展示，二是沉浸式虚拟互动展示。

1. 桌面式虚拟互动展示

桌面式虚拟互动是以计算机为输出界面，以软件系统为操作程序，通过多种形态的显示屏作为向观众展示的窗口。这种桌面式虚拟互动最早是 2000 年德国汉诺威国际博览会上被使用并受到广泛关注，由此开启了文化遗产展示与传播的窗口。随着非遗展示模式的多样化，桌面式虚拟互动也逐渐受到关注，如 2018 年在全国农展馆举办的第四届京津冀非遗联展，其中设置了"非遗数字互动展区"，将数字技

图 3-31　景泰蓝工艺流程虚拟展示

图 3-32　360°全景虚拟展品展示

术与传统优秀文化相结合，在提升非遗文化价值的同时，促进了传统文化的继承创新和文化消费。如展区中对景泰蓝工艺流程的虚拟展示，在 AR 计算机界面上，体验者跟随提示，通过交互模拟景泰蓝从制胚到烧纸的完整过程，

图 3-33 苏州非遗产馆 - 苏剧表演虚拟展示

同时大屏幕这种界面会将烧制过程以 3D 投影的形式直观地呈现出来（如图 3-31）。另外展会上还展示了"数字书法""动态冰嬉图""景泰蓝数字展示""360°全景虚拟展品展示"等（如图 3-32）。由此，可以看出，桌面式虚拟互动主要分为鼠标操控和肢体触摸。受众通过使用鼠标以及肢体的运动进行界面的操控，对三维虚拟场景中的展品模型进行放大、缩小、翻转、移动、后退等操作，近距离多角度的全方位的观察，实现互动与体验，这种数字技术的运用扩展了非遗虚拟空间。

　　2. 沉浸式虚拟互动展示

　　沉浸式虚拟互动展示目前在非遗展示中分为两种形式：一是借助于头盔显示器或 VR 眼镜，将观众的视觉、听觉等其他感官器官调动起来与人的思维一起集中关注虚拟空间中的场景图画，形成一种隔离式的沉浸体验。二是使用动态影幕或增强现实技术形成一种沉浸式场景氛围。如苏州非遗博物馆中对苏剧的展示，在"市井生活的一天"这一展区下，整个展馆通过场景的塑造了一个常态化的空间环境，但由于时间、场地的限制，对苏剧的展示则是在搭建好的戏台空间下，借助多媒体技术进行虚拟人物及道具的展示，给观众一种现场体验的深刻感受（如图 3-33），进而也避免了表演类非遗项目受场地、时间、传承人在场性因素的限制。再如故宫博物院端门数字博物馆中利用数字技术与现实存在的古代建筑结合，共同构建一种虚拟结合的展示空

间形态。其中在"数字宫廷原状"展项部分，主要是对养心殿西暖阁中的三希堂进行展示，由于年代久远，实地空间仅有 8 平方米，面积较为狭小，室内陈设及其珍贵，所以不具备对外开放的条件，针对这一情况，故宫博物馆则利用增强现

图 3-34 故宫博物院三希堂数字虚拟展示

实技术及超短距高清投影进行沉浸式立体虚拟环境的塑造，给观众营造一种直观真切的现实感受（如图 3-34）。

综上所述，多媒体数字技术在非遗展示中的运用，一方面丰富了现有的展示手段，为复杂的非遗项目能够进行整体性、原真性的呈现提供了可能。另一方面，这种虚拟展示所要求的的观展和操作空间灵活性更高，所产生的虚拟化展示空间范围更广，所营造的虚拟化空间更有互动体验的特色，能虚拟还原非遗项目所生长的原生环境，为一些对原生环境要求高、无法进行传统展示的非遗项目提供了解决方案。

第四节　多元共生的非遗展示空间

由于非物质文化遗产项目及种类的多样化及复杂化，展示空间因其时间、科学技术、思维方式、叙事、项目表现特征等因素的影响变得多元而丰富，更呈现出多维化展示空间的形态组织，这一小节是基于前面章节研究的基础上，补充展示空间类型及形态，并提出多维非

遗展示空间这一概念及形态特征，形成非遗展示空间实体—叙事—数字虚拟—多维的空间形态框架结构，为非遗实践形成一定的理论框架及理论依据。

一、多维展示空间概念的提出

随着空间形态的多元化发展，18世纪产生的拓扑学为非遗展示空间的实践提供了一个理论依据及方法论研究体系。拓扑学在建筑上的研究不仅仅是一种几何方法，在展示空间形态上更是一种深层次的思维方法及思维模式，这种方法给建筑空间形态的研究带来了变革性的发展。"正如拓扑学的奠基人 F·克莱因（C·F·Klein）的观点：我们应该集中注意力在某种群的基本性质下对象是如何变换的，而不是关注于对象本身"[1]。非物质文化遗产的本体是一个定量，具有不可随意改变的特性，对其的展示我们的着力点应该在保持其原有现状的基础上进行展示方法、展示模式以及形态变化上的研究，进而也就带动了展示空间的多元化发展。正如建筑学中对"莫比乌斯环"的利用和思考，非遗展示空间应突破现有的建筑空间形态，向多维度空间形态发展，增加空间的丰富性。

"维"是一种度量，在自然宇宙中，存在一维和二维空间，也存在物理性的三维静态空间，更存在加入时间的四维动态空间，更有学者认为存在经过艺术加工而形成的五维甚至虚拟维度的存在，这就是在展示空间中的"多维空间"的表征。所以，从非遗展示的角度而言，多维空间的概念可从广义和狭义两个角度去分析，广义上，是指在现存理论方法体系的指导下，基于客观物质空间形态的"骨骼"，在自然界中探寻一种复杂化的空间形态思维方法，同时作为一种形式语言，

[1] 李滨泉，李桂文：《建筑形态的拓扑同胚演化》，建筑学报，2006年5月，第54页。

融合时间、感官、环境、文化、历史、色彩、情感等因素，探寻非遗展示演变过程中各种空间形态存在的可能性，其涵盖范围既包含具有自然、人文、生态变化的时域空间，也包含人为加工创造的物理空间及艺术空间，更涵盖非遗自身呈现及表达出的演绎空间。狭义上，多维空间是基于非遗本体项目而言，首先，展示对象本身具有多维的向量，不仅承载了历史的、社会的、现实的一些价值及内涵，同时还表现出历时性、空间性、在地性等多维度空间。其次，非遗项目作为展示对象处于一种动态呈现的状态中，空间和时间都是这种运动或活动的量度或存在方式，所以非遗的活态的表现或展示也包含多维的向量。

因此，多维展示空间在本质上而言，就是运用现存的一切因素进行空间的推演和组合，形成一种虚实相交、阴阳动静、远近合宜、层次丰富的场所环境，进而满足"物"的展示需求以及观众的生理和心理需求，营造一种富有思想内涵及审美品质的空间形态。

二、多维展示空间的演绎

（一）各时空观念下的多维空间

在被大家所广泛接受的三维空间概念中，所有的建筑空间都是以实体的物质形式存在的，这种实体物质形式的存在方式及其可变性为多维空间的形成提供了可能，在展示空间的组织构建中，空间的状态是随着构成因素的变化而产生内容、概念以及意义上的所指。而在各时空领域下的因素包含了时间的参与、时代的演变以及地域的差异。

首先，时间因素的加入对原有的传统三维空间是一种补充，时间因素在整个空间语境中相对于现存的物理空间属于"客观因素"，是不以人的意志为转移的客观空间，与实体空间存在某种必要的联系，同时在各种空间关系中被人们所感知，当人们进入所营造的空间中，可感受到时间因素带来的空间真实感及互动体验感。也就是概括为：

"'空间'是表示物质运动广延性的存在形式;'时间'是表示物质运动持续性的存在形式。二者是物质运动存在的最根本的、不可或缺的要素,与运动着的物质有机联系在一起,且彼此不可分割。物质的运动不能脱离开'空间'和'时间'而进行;反过来'空间'和'时间'也不能离开物质的运动而独立存在。"[1] 正如一些民俗文化知识类非遗项目,通过生活的积累而形成的生产知识及技能,在一定条件下受生活空间的规律所支配,而时间则是在这一规律下的所发出的"声音"。

其次,通过对不同时代的划分及对展品进行分类展示通常是非遗展馆中常采用的策展手段之一,"时代"是时间成本的集结,更是时间的片段性表征。每个时代有每个时代独有的特征,人、展示物、环境等因素都会随着时代的变迁而产生空间的变化,换言之,展馆空间艺术正是时代表现的最佳对象。例如景德镇中国陶瓷博物馆内的常设展区的空间策划设置(如图 3-35),以时间轴线为叙事方法,通过归纳各时期陶瓷特点,展现了从新石器时代以及汉唐以来各个不同历史时期的陶瓷珍品。

图 3-35 中国陶瓷博物馆展厅内部

---

[1] 张颖:《从"空间"维度探索戏曲艺术的视觉叙事问题》,戏剧文学,2016 年 5 月 15 日,第 52 页。

最后，地域的差异在非遗展览空间中存在着可变的因素，地域空间的多维性既表现在个体记忆和集体记忆的形塑和制约下，又表现在"他者"对"异域"的观察和体会。"一种形式要满足不同的表达或积极地激发这种表达的程度，取决于它本身所能包含随不同情况而改变的因素"[1]。山水树木、花鸟虫鱼、邻里老少等地域事物都营造着个体生活的地域空间，这种空间在时间、人物、事物的配合下形成了多元变化的空间体验，成为一种共享的存在，流动的记忆。

（二）以意识为主导的自主化多维空间

在非遗多维空间的探讨中，知觉空间、问题空间、思维观念等都属于意识空间的一种，相对于物质空间，意识空间是空间范围的外延，不具有实体存在的特征，更进一步说，是人们头脑中对事物现象的一种映射反应，具有主观能动性。当人们观看体验非遗展览时，根据个人所看到的视觉图像，在头脑中会形成对图像及问题的解构和看法，进而形成一种现场性场景。如传统表演类非遗项目的展演，传承人现场表演以及观众现场观看都会形成自己的"意识空间"。作为表演者，根据原有的"剧本"进行演绎，但在表演过程中也不缺乏表演者动作的意识化，换句话说，就是在"表演"中讲故事，在"表演"中交流，在"表演"中思考和演绎。这正如韦特海默创立的格式塔心理学中的"心理感知"，在以意识为主导的多维空间下，空间的折叠、重叠、交叉等变化是随着人的意识变化而产生变换的，而反映在人的身上可描述为一种感觉，一种表情、一种情绪等。而多维性的产生正是在观众、展演中的人与物的意识的运转和变化中实现的。正如建筑设计师在空间设计时，不仅要考虑到整个空间的尺度和体量，还要具体考虑人在进入到建筑内部所感受的空间氛围，这既涉及人的思维意识，也涉及空间的非语言性表达，正如美国建筑理论家阿摩斯·拉普卜特认为："场景是由空间中派生的，但不同于空间，在于构成人的交流、行为及方

---

[2][荷]赫曼·赫兹伯格：《建筑学教程：设计原理》，仲德崑译，天津大学出版社，2003年版，第2页。

式等一系列所指，亦可设想为人们扮演各种角色的舞台。"

（三）释放"物"记忆功能的多维空间

在非遗项目展示空间体系中，"物"既代表了展示对象本身，又代表了一种信息传播的媒介。首先，针对展示对象的多维向量而言，我们在保留其项目本身属性及特征的同时，更需要运用多种展示手段对其所具有的品貌、样态、属性及特征进行多维空间的展示。如海阳大秧歌这一民俗活动，其是在固定时节、固定场域下的举办的，是对地域性文化价值及风俗习惯的集中反映。这一非遗项目的核心价值往往在举办和表演的过程中体现出来，是一种活态化的非遗项目，并在展演过程中表现出"在地性""历时性"及"空间性"的多维向量。因此，对其的展示更是需要运用多种手段进行多层次、全方位的展示。而传统实体空间中藏品式及视频影像式的展示是无法将这类项目完整展现的，我们需要在原有静态展品、场景模型以及动态影像的基础上，运用多媒体数字技术还原三维互动展示空间，同时运用叙事手段将这类项目所具有的历史价值、社会价值、现实价值多维的呈现。其次，从功能角度上来讲，"物"则是信息传递的载体，这种"物"既有实体的物质信息，又有无形的非物质信息，多维性的空间则成了"物"展示的集散地和中心。而"物"包含的信息也是多维度的，存在温度感。"物"是非遗传承人手工技艺物化的结果，代表了从开始到完成的整个制作过程的痕迹，更是暗含着传承人文化修养、技艺水平及情感的承载物。此外，"物"从属性上看，无论其存在形态是语言、图像、理念还是信仰，其自身就具有一种记忆功能，记录了所属时代的文化空间、认知空间等多维空间。

三、"物联网思维"在非遗多维展示空间中的映射

"物联网"于1999年首次提出，直到2005年国际电信联盟才

正式确定了"物联网"的概
念。但根据各行业应用不
同，其定义也发生相应的变
化。总体而言，"物联网"
是通过互联网信息技术，将
物与物、物与人、人与环境
之间联系起来，从而形成物
质世界与信息世界的无介质
沟通与传播。在非遗展示空

图3-36 中国刀剪剑博物馆

间语境下，"物联网"的工作方式及工作思维对非遗展示空间起到了
很大的作用。

　　首先，"物联网思维"在博物馆展示中的应用是建立在信息技术
发展成熟的交互体系之下，通过全球性的动态网络，将展示环境中的
物与物进行相互连接，从而实现信息的有效传播。在非遗展示中，以
"实物"为介质的展示是较为常见的，每一个"物"作为展示材料都
占据一定的空间，呈现一定的静态样式，相互之间很难形成连续性的
动态表达，而"物联网思维"就是将每个独立的物相连接，使观众在
观看展品时能够产生连续动态的视觉成像。如中国刀剪剑博物馆中（如
图3-36），通过对"制范""调剂""熔炼""浇铸"等刀剪剑的制
作步骤的场景还原来营造一种"物联网思维"的展示模式，观众通过
这种场景式的介质形成思维性的动态展示效果，以此理解技艺制作的
全部过程以及过程中所产生的无形价值。

　　其次，"物联网思维"促使展示环境下虚拟空间与物理空间的消融。
信息传播是通过一定的媒介进行的，随着信息网络的发展和渗透，人
机交互之间处于实时"互动"的状态，虚拟化的空间则成为这种交互
状态一种形态。非物质文化遗产"物"与"人"与"环境"之间的对
话需要虚拟化传播模式的存在，也需要实体物与实体空间的存在，"物

中国非物质文化遗产展示空间研究

联网思维"正是将这种简单的双向互动变为一种立体多维的网状模式。从"即时"和"在地"的层面上来看，意味着将人、机、物等多种主体在时间的参与下连接。正如原生环境下表演类非遗项目的展示，当地自古孕育的空间环境是表演的舞台基础，也是情感寄存的土地，人是整个表演过程中的主体，物是整个表演过程中的传达情感的物质载体，网络是将表演过程进行传播的媒介之一，各个要素之间存在着传播的"关系结构"，这种关系的维系则需要"物联网思维"将其关联，在时间的参与下完成共时性维度空间的建立，在人机交互下完成交互性维度空间的建立，在地域环境的参与下完成"在地性"维度空间的建立。

综上所述，"物联网思维"在非遗展示空间中不仅提供了一种多维性观念和方法，也为物与物之间的联系搭建了连接的桥梁，同时从"他者"的角度而言，实现了"物"信息的缺席，实现了"物"的技术性，让"物"回归本体，能动性的表达非遗展示的核心思想。

四、多维性空间中非遗核心价值的诠释

非物质文化遗产其核心价值不仅是对非遗地域文化及民俗、民风的"物"的记录，更是对于某一非遗项目在特定地域环境中，自古至今所承载的文化记忆的转录。在多元空间中审视非遗的核心价值，它不仅有历史性，同时还具有时代性。对不同地域、不同历史、不同民族而言，非遗无时无刻都在发生变化，同时也受到了当时、当地文化的较大影响，反言之非物质文化遗产所产生的影响也推动了整个社会文明的发展（如下图3-37所示）。

多元空间中的非遗核心价值分为三个类别：历史学类、社会学类、文化传播学类。其中历史学类是从历史角度来分析非物质文化遗产的价值，其中又分为历史文化价值、民族文化价值和艺术审美价值。非

物质文化遗产的产生需要某一特定的环境，遵循着不同民族所具有的特殊历史发展轨迹，非遗自它产生而来就已经具有了历史文化价值和民族文化价值的属性，它是数百年乃至数千年来所承载历史和民族文化的载体，也是中华民族的活态历史文化遗迹。它所承载的是华夏文明的精神内涵，通过世代相传，每一代传承人都会融入他们所生活时代的文化元素，

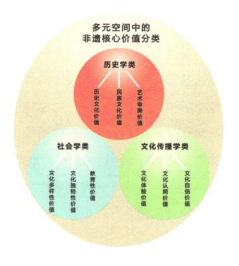

图 3-37 多元空间中的非遗核心价值分类

所以在今天非遗可称作是民族历史文化的活化石。从另一角度看，所有具有展示价值、收藏价值以及活态展演价值的非物质文化遗产都同样具有极高的艺术审美价值，它揭示的是非遗文化的审美创造力以及审美意趣的独特潜力，是非物质文化遗产在情感传达、生活趣味、色彩表现、艺术表达、工艺创作等诸方面带给人们艺术感染力的精彩呈现。

社会学类又由文化多样性价值、文化独特性价值、教育性价值三种类型组成。在这三种类型中，非遗文化多样性价值与文化独特性价值是人类文明发展进程中的一个重要方面，是社会文化发展的动力，也是推动非遗可持续发展，传承之火不熄的重要因素。这两种价值主要体现在各民族所具有的不同文化中，它既是民族文化的经典活化，又同时蕴藏了不同民族记忆的文化内核，它所传承的是各民族与其他民族不同的地域人文特征，生活习俗以及生产方式，是同一民族民众文化自信心、文化认同感的重要保证。非物质文化遗产在历经千载的传承中，已然记载了各民族在各个历史时期中所表现出的历史、科学、

文化、经济、精神、教育和审美等多方面的发展状态，它是历史学家及社会学家进行科学研究的重要来源之一。非物质文化遗产的传承活动自身已经带有了教育的属性，它所涵盖的人文、科学、艺术等多方面的内容，是民间教育乃至高校教育的重要文化知识来源，所以可以说，教育性价值也是非物质文化遗产的核心价值之一。

文化传播学类分为：文化体验价值、文化认同价值、文化自信价值。在今天，我国政府越来越重视非物质文化遗产的传承与发展，非遗文化也逐渐走入了人民大众的视野，受到了人们的喜爱，同时它又以各种方式走进人们的日常生活，如博物馆的非遗展览、各种展览馆举办的非遗产品的展销会等等，使人们能够近距离参与到各类非遗活动之中，体验非遗的生产、创作过程，这种文化体验活动不仅有利于非遗的传播而且在非遗的传承中也起到了重要的作用，尤其是对年轻观众的吸引，为非物质文化遗产的广泛传承提供了可能。文化认同价值是各民族民众产生民族自豪感的重要前提与载体，非遗所具有的文化基因是中国的传统文化区别于其他民族文化的重要因素。2014年12月20日，习近平总书记考察澳门大学新校区横琴校区，在参与大学生'中华传统文化与当代青年'座谈会时指出："中华文化渗透到中国人的骨髓里，是文化的DNA。"[1] 同时，文化自信又是文化认同的前提，"文化自信成为继道路自信、理论自信和制度自信之后，中国特色社会主义的'第四个自信'"[2]。非遗是中华文化的重要组成部分，包罗万象的非物质文化遗产，在"民间文学、民间音乐、民间舞蹈、传统戏剧、曲艺、杂技与竞技、民间美术、传统手工技艺、传统医药、民俗"[3]十大类别中无一不是中国传统文化的精髓所在，同时，这种特有的传统文化对于我国人民增强文化自信又具有深刻的意义。

[1] 陈冬梅：《传统文化创造性转化与社会主义核心价值观培育——以文化基因为向度》，学理论，2018年8月，第248页。

[2] 吴常兴：《深入学习党史国史 增强"四个自信"》，环球市场信息导报，2016年9月。

[3] 周裕兰：《非物质文化遗产启蒙教育研究》，三峡论坛，2013年第4期，第141页。

非物质文化遗产的多样性体现在历史、科学、文化、经济、精神、教育和审美等多方面，它与人类的生活息息相关。多元展示空间为非遗保护和发展提供了所需的环境条件，使我国非遗世代传承，永立于世界文明之林的。

第四章 非遗展示空间的构成要素
Elements of intangible cultural
heritage display space

随着博物馆展示观念的转变以及现代信息技术的发展，非遗展示空间中的结构关系也发生了一定的变化，空间、观众、展品、媒介作为基本要素在展示空间中扮演着不同角色。在整个非遗语境下，空间本体作为非遗项目储藏与展示的容器，观众作为展示空间中的观展主体以及核心要素，展品作为整个空间中的展示对象以及设计基础，媒介作为各要素之间信息传播与交换的桥梁，彼此都在非遗展示空间中起着一定的作用，共同建构起非遗展示空间的结构框架。本章节以这四要素为研究对象，分析各自的角色以及相互之间关系，以便构建起新的展示空间模式。

第一节 非遗展示中空间要素分析

一、空间在非遗展示中的角色

（一）空间在非遗展示中的"容器"作用

空间作为非遗展示场域中的重要元素，在展示陈列的语境下，与其他各个元素形成了"对话空间"，这种对话空间包含"物与物的对话空间""人与人对话空间""人与物的对话空间"以及具有生产意义的"延展空间"。美国社会哲学家刘易斯·芒福德(Lewis Mumford) 曾在《城市发展史—起源、演变和前景》*(The City in History: Its Origins, Its Transformations, and Its Prospects)* 一书中提出"容器"一词，并把城市比作容器，而人类文明则是城市中的展览物。同一社会语境下，空间在非遗在传承和传播中其主要的功能就是为集中起来的陈列物提供一个稳定的场所，并最大限度的进行利用，这个场所既可是室外的活动空间，也可是室内的围合空间；可以是封闭的也可以是开放的，但总体而言空间都为展览活动提供了一种有形或无形的空间界定，为参观者提供一个观展与休闲的场地，为非遗展品提供庇护的场所。但从这一点中看出，空间在发挥其作用的同时，与展品与观众之间保持相对的自主性。

（二）空间作为展示对象的组成部分

空间在非遗展示活动中通常与展品一样，依托于它所存续的生态环境中，成为展示对象的一部分，通常情况下分为"空间本体"与"文化空间"两个方面。从空间本体的角度而言，经过再创作的空间作为构成对象本身，在展示环境中与展品、展示道具一起构成非遗展示中的构成元素，成为展示和解释非遗项目本体的手段，成为人们欣赏和享受的"艺术作品"以及信息传播媒介。如西藏非物质文化遗产馆，该建筑融合当地的城市文化肌理以及地域特色，采用"天路"的设计概念，将历史文脉进行抽象演绎，建筑外部设置"之"字形行走路径以及迂回上升的建筑空间形态，与展馆内部的螺旋式参观路线相呼应，通过空间本身的设计来诠释非遗所具有的核心价值，由此，观众在展示空间的意境氛围中领略到空间作为一种展示对象与当地的环境以及独有的非遗项目形成的跨时空对话，因此，空间作为展示非遗项目中的重要手段，其本身在一定程度上也成为展示对象的重要组成部分，揭示了暗藏在这片区域以及非遗项目背后的文化内涵，成为观众思考的原点（如图4-1）。

从非物质文化遗产保护的角度来看，"文化空间"是非遗保护的重要领域，同时在人类学、建筑学、社会学等学科中被广泛探究。2005年，在我国国务院办公厅《关于加强我国非物质文化遗产保护工作的意见》的附件《国家级非物质文化遗产代表作申报评定暂

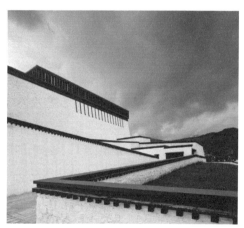

图 4-1 西藏非物质文化遗产馆的外部间形态及内部空间形态

行办法》之中，将"文化空间"列为非遗分类中的一大类别，并给出其定义"定期举行传统文化活动或集中展现传统文化表现形式的场所，兼具空间性和时间性。"[1] "'文化空间'实际上是一个在特定的物理空间或自然空间基础上，由人的活动而形成的'文化场'。"[2] 如古城镇以及历史街区等都具有这样的文化场特性，更是非遗活动举办

[1] 王文章：《非物质文化遗产概论》，教育科学出版社，2013年，第250页。

[2] 王德刚：《空间再造与文化传承—栖霞古镇都村"非遗"保护工程实验研究》，民俗研究，2014年第5期，第15页。

的重要场所。人们在观看非遗民俗活动之时，这些为举办非遗活动的场所也因此成为展示的一部分，被赋予了一些无形的附加价值。因此，这些空间场所是具有双重性的，既是非遗展示的对象，又是承载非遗活动举办的重要物质载体，是一定数量及类型的物理空间和文化内涵的共同体，因文化表现形式的存在而存在，被赋予独特的特征。

（三）空间作为烘托展示主题的手段

空间在非遗展示环境中以高度串行化的方式诠释着非遗展览的主题，成为烘托展示主题的重要手段之一。

首先，空间形态作为建筑空间对外表达的"窗口"对展览主题的诠释起到了重要的作用。在非遗展示空间中，空间形态是设计师根据当地的地域特色以及展览内容进行的设计语言的抽象转译，作为一种具有美感的物质化的载体来诠释意象化的展览主题，成为展览主题表达的外在形象。如河北廊坊市的丝绸之路文化交流中心美术馆，展馆内部的空间形态设计采用丝绸飘动的样态，构造了以曲线为主的造型空间，通过现代造型语言与展品之间形成一种跨时空的对话，观众在曲折绵延的观展空间中领略展示主题的深刻内涵。

其次，"空间感"作为空间中的意象，成为展示主题的诠释重要手段之一，这种"空间感"可以是通过色彩、光影、照明、材质等空间性格所营造的，也可以是观众自身根据自己的认知所形成的体验和感受。在进行空间塑造过程中，受众将自己的情感渗透其中，通过对空间形态及造型的处理来理解展览主题的内涵，品味空间带来的艺术感受及情感变化。对于受众而言，"人置身并穿行于建筑之中，它的空间不停地流动、起伏、变换，确实给人一种激动人心的旋律感。"[1]在空间中，人们会按照自己喜欢的方式对展览内容进行组织安排，从而营造出独有的思维逻辑空间。由此，在这种空间自身语言的构建中，

---

[1] 魏毅东：《空间意象—关于建筑的诗学》，山东画报出版社，2015年，第41页。

空间本身被展示的主题所塑造和表达，成为人们情感与精神的寄托，由此通过"空间感"对展览的主题深入阐释。

二、非遗展示中空间句法的转译

空间句法理论形成于 20 世纪 70 年代，"1984 年 B.Hillier 和 J.Hanson 合著的《空间的社会逻辑》(*The Social Logic of Space*) 标志着空间句法理论的正式创立。"[1] 空间句法的研究是指从"空间本体"的角度去研究空间，并将空间作为建筑环境中的独立元素来探析空间本体与社会逻辑之间的关系。而在非遗展示活动中，我们就是要关注空间本体与人、展品之间的逻辑关系，通过空间

图 4-2 杭州手工艺活态展示馆各个展示空间区域

本体的组构以及合理的空间引导和暗示重新理解非遗项目的特征及属性，以便展示非物质文化遗产的文化内涵及价值。这与 B·希利尔 (B.Hillier) 的空间观点："人的行动串联起对空间的把握感知，只有

[1] Hillier B, Hanson J. 《The Social Logic of Space》, London: Cambridge University Press, 1984。

运动状态下才会建立起完整的空间意象"不谋而合。如杭州手工艺活态展示馆，整个展馆从功能及展示内容上来看分为多个视域空间，每个视域空间都分别代表不同的非遗项目种类（如图4-2）。而笔者对该展馆调研时发现，因体验项目种类的多样化以及空间样态的复杂化，无法观览全部的功能区域，同时会出现不同区域人流分布不均匀的情况，这样活态性的展示功能就无法发挥到最大程度，因此，基于这一现状，可运用空间句法原理将各个展示空间类型进行分块处理，并转为数据或马赛克的形式，根据观展的人流去向来统筹分析，最后根据整合的数据进行空间的规划，实现最大限度的无障碍空间认知视域，将非遗项目与活态性展示空间进行较好的联结。

事实上，任何空间的建构都是为了促使人与空间之间形成良好的互动关系，达到一种和谐的状态。所以，针对非遗项目的活态性及整体性，空间句法在非遗展馆中的应用需要解决与空间相关的多向逻辑关系和互动关系，通过空间自身的话语与人际展品所赋予的话语之间建立起良好的共情，在空间的配置上达到一种整体与局部的合理性。换句话说，在非遗展示环境下，空间是不变量，而人、展品、媒介则是自变量，我们只有对空间自身的功能及组织结构进行充分的分析，才能探寻出更好的非遗空间展示模式。同时，由于非遗项目的地域性特征较为突出，我们还要关注空间设计中对地域性特征的塑造，为建筑设计师提供思考的思路以及看待空间的方式。

此外，在非遗展示环境中，其空间性都是由若干功能空间表现出来的，如交通空间、储藏空间、休闲空间、体验空间、接待空间等。而空间要素本身也与展示环境中的诸多展示要素存在一定的关系，需要对空间进行塑造才能满足展品展示的要求，进而通过媒介向观众传递一定的信息。利用空间句法的基本思想将各个要素统一到一个和谐的空间中，做好非遗展示工作，让空间本身发挥更大的作用。

第二节 非遗展示空间中的观众要素分析

一、观众作为非遗展览中的重要要素

自20世纪70年代始，参与性体验慢慢进入博物馆的展示设计中，尤其是今天的科学技术大爆炸，直接推动了科学技术在展示设计中运用的进程，使得大量的前沿科技被直接运用。这种科技的运用必然会吸引大量的观众进入博物馆"猎奇""探险"中。在今天看来，数字技术的运用又与时代背景密不可分，如今的年轻观众，是在数字技术大发展的社会背景下成长起来的，所以他们对数字技术的掌握与好奇具有先天优势，他们更喜欢通过数字技术这一媒介来体验互动式的非遗展览，在这里通过这一点我们可以发现一个普遍存在的问题，在运用数字技术这一虚拟技术之前，展览中所要展示的核心部分是不可见的，这里所展示的展品内容只有在观众通过某种手段进行参与后才能在其面前呈现，所以从这一角度来看，观众自然是非遗展示空间中一个不可或缺的要素。

从另一角度来看，每位观众在互动时，所点击、所观看的内容顺序不尽相同，非遗展示的内容也不会以固定的模式播放，这就导致展品的内容会多次无规则的排列组合，产生出 A（n，m）种可能，所以非遗展览的内容展示完全依靠观众的主观参与才能呈现，使得观众真正的成长为非遗展览空间的一个重要因素。在非遗展示中，应该鼓励观众参与到展览空间的构造之中，这样不仅能够构造出一个完整的展示空间，而且能够提升非遗展示自身的吸引力，从而达到宣传的目的。

以人机交互的数字化展示为例，互的数字化展示为例，在中国丝

图 4-3 中国丝绸馆旗袍展示及"交互试衣"体验项目

绸馆展陈项目"交互试衣"为例（如图 4-3），在整个展览中既让观众了解了中国旗袍所取得的成就、丝绸的历史，还让观众了解旗袍的制作过程及旗袍的演变，而"交互试衣"这一项目的引入作为"调味剂"能够让观众通过虚拟交互的形式参与到旗袍展览之中，吸引观众以自然人的身份变为临时"展品"，并且随着时间的推移，"展品"内容也在不断地发生着变化，所以从这里可看出，观众作为非遗空间的一个要素，在构建非遗空间完整度上是重要的因素。在南京中国旗袍馆的展陈项目"交互试衣"这一虚拟交互中，观众不仅能够切身体验，而且还能将自己身着各式旗袍的照片，在各种社交软件上展示或者分享，这是非遗传播机制中一个重要的方面。

二、观众参与非遗传播的机制

"机制"一词在社会学中的内涵，百度百科解析为：在正视事物各个部分存在的前提下，协调各个部分之间关系以更好地发挥作用的具体运行方式。从"机制"的概念中可看出，只有合理协调观众与非遗展览之间的关系，才能够充分构建观众参与的非遗传播机制，从上文中国旗袍馆的展陈项目"交互试衣"这一实例中可看出，将观众自己身着旗袍的照片在各种社交软件上进行展示或分享，这已然成为传播机制中一个重要的方面。而这种传播必然会带有非遗项目的特定元素，促进了非遗的传播。

"非遗线上媒介发生作用的关键推动力是受众，非遗的新媒介合作要建立面向非遗受众、基于受众需求、与受众建立连接的服务平台。"[1] 从这一角度来看，此种服务平台的建立，为非遗观众建立了一种虚拟的网络社区场所，在这种场所中，通过信息的获取、观展后的交流、非遗信息的共享等网络功能向观众提供服务，以吸引具有共同兴趣爱好的潜在非遗观众加入，这一线上获取信息的行为，给观众更多选择的可能，引导观众从线上走到线下，最终走入实体非遗展馆。在这一过程中，每一位参与线上分享的观众都是这一行为的幕后推手，所以在非遗传播机制中观众起到了不可忽视的作用。

在线上媒介参与非遗展陈的过程中，时下流行的大数据与云计算为非遗的"人性化"传播提供了有力的支撑，这种科技的侧重点在于它会对观众的身份信息、地理坐标、兴趣关注点等信息进行搜集并简单分类，然后会通过各种线上 APP 以及社交媒介进行定点推送，从而使得每位观众阅读的与非遗相关的信息不尽相同，这样就会最大限度地提起观众的兴趣，增大信息的阅读量及关注度，同时在这一过程中，每一位观众又可作为一个信息的中转站，以其为中心向四周辐射，这种传播的过程类似于核裂变反应，具有针对性、即时性、互动性等的传播优势，与线下的人际传播方式并行，形成了一种线下、线上的双轨传播机制，增强了非遗展陈的大众认知度，增加了非物质文化遗产的传播范围。由此，从上面所述的内容可看出，这种需要观众参与的非遗传播机制是基于互联网基础之上的，有别于现实生活中口语传

---

[1] 达妮莎，李雨蒙：《互联互通：非遗传播渠道的拓展与效能提升》，艺术与设计（理论），2019 年第 7 期，第 32 页。

播的人际传播方式，这种基于互联网之上的线上传播不需要参与传播的观众与被传播者进行会面与言语上的交流，它给予了被传播者一定的选择自由，不会受到传播者的干扰。

但是线下的人际传播方式仍然在非遗传播活动中具有不可替代性。这种不可替代性主要表现在现实社会中的人际交往，这种人际交往的方式是非遗传播活动中人际传播的基础，也是非遗传播活动的基础，它是一种线下的非遗传播机制，这种传播机制也是最具历史性、普遍性的传播方式。"人际传播是人类最广泛、最重要和最复杂的社会行为之一，它在维系和形成人类社会、孕育和延续文化方面起着举足轻重的作用。"[1] 每一位观众在社会中，所接受的教育背景、成长环境各有不同，必然会使其具有独特的审美偏好，通过正常的人际传播途径，每位观众同样会将自己所理解的非遗审美信息分享给他人，这种分享方式类似于大数据与云计算，每一位观众会将非遗信息分享给予自己具有相同关注点及爱好的其他潜在观众。由此，这种线上与线下的双轨传播机制，增强了非遗传播的观众参与性，构成了一个完整的非遗传播链条，为非遗空间中观众的角色转换提供了必要的前提。

三、情境空间中观众的角色转换

"角色"一词最早源于戏剧，"是指演员在舞台上按照剧本的规定所扮演的某一特定人物，但人们发现现实社会与戏剧舞台之间是有内在联系的，即舞台上上演的戏剧是人类现实社会的缩影。"[2] 从角色一词可看出，它所指代的是在舞台上所扮演的某一特定人物，而在非遗展陈中，对于非遗互动展陈而言，参与展陈互动的观众，则可称

---

[1] 薛可，余明阳：《人际传播学（新版）》，上海人民出版社，2012 年，第 7 页。

[2] 彭启兵，廖敏，阚海琴，周根，范志莲：《素质教育理念下英语教师课堂角色转变的研究》，《教师教学能力发展研究》科研成果集第十五卷，2018 年 3 月。

为"非遗舞台"中的角色，所以在这一概念之中，观众则从一个对于非遗展陈参观的"旁观者"，跃然成为参与者，成为非遗动态展陈的"道具"，为其他观众观看、观赏非遗展览提供了"活态表演"，为其他观众提供了观赏的便利，也相应地减少了时间。从这里可看出参与互动的观众，不仅仅变成了互动性动态展陈的"道具"出现在其他观众的眼中，而且对于一些类似于"步骤性"的非遗表演或展示而言，这些参与其中的观众，同时又可以主观能动的去选择非遗展陈的展示步骤、参观步骤或参观路线。因此，在这里这部分观众又承担了展览策划的角色，本身对于互动性非遗展陈而言，这种展览的理念，则是提高观众的参与性，增加观众的主观能动性，将固定的、呆板的内容，运用观众的思维进行非固定的搭配。将这种搭配进行排列组合，产生几种不同搭配，这种搭配方式完全依靠观众的自我兴趣进行操作，丰富了展览的内容，在有限的展览空间中产生了无限的可能。

从上面的描述中可看出，在情境（展示）空间中，观众角色的转换可以分为两种：一是观众到道具的转换，可以为其他观众的观赏产生便利，亦可产生影响。如在第四届京津冀非遗联展中的老北京—吹糖人的展示（如图 4-4），观众作为整个非遗技艺制作过程中的一份子，与传承人一起完成整件作品，对于未参与的观众而言，参与制作的观众成为了该展览的展示道具，并在技艺制作过程中产生了一定的作用。二是观众自主化进行参观步骤或参观路线的设置，完成从展览观众到展览策划人的转换。如目前利用数字设备推出的线上虚拟博物馆，通过线上虚拟情境以及展线导览的设置，让观众自主化选择观展路线及观展内

图 4-4 观众参与非遗项目—"吹糖人"的制作

容，形成信息的交互，满足观众的个性化需求，在虚拟空间中完成角色的转换。而在这两种角色身份的转换中，观众并没有最终失去自己的"原始角色"，因为其所有参与的互动性展陈项目，最终目的是让自己能得到视觉上的享受，满足内心的好奇，来解决对于被展示内容的更深层次的理解，所以他们最终的身份仍然是观众，只是在参与的过程中，其身份发生了短暂的转换。这种转换是可逆的，是具有时间与空间限定的。

四、参与状态下的非遗传播策略

在我国非遗传播的策略众多，一般分为"①互联网背景下非遗活态传承；②实施非遗传承人的支持和培训计划；③非遗走进少年儿童；④非遗的海外传播"[1] 等四种传播策略和方法，所涉猎的领域及范围较广，而本节则侧重于研究博物馆或展览馆中非遗展示空间的传播策略，从这四条策略中我们有许多可借鉴之处。其中，互联网背景下非遗活态传承的传播形式，在文中已然提及。这种在互联网背景之下运用高科技和大数据进行传播的方式，是通过分析和解读各年龄阶层观众的爱好与关注点，从而编写相应的教程或网络课件，开发与之相关的非遗产品或衍生品。在线上，各非遗项目通过"互联网＋"来汇聚人气，扩大影响，通过网络的传播来吸引更多的观众走入实体店中；在线下，则通过对非遗在博物馆或展览馆中的展览展示进行传播，增加互动情节，使观众将线上网络课程学到的理论知识在现实中得以实践。

在这里可用非遗项目桐乡竹编为例。"竹芸工坊"是竹编非遗传承人钱利淮与其团队共同创立，竹芸工坊的创立可以说是让一个不知

---

[1] 任学婧：《非物质文化遗产活态策略研究》，产业与科技论坛，2017 年第 16 卷第 22 期，第 250 页。

名的竹编作坊走进了大众视野，他们根据不同受众年龄和不同基础层级的观众编写了对口而直观的教程与课件，方便大家参阅与学习，他们将复杂的内容简单化，让普通大众也能快速入手，这对非遗项目的传播和发展大有裨益，不仅如此，他们又在竹芸工坊的微店上出售相关的原材料。"普通大众可以根据需要在网上选购竹编材料，按照网络课程自己在家学习竹编。"[1]通过以上文字的描述可看出，无论线上、线下与否，观众都作为参与者传播着非遗项目，间接或直接地推动了非遗项目的发展。

线上与线下相结合的传播方式是最迅速、最便捷且行之有效的，它依托了"互联网+"的便利与智能终端的高普及率。在非遗展示空间中的非遗传播则更多的体现在线下，它将这种个人开发教程与课件的行为纳入博物馆的展示中，使观众在观看非遗传承的过程中，兼顾了理论与实践，并依托于博物馆广泛的受众群体，通过对各种数据的收集，来开发针对于不同年龄及社会各阶层观众的教程示范资料与内容，吸引观众参与其中。这种传承在线上依托"线上博物馆"的移动平台，归拢观众的兴趣与爱好，提前布置，"投其所好"，达到吸引观众入馆的目的，而且可以在展期中即时更改内容与样式来迎合观众的趣味，以此来达到传播之目的。构造之中，这样不仅能够构造出一个完整的展示空间，而且能够提升非遗展示自身的吸引力，从而达到宣传的目的。

---

[1] 任学婧：《非物质文化遗产活态策略研究》，产业与科技论坛，2017年第16卷第22期，第250页。

第三节 非遗展示空间中的展品要素分析

　　展品与展示空间之间存在一定的关系，展品以一种"参与者"的身份介入到非遗展示空间中，与空间语言一起构成界定场所下的空间特质，同时通过自身的品质影响着空间，重塑着非遗语境下的场所精神。

一、非遗展品在展示空间中的角色

（一）展示生产过程中的"指代者"

　　由于非物质文化遗产的特殊性，在空间展示过程中，展品作为展示的核心要素被赋予了多重身份。非物质文化遗产与物质文化遗产在形态上有所区别，其信息的载体在本质上也存在差异，物质文化遗产主要依赖于"有形"的实体来承载信息，给观众呈现的是人的行为结果，是人类行为结果的物质性变化，物化的实体在展示生产过程中成为"展品"。而非物质文化遗产所要展示的核心价值多是由人的行为本身产生，同时也包含着行为过程中行为者所具有的思想及情感。所以，从非遗本体展示的核心内容看，展品具有多重指代性。

　　从非遗展示展品的形态上来看，非遗展示的核心价值是通过传承人制作或表演过程中体现出来的，在这一系列的过程中所涉及到的原料、技术、工具、演出服装、演出道具、演出场所等都能作为诠释非遗信息的展品，这些静态的实体展品就成为解释非遗项目内容的指代者及诠释者。如南京云锦博物馆中小花楼织机这一展品的呈现，对于中国四大名锦之一——云锦，其所具有的文化内涵及核心价值是通过云

图 4-5 南京云锦博物馆小花楼织机　　　图 4-6 苏州评弹博物馆的戏台

锦在制作过程中体现出来的，那么小花楼织机作为这一技艺制作的核心工具凝结了传承人制作云锦时的情感，更是传承人高超技艺展现的承载者，也是制作活动的场景见证者（如图 4-5）。再如中国苏州评弹博物观众戏台场景的搭建，整个演出场景成为苏州评弹表演项目的展品，戏台呈现的是诠释表演者从演出开始到演出完成这一过程转化的可视化代表，由此戏台也被赋予了诠释非遗项目核心价值的指代者（如图4-6）。

（二）非遗文化内涵的"拓展者"

非物质文化遗产项目作为展品在现代展示语境下不仅仅只是固步自封被

图 4-7 碧螺春制作技艺展示

陈列在博物馆的展柜之中，其作为展品被世人所熟知，被观众所理解，则是因为其项目本身所带有的多重意义和价值，这也就赋予了展品在展示过程中"拓展者"的身份。首先，在非遗展示中，一个传统技艺制作或表演的终结作品不是展览的核心，传统技艺制作及表演的过程才是展览所要向观众展示的重中之重。也就是说一个作品是如何经过一系列的"过程"才能惊艳的问世？其过程性才是包含非遗核心价值及文化内涵的所在之处。如苏州洞庭碧螺春制作技艺，从挑选茶叶—采摘茶叶—揉捻—高温杀青—干燥—显毫到搓团等，每一制作步骤都包含了茶农高超的技艺及情感（如图4-7）。由此可知，制作工序及制作过程才是向观众说明的核心，观众看到这些展示内容才能深切体会非遗项目存在的价值及意义，才能深刻地体会到传承者在制作过程中所包含的情感及高超的智慧，进而非遗的核心价值及文化内涵才能真正得到诠释和表达。其次，每一个非遗项目都是经过了百年传承，经过时间的洗礼，留下了历史的痕迹，所以承载的历史价值及文化内涵在展示语境下最终通过展品向受众进行诠释。再次，在非遗项目传承过程中，每一个物件的生产都是观念与技术的结合，融入着传承人的情感，体现着传承人的智慧，这些无形的精神世界都需要展品来进行诠释。换句话说，展品在一定层面上不仅仅是物质上的存在，还是精神世界的缔结者。进一步说，展品身份的诠释决定了观众能否深刻了解到其所蕴含的意义，能否走进展品构建的世界里去了解背后发生的故事。

二、展品在非遗展示空间中呈现的形态

（一）非遗展示空间中静态实物展示

"物是博物馆的安身立命之本。"[1]毫无疑问，展品或者藏品是博物馆最基本的物质条件之一，展品质量的高低决定了展览的地位及影响力。观众通过分析展览中展品的信息结构，能够更深刻地理解展览中的文化知识，更深刻地体会其中所包含的文化内涵。

对于非物质文化遗产而言，项目的整体性及复杂性的特点决定了

---

[1] 郑钰：《辨析博物馆展品与博物馆教育之关系》，自然科学博物馆研究，2016年第3期。

依附载体种类的多样性。针对这些载体而言，既包含经过精湛技艺塑造完成的作品，也包含制作过程中所用的工具、材料、演出服装等。这些物质载体一旦被展出，就贴上了"展品"的标签，当从展示环境中抽离出时，空间中的展品则成为了"藏品"，失去了向观众传递信息的意义，所以，展品存在的意义在于是否在空间中发生作用。从展品属性而言，它既是物质的也是非物质的。展品的物质性是经过自然进化、事物演变、分类等形成的产物，展品的非物质性则是指项目在发展变化中的过程性信息以及在过程中所产生的影响等。由此看，这些"有形"的物质载体一旦以实物的形式被陈列出来，就承载了诠释展览主题及教育活动的功能，成为展览馆最基本的展示方式之一。

（二）非遗展示空间中动态展品

21 世纪是科技高速发展的时代，是信息知识大爆炸的时代，博物馆展示行业随着新媒体技术的发展也被广泛应用到此领域中。由于非物质文化遗产差异性、整体性等特征，导致非遗展示过程中展品选择的特殊性。非遗展示空间中的动态性展品主要分为两个方面，一方面是针对是体验性项目较强的表演艺术类、文学类等项目，展品的形态主要以媒体文件为主。如口头文学这一非遗项目，主要依靠人的口头讲述进行项目的的传播与表达，所以在展示语境下，展品的选择的往往是项目本身。基于这种情况，数字化多感官技术的应用可以突破原有框架模式，将鲜明、诱人的口头表达艺术形态与数字技术进行结合，尝试进行虚拟场景以及视频音频的展示环节，用虚拟化的视频音频的设计来展示特殊的非遗项目，由此，从这一层面看，视频音频的文件内容就成为了展示的对象，即展品。所以，非遗项目的动态性展品是建立在数字化展示媒介的基础上，借助数字媒体文件，如音频、视频、图像、动画等进行展品的诠释，进而通过智能应用终端系统来实现非遗数字化传播与展示。

另一方面主要针对传统技艺类及民俗文化类项目，其非遗的核心价值主要体现在"过程表现"的环节中，动态性的展品主要采用 3D 模型、机械类模型等技术，在展示环境中能通过模型及机械的连贯性动态或姿态来展示局部的技艺制作过程，从而形成连贯性的动作，观众根据展示对象的工艺流程来理解项目、解读项目。这种串联式的展品设计能够让观众在观展的过程中自然而然地接受展览信息，如苏州民俗博物馆中对岁时节令的展示，通过局部场景的 3D 模型来表示整个节庆中的风俗活动，如岁时节令中的"过年习俗"，通过掸檐尘—送灶—团圆饭—山塘看会等几个小场景的塑造来解释过年欢乐的氛围（如图 4-8、4-9）。

图 4-8 苏州民俗博物馆"过年习俗"展示　　　图 4-9 掸檐尘 3D 模型场景塑造展示

（三）非遗展示空间中活态展品

对于非物质文化遗产而言，无论是在原生地还是在展示场所中，其传承与展示都追求一种活态传承，在阐释的文本语境中，需要还原展品的最初的状态，让非物质文化遗产项目的制作过程及制作技艺在观众面前"活"起来，这意味着展品本身在展示语境下活化，成为活态展品的一种。首先，展品的活态性是建立在非遗活态传承与活态展示的基础之上的，非遗在传承保护与展示的过程中追求以"活态"的形式及方法进行，人作为非遗活态展示与传承的主体，必然成为非遗展示空间的中的重要展示要素。虽然展览赋予"人"以"展品"的属性，但"人"在展示空间中进行表演、现场制作过程中，因为个人表演水平、文化差异、个性审美等差异性因素，直接或间接的影响着非遗项目的展示效果。在展示空间中，这种"人"的活态性展示主要变现在两个方面，一方面是人在博物馆的展示环境中，进行定点、定时并经过专业训练的进行"现场表演或制作"，"人"在一定程度上因为受到场地、时间等外界因素的限制，非遗项目本身的细节、技艺在相应的环境下可能被忽视，观众看到的更多是一种经过修饰而成的"艺术品"，存在一定的局限性。另一方面是"人"在原生环境中进行技艺的制作或表演，观众需要配合展品来体验和学习非物质文化遗产，这种情况必然导致非遗项目展示与传播人群和受众的局限性。由此，基于非遗项目活态展示的需求，不仅需要给常规的博物馆营造独立的展示空间，还需要将在展品回归到常态，遵循非遗保护与传播的完整性。

三、非遗展品的现代转换

非遗展品内涵的诠释依赖于展示系统中各个要素，首先，展品是信息的集成者，展品内涵的实现以及展出的效果是策展者思想及思维的表达，展品内涵的诠释及展出的效果需要空间设计师将展品置于一定的情境之中，只有这样，观众才能对展品以及展品展出的意义进行具体化的理解，文化内涵的诠释，存在于观众的理解、欣赏以及展览的生产交流过程之中。在这一系统中，策展者需要通过展品来发表观点、生产知识，展现非遗文化的价值。展品需要策展者以及展示手段来为自己"发声"。

（一）展品在观众眼中的现代转换

在整个展览过程中，展品作为非物质文化遗产传达与传播的载体及媒介，其本体内容及附属意义的实现就是对于非遗价值的诠释，观众对展览信息的认知源于自身已有的知识，知识储备的不同决定了观众对于展览的认知程度以及能否在既定展览中接受展品信息的表达。展品在整个展览中是一个既定预设的确定，但展品意义表达多少以及通过展品本身能够带来多少能量、传播多少价值则具有不确定性，这也就肯定了在展示空间中，展品与观众之间的重要性及关联的紧密性。"如果把展品比作意义的种子，把博物馆视为意义生长的土壤，把策展者视为意义的播种者，那么观众则可视为意义的传播者，如风般把意义的种子'播撒'到世界的各个角落。"[1] 所以，展品内涵因为空间、观众等外界因素的不确定性而发生着现代的转换，换句话说，"参观不再是主体对客体的'无利害的审美静观'而是主体内心'自主诗化的构建。'"[2] 非遗展品在展览中作用、地位以及意义受到不同时间、空间、观众等因素的影响而表达的意义也有所不同。如非物质文化遗产展品本身的教育价值在不同观众之间的影响，对于儿童而言，在展览空间中举办非遗教育活动，儿童通过亲身参与接受和学习非遗，从中体会到动手的乐趣，进而认识非遗的价值和意义。而对于各个行业不同成人来说，非遗展品内容的讲解和陈设，对自身修养、知识结构的建构以及对中华文化的认知也将产生深远的教育意义。

（二）展品在社会市场中的现代转换

在现代社会生活中，非遗作为一种具有民族及地方特色的活态艺术出现了以适应市场需求的产品形式，即文创产品。非遗文创产品是以服务和满足大众需求为目的的，对非遗项目及非遗展品进行重新包装设计，产生新的功用价值及艺术价值。文创产品作为时代发展的产物，在展示空间中也逐渐成为展品的一份子，将非遗特色与现代文化相融合，成为一种新的展品形式，充分展现其所具有的市场价值，再一次以特色性展品的形式重回到大众视野中，满足大众的审美需求，

---

[1] 傅美蓉：《论展品：博物馆场域下的知识生产与性别表征》，吉首大学学报（社会科学版），2016 年 7 月第 37 卷第 4 期，第 90 页

[2] [德] 鲍里斯·格洛伊斯：《走向公众》，苏伟，李同良译，金城出版社，2012 年，第 11 页。

进而推动非遗的创新性发展。

非遗展品经过社会的开发，融入更多与现代生活相息的设计理念，转变为一种衍生品，进而成为非遗展示空间中的附带内容。如杭州伞博物馆，琳琅满目的文创设计产品被陈列在展馆的出口处，根据展线的设置，观众在了解杭州制伞的历史、工艺、文化之后，可以购买或欣赏融入现代设计的文创产品，在这里继续感受传统艺术的现代性转换，感受通过非遗的现代感召力。因此，这种通过现代文化形式将非遗元素融入"物"中，感受"物"背后的人以及背后的故事，是非遗展品在现代文化语境下的重生，是非遗实现其价值理念的一种现代模式，更是在传承和保护非遗道路上情感及技艺的寄存。

第四节　非遗展示空间中的媒介要素分析

"凡是能使人与人、人与事物或事物与事物之间产生联系或发生关系的物质都是广义的媒介。"[1]"媒介包括两方面要素：一是包容媒质所携带信息或内容的容器，如书（甲骨、竹简、帛书、纸书）、相片、录音磁带、电影胶片、录像带、影音光盘等；二是用以传播信息的技术设备、组织形式或社会机制，包括通讯类（驿马、电报、电话、传真、电子邮件、可视电话、移动电话等），广播类（布告、报纸、杂志、无线电、电视等）和网络类三大类。在当代社会，一般而言，媒介指机械印刷书籍、报刊、杂志、无线电、电视和国际互联网等，它们都是用以向大众传播消息或影响大众意见的大众传播工具，都是传播信息的媒介。"[2]对于具有无形文化内涵的非物质文化遗产项目而言，展示空间中的有形物质都一定程度上承担着媒介的作用，包含展品、

[1] 崔稚英：《论全媒体环境下公共图书馆的媒介作用》，采写编，2018年第3期，第142页。

[1] 崔稚英：《论全媒体环境下公共图书馆的媒介作用》，采写编，2018年第3期，第142页。

辅助材料以及一些具有说明性的、平面化的、数字化的展示手段等。

一、非遗展示媒介要素的多元化

非遗展示媒介是与非遗相关的内容或信息的包容媒质，而这种媒质又区别于传统型博物馆展示所采用的媒介。非遗展示媒介需要更加系统化、多维化、具体化、专业化。我们将这些媒介从其展陈方式——静态、动态、活态等方面论述，这种立体化综合性的媒介呈现方式，调动观众的视觉、听觉、味觉、嗅觉、触觉等多感官参与，并且能使观众在互动参与中体验、认识、传习非物质文化遗产的文化精髓。

（一）静态展示

对于非遗展览而言，承办展览的建筑具有"容器"的作用，承担着举办展览活动的任务，同时以一定的姿态扮演着媒介的角色。因此，建筑色彩、建筑材料以及建筑造型等因素作为建筑本体的组成部分成为非遗项目展示和传播的媒介，与展馆内部的展示主题、展示内容、展示方式相呼应，各司其职。如建筑通过自身的元素将展示主题、地域特色融入到展馆外观设计之中，通过展馆外部特质及内部展示媒介相结合，促使非遗的血脉贯穿整个展馆，共同诠释非遗的文化内涵。

非物质文化遗产的场景要素也是其媒介的一个重要方面，场景氛围的营造对突出非遗项目的特点起着至关重要的作用，这种氛围的营造离不开地理、人文环境，它较多的是产生于特定的乡土文化之中，只有将这种特定的场景与所属的非遗项目结合，才能烘托出非遗项目特有的氛围，这种氛围的营造离不开二维绘画、摄影、二维平面绘画

与三维实景的结合等等。在非遗展览中静态展示的媒介还包括用于展示图片材料的展品展陈实物、公共艺术（包括展厅内的雕塑、装置、壁画、蜡像等）。这些媒介组成了一整套三维的展示空间，这种空间

的设置，可以使非遗展示极具吸引力，也易于寻找非遗中最具吸引力的题材。这几种静态展示媒介的搭配组合，使整体效果高于单媒介展示给观众所带来的印象体验，总体效果大于单媒介的展示效果。

（二）动态展示

非遗的动态展示按其特征又分为展演式非遗展示和互动式非遗展示。在展演性非遗展示中，运用的媒介多为高清屏幕、环幕投影、全息投影、幻影成像等高科技制品，显示的内容多是通过数字技术将展演式的非遗项目以二维或三维的形式呈现在观众的眼前。这种展示方式的难度不大，但对媒介的依赖过于强烈，多依托于技术的绝对进步，有其局限性。互动式非遗展陈的媒介多为液晶触屏、电子翻书、语音互动和智能交互（如图 4-10）。这类展览媒介多承担传统手工技艺的展示模拟、虚拟讲解员互动、如傩戏秧歌等动态模仿跟踪互动等工作，其优点则是通过新媒体的介入来增强非物质文化遗产项目的真实性及趣味性。这种真实性和趣味性需要建立在对非遗项目尊重的基础之上，要保证非物质文化遗产的庄重及对遗产继承的严肃。

在今天看，互动式展陈技术的运用已然非常成熟，如 2015 年米兰世博会日本馆举办的两场艺术展览，以和谐多样性为主题，在《和谐》（如图 4-11）这件作品中展厅里摆满了形似稻穗的屏幕（如图 4-12），当观众在展厅中穿行漫步时，投影图像会伴随着观众的脚步移动而产

智能交互机器人小源2号

 人工智能　 知毒识毒　交互　落地

语音聊天：自主回答各种问题，应用于各种场景与人进行互动；
远程遥控：配合简单易操作的手机APP，在有网络的任何地方都可以遥控查看机器人所处的环境情况；
地图导航：配合强大软件可制作机器人所处环境地图，并可根据语音指令，避开障碍物，让他去哪就去哪；
可根据定制需求，在特定环境下，实现机器人轻松回答提前预设的禁毒知识答案；
可根据定制需求，编辑导入禁毒宣传内容（包括语音、动作、表情等）；
可定制展馆地图，进行定点行走；

图 4-10 智能交互机器人

生变化，给观众的反馈则是如
同漫步在田间，这些形似稻穗
的屏幕，摆放在展厅中，高低
错落有致，分布在观众的腰部
与膝盖之间的位置，给观众一
种无限延展的开阔展示空间。
这件作品在媒介的运用中恰如

图 4-11 米兰世博会中的《和谐》作品

其分地迎合了场馆共存的多样性的理念，给人一种耳目一新的感觉。

（三）活态展示

基于非遗项目本体属性及特征，传统博物馆藏品式的展示方式对
于诠释非遗核心价值存在一定的局限性，活态展示作为一种能够满足
非遗展示需求的展示手段及展示方式被业界所认可。

活态展示方式的开发和研究是建立在非遗本体项目基础上的，以
保证和保留非遗的原真性及活态性为原则，以信息传播的完整性为目
标。其次，对于活态展示手段目前表现在两个方面，一方面是非遗传
承人以工作室或大学堂形式常驻展馆的固定展陈方式，另一方面是临
时搭台的非遗展演。对于凭借活态展陈进行展览的非遗项目，其中有
绝大多数门类可利用动态展陈及静态展陈方式展览，如传统手工技艺
类、民俗节庆表演类、传统游艺类等，它们利用动态展陈的全息投影
来向观众展示。但这类非遗传承门类用活态展陈方式进行展览似乎是

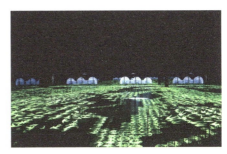

图 4-12 米兰世博会—《和谐》作品中运用的互动式展陈技术

最佳选择。活态展示在展馆内设置专用空间，通过传承人表演的形式邀请观众参与其中互动，这种展陈方式可以毫无保留将非遗传承技艺展现在观众面前，可向观众答疑解惑，并且设立非遗大学堂，随时向观众讲解非遗制造技艺，让更多的观众产生对非遗的兴趣。临时展演的非遗项目，对空间的要求相对宽松，并不那么苛刻，它可在室内，也可在室外，室内多为小型展演活动，而室外则为在特定日期展示的大型民俗节庆表演，传统游艺类节目，这种临展的特点具有很强的灵活性，能调节展馆的气氛，合理规划空间，是使非遗展馆活化的重要手段。从以上的描述中我们可以看出，在活态展陈中媒介较之静态与动态展陈中加入了"人"。"人"作为媒介在整个展览过程中充当了非遗内容或信息的包容媒质，这种媒质的参与，不仅充分挖掘了非遗项目的文化内涵，而且向观众道出了非遗的感人故事，更打开了现代展览馆的活化之门，通过非遗传承人的双手，使"死气沉沉"的展览品动了起来，使冷冰冰的三维展示仪器具有了人情味，更加使得观众能够重新认识非遗，通过对非遗项目的体验与传承人的讲解，打通了非遗进入现代生活的途径，潜移默化深入到人们的生活之中。

在非物质文化遗产的展示中，非遗的展示空间和展示媒介对于传播和传承起到了至关重要的作用。在展览中以非遗项目为主题，以展览馆为容器，展示空间为容积，将非遗项目与展示媒介相结合，形成了一种三维立体的展陈形式，从这种展陈形式看出，非遗的展示媒介要素与传统展陈形式有着较多区别，它更加趋于多元化，这种表现形式是特殊的，为了能更加充分而整体地表现非遗项目文化内涵，在展陈形式中结合了拥有物质媒介的静态展示与拥有多媒体展演形式的动态展示，并且加入了活态性非遗传承人的表演，使非遗的展示媒介要素向着更加多元化的方向发展，打破了非遗传播人群的定向性与群体壁垒，有利于非遗在观众人群的无差别传播。

二、非遗空间中媒介的传播模式

"物与空间的逻辑性结合是博物馆信息传播媒介的基本构成，也是博物馆展览的基本特征。"[1] 非遗的传播媒介相较于传统博物馆和艺术馆而言是有较多先天优势的。在互联网信息技术空间发展的今天，传统的传播媒介开始由传统纸质媒介、电视传播等传播媒介向互联网转变，这种转变直接改变了现阶段非遗的大众传播模式。非遗的先天优势与互联网等传播媒介恰到好处的融合到了一起，尤其在以人为主的展演类非遗项目中表现的更加突出。"互联网 +"的产生，让信息传播与融合更加快速与紧密，打破了传统媒介单一的传播模式，除了图片与视频的传播，还产生了声、影、图多方位的综合性传播方式，使观众能得到多维度全方位的感受。另一个显著特点则是非遗的传播媒介具有强大的互动性，这种互动性主要表现在互联网高度发展前提之下。

通过互联网媒介的传播，非遗信息的传播者与接收者不再一成不变，如在某些互联网视频播放软件中，允许观众留言，在这些留言中会有些许让视频录制者感兴趣或认知范围未达到的，但对其所传承的非遗项目有帮助的内容，所以此时作为视频的传播者就已然转变为讯息的接收者，双方的身份则发生了转变。

在非遗传播多维性与互动性的特点中，可看出传播方式存在着一定的缺陷。首先，非遗项目的传承历史悠久，是一代一代的非遗传承人在不断的社会生活实践中积累与发展而来的，形成的历史悠久，一般需要几十年、几百年，甚至几千年的传承，才发展至今。但在今天新媒介的形式下，其与非遗传承的融合速度过于迅速，且受视频的篇幅所限，存在着内容旁白与解说不够细致等缺陷，线上观众仅仅凭借线上的视频达不到对非遗项目的全面认知，往往浅尝辄止。新媒介介

[1] 刘佳莹，宋向光：《博物馆的媒介优势—结构主义叙事学视角的博物馆展览试析》，博物馆研究，2009 年第 4 期。

入非遗传播中时只能起到抛砖引玉的作用，所以不要过度依赖线上互联网媒介进行非遗的传播与传承。

今天看，非遗的传播应该依靠线上与线下的深度融合来完成。在线上加强非遗内容与互联网媒介的深度整合。在当今科学技术大爆发的背景之下，手机和电脑以及平板电脑等便携移动终端的成熟，使得线上媒介的受众体不再仅仅局限于年轻一代，而做到了全民的普及，所以在这个传播途径中，非遗传播媒介不应仅仅限于视频的播放，还应进行相关手机应用程序的开发，针对不同的受众人群和不同年龄阶段的人群进行开发，充分利用互联网媒体的特性，突破传统，创造一种沉浸式的体验效果，让普通受众也加入到非遗项目的传播大军中。"例如，通过角色体验的形式，让受众有计划体验非物质文化遗产的内容，扮演戏曲中的人物，体验陶瓷的制造过程，并能够带回家，给受众留下探讨的内容及发挥的空间，特别强调的一点是要留出给受众发送朋友圈、微博等途径的展示空间，如此能够细致入微且贴近地区的方式进行传播，也能够脱离传统文化传播过于严肃的刻板形象。"[1]

在历史发展过程中，任何文化的形成都不是一朝而就，而是日积月累的，在其不断的发展过程之中每个历史时期都会有新的属于本时期的知识文化浸入，以便能够保持非遗项目的活力。毫无疑问，非遗的传承必然是要符合时代的发展要求，在科学技术高度发展的今天，非遗媒介的传播必然要与新媒介的特点高度契合，并不断地在自身的发展中运用科技进行创新，丰富自身的文化内涵，体现其传承价值。

非物质文化遗产的传播媒介区别于其他艺术门类或博物馆传播媒介，它需要与互联网新媒介高度契合并且利用这些媒介来抛砖引玉，将观众带入非遗展馆进行实地的观展体验，由于其特殊性，所以在非遗空间中的媒介传播必须要将线上与线下的媒介进行结合，从而达到

[1] 王海燕：《媒介融合角度下的非物质文化遗产传播》，科技传播，2019 年 8 月。

传播与传承的目的。这种由"互联网+"作为载体，运用移动终端的应用程序为引，通过多维度的整合与强大的互动性，将观众的注意力通过线上引入线下，将线上与线下媒介相结合的传播方式是非物质文化遗产媒介传播最重要的特点和模式，这种传播模式可以因地制宜、因物制宜、因类制宜，突出不同地域、不同事物、不容门类的非遗项目的特征，并且可以运用互联网的力量通过大数据分析来对定点人群投送他们所关注和感兴趣的内容，通过"兴趣投送"来吸引潜在的观众，从而达到在特定受众人群中传播的目的，更加有利于非遗信息的传播。

三、信息时代下非遗传播媒介的发展方向

随着社会的发展，科技的进步，传播媒介的方式也正在悄然发生着改变，新出现的传播方式较旧的传播方式更具优越性，更加适应社会的发展和人民大众的需求。新的传播方式在传播范围上更加广泛，在传播效果上更加出色，相较于固有媒介而言更具便捷性。回观历史，每一次科技的进步都会促进新的传播媒介的诞生。真正先进的传播媒介都是可以迅速博得用户的青睐，线下的传播媒介可以让观众获得更好的体验，而线上的媒介可以迅速提升互联网终端用户了解非遗的便捷，增加潜在观众之间互相宣传的效果。往往传播效果的优劣是检验一个传播媒介优劣的根本。

传播媒介在社会不断变革进步的过程中，已然进入了一个全面融合的全能传播状态，传统的传播媒介开始相互融合互动。在互联网出现之前，人们通过口口相传，信件互动的方式交流，而在互联网出现之后，新媒体得到快速发展，因其拥有良好的互动性体验，给人们留下了深刻的印象。"这种体验不再以展品为中心而是以大众为中心，包括自主选择行程，全程多感官参与，参观感受的多途径表达等。"[1]

---

[1] 杨红：《非物质文化遗产展示与传播前沿》，清华大学出版社，2017年10月。

这里的体验是两种不同的体验方式，一种基于互联网的线上体验方式，以各种直播软件、聊天工具、论坛等为代表的媒介。另一种是基于非遗馆、博物馆中的展示展览媒介而言的，这两种体验方式都是在科技迅猛发展之下为了迎合观众的喜好，增强观众的代入感而产生的。同时，更在一定程度上扩展了空间的边界、拉近了观众与展示空间的距离，开创了新的空间感。

信息时代下，非遗传播媒介的发展方向必然与信息技术的发展分不开。信息技术直接催生了互联网的发展，包括稍后产生的"互联网+"与"物联网"。这些新媒介的产生不仅囊括了传统媒介的全部功能，而且形成了以参与为主要形式的互动性功能，这种互动性功能无论在线上虚拟空间或线下实体空间都发挥着重要的作用。在线上虚拟空间中，观众、读者、传承人及策展人之间都可以超越地域、时空的限制，通过利用各种终端应用程序中的留言、拍照、短视频等功能形成互动交流。这种虚拟空间下新媒体技术的应用，能够让观众便捷、迅速地掌握非遗信息，提升对非遗的兴趣，并且能够使非遗项目在广大民众中更加容易得到普及。另外，在发达的互联网科技支撑下，更先进、体积更小、更便携的 VR 成像设备被开发出来，相对于线下大型的展馆而言，节省了空间面积，扩展了空间的灵活性。如美国 Feel real 公司推出了一款兼具视觉与嗅觉一体的 VR 面罩（如图 4-13），这只面罩只需连接蓝牙或 wifi，再搭配 VR 眼镜，便可为人们打开一扇新的大门（如图 4-14），这种 VR 面罩不仅能观者欣赏到非遗项目的画面，而且能够"闻"到虚拟现实场景中的味道，这种设备不仅可运用于非遗展馆中，也因为其便携性，被大众带入生活中，运用互联网线上资源下载相关程序，并且更改展示内容及展示方式，将其任意组合搭配，增加观众的空间互动感与体验感。

在线下非遗展馆中，随着信息技术高速发展，各种新的传播媒介也被同样制造出来，为观众开创了多种感觉为一体的沉浸式空间。如斯坦福大学的 SHAPE 实验室就研究出了一种变形显示器 Shapeshift（如图 4-15），试图将触觉引入到虚拟现实技术中。它的底座搭载的是一个万向机器人平台，能自动追随观众的手在桌面上移动（如图 4-16），配合 VR 眼镜或电脑显示器，营造视觉和触觉的双重空间感受。由此，类似于这种技术的展示媒介必然会成为未来非遗展示的中坚力量，它所代替的是无法长期在非遗展示空间中，进行真人展演和精巧手工艺品制作的非遗项目，解决一些非遗项目在展馆

图 4-13 美国 Feel real 公司推出的 VR 面罩

图 4-14 VR 面罩与互联网相连接

| 图 4-15 变形显示器 Shapeshift | 图 4-16 万向机器人平台 |

空间展示中体现"在地性"及"及时性"的需求。

　　"非物质文化遗产本身就是单个人或者群体通过肢体动作、神态语言和有意识的行为完成某个传统文化事项的过程，这个过程是它的核心内容，因而，它的动态性决定了动态展示的必然性及大众参与体验的可能性。"[1] 针对非遗的展示方式及空间的选择存在特殊性，既需要在有限的空间展示中保留项目的完整性及原真性，又需要选择合适的展示手段来帮助观众营造集视觉之外，包括嗅觉、味觉、触觉及情感体验为一体多感官体验，所以在信息时代非遗传播媒介是注定要区别于其他艺术门类展览的传播媒介，它更注重的是人的体验，以人为本的理念是非遗展览的根本，无论是线上抑或是线下的媒介传播，都无不体现着这一理念，无论不久的将来信息技术如何发展，它带给人们传播媒介的革命如何强烈，都会围绕着这一方向发展，它带给人们线上、线下的体验将更加细腻，互动将更加人性，展览方式将更加个性。

[1] 杨红：《非物质文化遗产展示与传播前沿》，清华大学出版社，2017 年 10 月。

第五章 非遗展示空间的多维表达与营造
Multi-dimensional expression and construction of intangible cultural heritage exhibition space

通过上面几章中对展示空间历史脉络、空间形态及类型、空间结构的汇总和分析，提出建构非遗多维性展示空间的重要性，这一章节主要在前文研究的基础上，对非展示空间中营造方法及表达方式展开研究，通过对空间中的叙事、性格、情感以及意境等方面的探讨和分析，来构建构一种创新性的非遗展示空间模式。

第一节　非遗展示空间中的叙事表达

"叙事"一词在古代中国最早源于先秦时代，其关注点主要在于叙事文的文本性质，"叙"之以"事实"。而西方则是将"叙事"发展为一门学科，因社会发展的需要而与其他学科交叉研究，形成了一套系统的方法理论体系，其研究囊括"叙事"本身——"故事"、叙事策略以及探讨叙事过程中的行为者心理、认知等方面。因此，基于对本书的需要，将此方法理论引用到非物质文化遗产展示空间中，探讨展示空间的设计思维、叙事方法、叙事结构以及观众体验等。在非遗语境下，需要展开对借用叙事学的理论和方法解释非遗展览问题的研究，即对于如何通过叙事的语言诠释展示空间，如何在非遗展示空间中通过特定的语言来叙述故事，如何在空间中将情节、内容合理建构，以及解决这种方法有什么特色等问题展开探讨。

一、非遗展示空间中的叙事特征

（一）叙事氛围的体验与参与化

随着社会经济的发展，区域特色文化表现得越来越明显。在乡村地域环境中，乡土文化、民俗文化以及包含"家乡情"的传统技艺等逐渐成为人们寄托"乡愁"的精神文化载体，更是中华文化内涵诠释的代表。而非遗项目正是在这些具有地域文化特点的区域生长起来的，它代表了人们行动和生活的记忆，其所具有的人文精神也是通过项目本身的制作与表演进行展现的。但项目本身的"活态性"是需要"人"诠释和参与完成的，这也就要求项目的展示需要具有活态性，需要通过人的体验与参与来共同建构，所以非遗展示空间氛围需要通过体验叙事及参与叙事共同营造。在非遗展馆中主要表现在两个部分，一是为了满足非遗展示的需求，传承人以及观众参与到展示叙事中，共同呈现非遗背后的故事，通过活态的展示方式共同促进信息之间的交流与沟通。如陕北民歌博物馆的叙事设计，其需要展示的文化形态分为物质文化形态及非物质文化形态，物质文化形态通过曲谱、乐器等载体去展现，非物质文化形态则是通过乐器的生产工艺以及民歌的活态表演表达。这就需要传承人展演，观众进入展馆中聆听与互动，陕北民歌博物馆在具体的展项内容上，不仅通过文字内容来诠释，还邀请民歌代表性演唱者来现场演唱（如图5-1），从而增加展馆叙事的体验性及参与互动性。二是通过数字交互技术形成某种叙事

图 5-1 陕北民歌博物馆的代表性演唱者
现场演唱

系统，通过声、光、电等数字技术为观众营造一种可触摸、可感受、可视听的交互体验。如虚拟现实（VR）技术的应用等。再如线上数字非遗展馆，"为了使叙事有交互性，我们需要弹性的叙事流，允许用户影响故事。"观众通过"点击"动作与叙事主体、设计者、叙事内容发生联系，并在参与和体验的过程中成为展览的一分子，共同创造一种空间氛围。

（二）叙事载体中"物"的脉络化

在现有非遗展示空间中，首先进入我们视线中的往往是"人——物"这些叙事载体。基于非遗项目展示载体往往通过"过程性"及"最终成品"进行呈现，所以在非遗的叙事事件中观众看到的展览内容往往呈现某种"线性"的对物的陈列。在非遗展示空间中，需要通过"物"

来组织和编撰故事，叙说故事，诠释其中的文化内涵。如黑龙江麦秸画非遗展示馆中对麦秸画半浮雕技艺的展示，"制型—分析形体—分析比例—描图—化胶—和面—倒型—修型—刻型—底纹的处理"，等等，这一系列的制作过程在展示空间中都需要通过对制作工具及制作材料等客观"物"来展示，从而利用叙事载体中"物"的脉络来诠释麦秸画非遗技艺及文化价值（如图5-2）。同时，经调研发现，在多数非遗展馆中，一般都会以"物"作为展示的核心与主体。但"物"是各种叙事载体的集合体，具有多样性的特征，既是展物、道具，也是影像媒体资料以及交互设备。在整个空间中，"物"成为了叙事的切入点，同样在整个故事情节中扮演着"主角"的角色。而对于叙事过程中"物"的组织安排以及规划都存在一个清晰的脉络，它是表达主题的陈列品，也是诠释核心价值的替代品，还是与"人""事""像"共舞的媒介符号。总之，"物"在叙事空间中，通过系统的组织安排、

图5-2 麦秸画半浮雕技艺制作过程中的和面技艺—倒型技艺—修型技艺—刻型技艺

穿插连接等方法来渲染着空间氛围，演绎着空间主题，传达着展示信息，创造着独有的风格语言。

（三）叙事视角的多元化

在展示空间中，非遗展览的策划如同小说的写作、电影的拍摄，其叙事的逻辑及叙事结构都是经过精心设计的。而如何在展示空间中讲好"故事"，如何让非遗"故事"更贴近生活，更加体现其活态性，视角的选择显得尤为重要。策展者及叙述者需要站在什么样的角度去观察和阐述故事，利用何种方法给观众讲解故事，如何讲好故事，这都是叙事视角需要呈现并解决的问题。基于非遗项目的繁杂性以及种类的多样性，非遗展示的叙事视角逐渐变得多元丰富起来，空间中的展品、媒介元素都成为叙事视角的承担者，需要共同在一个故事情境下让观众去认知、感受。正如杨义所描述的："所谓语言的透视镜或文字的过滤网，就是视角，它是作者和文本的心灵结合点，是作者把他体验到的世界转化为语言叙事世界的基本角度，同时它也是读者进入这个语言叙事世界，打开作者心灵窗扉的钥匙。"[1] 所以说叙事视角是一个综合衡量单位，是故事的枢纽，是展览中的重要因素。非遗展览中，叙事视角的选择主要归类为以下两种：

一是人称指代性视角，也就是说，作者是站在第一人称、第二人称或者第三人称角度讲述故事的。这种人称叙事的优点在于观众的接受度非常高，观众在看到展览的主题及展览的内容时，拥有某种难以言语的亲切带入感。如苏州非物质文化遗产馆通过第三人称叙事视角讲述"市井生活的一天""岁时节令的一年""人生礼仪的一生"等（如图 5-3）。

二是二元叙事视角，二元叙事视角指的是在非遗展览中，为贴近生活，使非遗空间 "活化"以及"层次化"，展示空间在一元或单一叙事视角的基础上，将故事的线索以及情节按照两条线路进行，这

[1] 杨义：《中国叙事学》，人民出版社，1997 年 12 月，第 191 页。

样就突破了单一的叙事思维及观念，如采用空间——时间叙事视角、社会文化—科技叙事视角、主题——历史的叙事视角、全知——限知视角等。这些叙事角度都是从两条线索同时进行的。如湘西非遗馆中的土家馆和苗族馆，土家馆中采用时间——空间二元叙事，即"土家节——婚庆仪式"两条主线，巧妙的将土家族的非遗项目串联起来（如图 5-4）。而苗族馆则是采用了限知视角，利用限制性主观视角——"情谊"作为苗族馆的主题，将非遗项目中的表演类、传统技艺类、口头传承类为叙事依据，通过"祖先叙事""歌舞狂欢""艺夺天工"等主题章节进行故事的讲述，辅以动态与静态的空间转场，让观众体验到不同的场景变化以及故事情节的跌宕。

图 5-3 苏州非遗馆中"人生礼仪的一生"展项　　图 5-4 湘西非遗馆——土家馆展项

二、非遗展示空间中的叙事模式

（一）形式隐喻模式

"形式"在此文中意为方式、方法。在非遗展示空间中，对叙事内容的阐释，往往会通过展览陈列中展示手段及展示方式将隐形的内容投射出来，这往往通过建筑设计手段及陈列手段来表现。在建筑设计实践中，空间设计语言会隐匿的参与到叙事之中，通过隐含的符号表达审美意象。如中国丝绸博物馆中的建筑空间形态设计，整个展馆由五个分馆构成，以丝路馆为中心，按照江南园林设计原理，曲径通幽式的分别建成时装馆、修复馆、织造馆、桑蚕馆。其中丝路馆以"锦城：中国丝绸与丝绸之路"为线索展示中华五千年的丝绸文明史；桑蚕馆以中国蚕桑丝织技艺为主要的展览内容，讲述栽桑、养蚕、缫丝、染色和丝织等整个过程的生产技艺；织造馆通过织机模型的陈设来讲述几千年从原始腰机到花本提花机的发展，以此来歌颂中国人民丰富的想象力及巧妙的设计；修复馆通过向观众展示文物修复的全过程呈现高超的文物修复手段；时装馆以时间为线索，展示百年来中国服装经典的款式、面料及艺术风格，从而弘扬中国时装设计的独特魅力。通过五个分馆的建筑外观形态我们看出它们都是丝路馆在空间形态上的延伸，时间上的承接，并通过造型上开放性的叙事手段以及隐形的形态语言来完成展览的叙事表达。中国丝绸博物馆通过建筑外观形态设计的连续与承接，已经隐匿的参与到了整体的展览叙事之中。

（二）意象重组模式

"讲述"是信息传播的一种模式，在非遗展示空间中，"意象重组"的叙事模式是指观览者受主观因素或外界因素的刺激，如图片、文字、视频等，将头脑中想法、记忆、情感等进行重组，形成的思维性图像。"意识在这里显示出把两个分开的现象结合为一个概括形象的能力，把两个静止的阶段结合为运动形象的能力。"[1] 整个展示过程是一种运动活动，通过不同角色的人的意识产生不同的事件、情感、回忆、意象等，并通过现有的展示陈列资源，在不同的观众、设计者、策划者头脑中形成的不同的叙述模式，在非遗展览策划中，通过主题、情节的并置阐释非遗展览内容是最为常见的思维讲述模式。如杭州手工艺活态馆，整个场馆由沙厂改建完成，建筑风格继承了民国时期厂房的风格特征，主题设计风格也是非常的巧妙，每个主题之下增添了独立的舞台性展示，可以说是"一物一景""一事一景"。在整个展馆空间中，

---

[1] 爱森斯坦：《蒙太奇论》，中国电影出版社，1998 年，第 120 页。

主题是整个场馆叙事的灵魂和纽带，各个子空间扮演着"情节"的角色，由"开端—发展—高潮—转折—结局"等空间构成线性并置的叙事模式，在观众眼中，展线可以是互换的，各个子空间中不存在因果的时序性，观众根据自己的思维意识来完成参观（如图5-5）。同时，这种叙事模式给观众更多的自由空间，观众可以发挥主观能动性，开寻找自己的新鲜感以及感官刺激。"通过导引系统，观众可事先获得对展示架构的初步认识，为后续的自行探索做好准备，将脑中的先前概念启用于展场空间，并在确认和调整后形成新的概念。"[1]整个场所是有多条并置情节线索的，观众在参观之前头脑中会有预先设置的参观路线及展馆意象，空间的并置思维手段使观众能够自由地穿行于子空间之中，即使漏掉一个事件也不会影响整个参展脉络及逻辑性，也不会影响空间主题的完整性。所以，通过这种策展思维的讲述使整个非遗展

图 5-5 杭州手工艺活态馆空间思维叙事模式

示空间中的"活态性"充分体现出来，对于非遗活态性展示提供了全新的策展思路。

（三）多景复合模式

基于非遗项目展示的复杂性及特殊性，展示策划中往往存在主体

---

[1] 徐纯：《"以人为本"的博物馆展览之道》，科学教育与博物馆，2019年第1期，第7页。

多元、空间复杂、情节复杂等问题，如民俗文化习俗、传统表演艺术等项目，其项目本身的生存环境就是复杂多变，项目的展示更需要一个完整的文化空间，这也就决定了在非遗展示空间中需要还原一定的展示场景，来完成时间、地域、情节、程式化动作等，由此不同场景的建构在展示空间中形成了多元融合的叙事模式，这正如对艺术史的叙述，需要从一个相关的空间跨入另一个空间，类似于用叙事的方式解读艺术史发展的轨迹，一厅一章节，不脱轨于对主题的描述。场景或冗繁或复杂，但最终都融合到同一个主题情境之下。如中国丝绸博物馆——丝路馆中的空间叙事，在"兼收并蓄"这一主题下，策展人将一个具有影响颇深的历史事件浓缩在主题性单元空间下。

图 5-6 中国扇博物馆中的场景还原

例如"礼制煌煌"部分的展示设计，根据意大利西北部的 Govone 城堡形态浓缩复制在中国样态的房间中，阐释中西方丝绸文化交流与融合的成就。再如中国扇博物馆在展示中国扇业的主题下，将中国地方扇文化通过场景塑造的形式陈设在博物馆空间中（如图 5-6），通过各个地方的场景空间形态来达到叙事的目的，共同营造中国特有的扇市和扇庄，进而阐释中国各地不同的扇文化特色。

三、非遗展示空间的叙事结构

非遗展示空间的叙事结构如同文学作品、电影作品中的叙事一样，指的是整个展览中具体的排布构造、内容形式、情节结构等，整个叙事结构同样需要主题、情节等构成。

（一）线性时序叙事结构

线性叙事结构是指在非遗展览中，以时间为线索，对整个展览进行故事情节的描述，将展示空间的设置转换为按照时间进行编排的叙事过程，例如将各个民俗活动按照时间的流程进行知识点的叙述，或者按照时间的先后进行历史事件的综述等。简言之，叙事空间是按照时间的展线进行空间序列的设计。正如历史博物馆中常见的方法，将"'历史性'展览方式以时间为主线贯穿人类的文明和文化，将一些无可怀疑的物证逻辑地组合在一定的主题之中，脉络清晰地呈现在观众面前，使观众通过视觉直观地感受作为历史序列的展品在时空中的位置。"[1] 所以，线性时序的叙事结构更像是在表达某种时间的流动。如中国昆曲博物馆中，以昆曲的发展为纵线线索，描述昆曲史话。在空间序列的设置上，将晚清民国昆曲，新中国昆曲的叙事从空间序列上进行排列，并加入了音响视听互动项目，提高观众的体验感和参与度（如图5-7）。最后，在结尾通过与现代生活密切相关"昆曲乐器与服饰展"作为展览的结束部分，让观众有始有终的认识昆曲的发展脉络。如中国丝绸博物馆的分馆丝路馆的展示叙事结构，整体的展馆采用环形线性叙事，整个展馆以中庭为中心，环形的展线描述了中国的丝绸及丝绸之路，展厅从序厅开始，叙述了从新石器时代到宋辽元时期丝绸的发展历史，每个独立的单元采用隔断进行空间形态的分割，

图 5-7 中国昆曲博物馆视听体验图

并进行视觉空间上的划分，以便支撑整个展览的历史线索，让观众在环形展线的安排下进行时空的穿梭和比较，同时巧妙地利用中庭的现

---

[1] 严建强，胡群芳：《博物馆展示中的时间因素及其变化》，中国博物馆，1998年第2期，第86页。

代设计作为展览环绕的中心，营造一种古代与现代穿梭之感。

（二）分层叙事结构

分层叙事在非遗展示空间中指的是展览主题及内容信息量庞杂，需要对相应的内容进行不同线索、不同角度的叙事，这就需要在整个展览中引出几条展线，对展览进行不同层次和结构的叙事。如在非遗展览中以"物"为展示线索，用"物"来进行内容的展示和诠释。如中国丝绸博物馆的分馆——织造馆，整个展览展示了各个历史时期的织机，并没有太多文字的解释，传承人可以在织机上进行技艺的展示，观众通过织机这"物"的存在进行对比，从而了解织机的发展脉络及进化历程（如图5-8）。再如南京非物质文化遗产馆中，对非遗项目并没有进行主题性展示，只是将非物质文化遗产根据种类和类别进行

图5-8 中国丝绸博物馆织造馆中织机的展示　　　图5-9 南京非遗馆中的主题性展示

了分层展示，每个种类设置了单独的展示场所。传承人可以进行现场技艺以及制作成品的展示，观众通过现场制作，了解非遗项目，认识非遗各项目之间的区别，以此引起不同人群之间的兴趣点（如图5-9）。这种叙事结构可以归类为"行为"分层叙事。同时，分层叙事结构还包括"数字"体验类分层叙事，如南京博物馆中的"数字馆"。整个场馆没有实体的"藏品"，展品及展示内容全部用数字化的影像替代，进入这一场馆中观众获得的是更多的体验感及参与感，如对"南都繁会"的数字化展示（如图5-10），通过数字影像及触摸技术展示古代

繁华的市井生活，刻画了人们的喜怒哀乐、民俗活动、生活起居等，观众可以根据自己的兴趣点逐层的进行浏览，通过数字化的处理，观众也可以对展示内容进行分层的学习和认知，增加展示的乐趣及容载量，这种展示形式，对民俗节庆类非遗项目的展示具有很大的启发和借鉴意义。综上所

图 5-10 "南都繁会"数字互动体验

述，针对非遗项目展示空间的需求及展示策划的原则，分层叙事结构具体可以分为以"物"为主的分层叙事、以"行为"为主的分层叙事以及"数字"类分层叙事。

（三）"二元"叙事结构

将"二元"叙事放入非遗展览中，其是指在展馆空间中有两条线索或者两个层级来进行"故事"的讲述。在一个大的主题背景下再细分出若干小的主题，并且相互之间具有"情节"性的安排，通过叙事文本将其统一到整个展示空间主题下。这种叙事结构在展览中突破了单一的叙事方法，一方面能够为非遗展览的繁杂内容进行系统的规整和条理性的梳理，另一方面还能满足公众了解不同展品背后的故事，为非遗展览提供新的展示方法及思路。再者，以"时间"为线索的叙述可以帮助观众从另一角度理解建筑空间的结构逻辑，传递了多于空间的"形式"的信息。如苏州非物质文化遗产馆的展陈策划，整个场馆依据苏州的地域特色及非遗项目种类进行了"主题——历史"二元叙事策划，如下图表所示（如图 5-11）：整个场馆以"光耀历史的一刻""市井生活的一天""岁时节令的一年""人生礼仪的一生"和"生态苏州的一城"这"五个一"的策展来对展览进行主题划分，并在"五个一"的主题下以时间—空间两个维度进行分主题的论述，描述了苏州丰富的非遗资源及非遗特色。这样的策划理念及策划逻辑贴近大众

生活，能够帮助观众以轻松、明了的心情及心态来参观展览，观众在
整体的故事讲述过程中能够对展览内容进行充分的理解和认知。

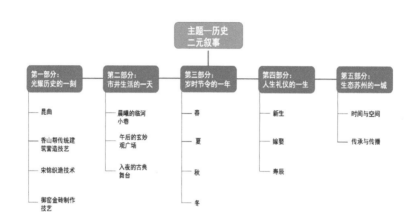

图 5-11 苏州非物质文化遗产馆"二元"叙事结构

第二节　非遗展示空间中的性格表达

一、材料在非遗展示空间中的设计特质

　　材料是空间建造的基础，学术界曾将对材料的逻辑研究归结为是
对"材料系统"的研究，在整个系统中，不仅只是对材料质感、肌理
的研究，还包括对其形态以及承受荷载等的研究。密斯针对材料提出：
"所有的材料，不管是人工的或是自然的，都有其本身的性格。我们
在处理这些材料之前，必须知道其性格"。[1] 利用材料本身的特质进
行空间的营造，使其更加符合材料本身的属性。在非遗展示空间中，

―――――――――
[1]《大师》编辑部：《建筑大师 MOOK 丛书：密斯·凡·德·罗》，华中科技大学出版社，2012 年。

利用材料其本身的物性来影响和塑造空间。

首先，利用材料其特性塑造非遗展示空间中的情感回归。无论是传统材料还是现代材料，运用在建筑整体或者局部构造上的形式越来越多，结合其表层的肌理和质感，营造多重视知觉，进而诱发情感的反应。如富有朴素诗意空间的葡萄牙的葡萄酒博物馆，位于葡萄牙北部的杜洛（Douro）地区，该地区是世界上最古老的葡萄酒产区，这里保存着最古老的酿造工艺及传统酿造知识，此博物馆修复原有半覆土建筑，成为博物馆主要的展示空间，整个空间通过棕色锌的凹形玻璃钢结构以及带有纹理的木材与现代钢筋混凝土材料一起构成该空间的朴素风格，并在旧有的建筑形体上赋予新的形态，呈现新的面貌，突出展示空间的独有的性格，以此表示对传统工艺尊重，唤起人们情感的回归，让传统工艺在现代技术发展的时代得到延续和回忆。

其次，材料特质的发掘与利用是对空间意象的表达。展现在人们眼中的空间是由各种形态不同的装饰材料组合而成，设计师通过对材料的加工而完成空间意象的塑造，这种意象从一定程度上来讲更是一种通过材料自身特质而领会的知觉感受。如通过材料的湿度、气味、肌理、色调、温度等让人感受到建筑空间之美。同时，不同的材料经过设计师的构思传达出不同的审美风格，在物质形态的框架结构下融入材料元素而形成具有差异性的视觉空间感受，带给人们不同的印象与思考，进而引起空间中人与环境的共鸣。

最后，材料在展示空间中的应用是对地域文化的符号性表达。材料作为大自然馈赠给人类的礼物，有其生命的意义与特征，这种特征是地域文化环境所赋予的，正如建筑大师赖特所言："自然，在经过挖掘之后，将成为建筑的装　饰品。"[1] 在非遗展示空间中，寻找非遗的地域文化特征除了展品本身的特质　之外，空间营造中所用的材

---

[1][英]理查德·韦斯顿：《材料、形式和建筑》，范肃宁，陈佳良译，中国水利水电出版社，2005年，第124页。

料则成为最有力的物质性表达载体，它们通过本身所具有的色彩、质地以及地域气味来诠释地域特征，进而与场所环境形成互动，延续地域文脉。如江苏泰州的中国评书评话博物馆（如图5-12），整座建筑群分为一筑三院一园，建筑立面借鉴泰州民居的山墙、屋脊、黛瓦、檐口等建筑元素，采用清水混

图 5-12 中国评书评话博物馆

凝土或清水砖成形，与当地的地域特征形成互动，通过"原型"到新"类型"的研究来找寻泰州民居环境的情愫，是"新地域主义"理念在中国的诠释。

二、色彩在非遗展示空间中的演绎

《考工记》中曰："识色之工，谓之制"，在中国色彩应用文化体系中，这是最早关于色彩的记载。学术界对色彩研究一般分为三个方向，一是关于物理方向的认识；二是关于色彩心理揭示；三是站在人的角度解释色彩的感知与审美。在新博物馆学理论体系下，空间展示更加注重观众的感受和需求，非遗展示更是强调以"人"为核心的活态展示标准。色彩作为展示空间性格的表达元素之一，本节将重点研究色彩在展示空间应用中所产生的无形影响以及带给人的感知。

（一）通过色调的搭配来演绎空间场域

传统的色彩体系为五色体系，青、赤、黄、白、黑为最纯粹之色彩，色彩体系中包含了中国阴阳五行的哲学思想，在空间设计的运用上建构了系统的色彩秩序，承载了中国传统的文化思想。在展示空间中，设计师通过色彩的基调将物质形态的载体连接，通过色彩传达主题，

表 5-1 非遗博物馆场域中的色彩搭配

展馆名称	色调组合	搭配要点	表现特征	示例
南京云锦博物馆		主要色调为黄红色颜色，用褐色与白色进行点缀	用红黄色来代表云锦时尚、高贵以及精妙绝伦的手工技艺，更是对历史的一种尊重	
苏州民俗博物馆		主色调采用鲜红、淡黄、灰色为主	用鲜亮的红色用来表示节日的喜庆，同时在空间中采用当地民居建筑色调，以此来表现民俗节日的地域性	
苏州评弹博物馆		以黄色调为主，用红色及灰黑色搭配	整个场馆空间借用当地古建筑进行活化的展示，重点展示评弹发展的历史，采用淡黄色基调以表示对历史的尊重	
中国刀剪剑博物馆		以灰色的冷色调为主，橘红、黄色分别作为背景和点睛之用	以橘红色为主要展板背景，以此来衬托刀剪剑的冷静、锋利的感觉	

表现风格，解释非遗项目中所暗含的深刻内涵与地域情感。通过调研全国的非遗馆发现，每个场馆主题的表现都有一个主色调，场馆中不会超过 5 种颜色，通过色调来诠释非遗主题，通过色彩逻辑诠释非遗项目，用无形的色彩语言建构起空间中的风格与情调。如表 5-1 所示，在非遗这几大类项目的展馆中，红色与黄色是常用的基本色，一是为了吸引观众的注意，让观者在整个场域环境中能够感受到温暖和热情。二是为了诠释展示内容的主题，如苏州民俗博物馆，为了展示中华文化的民俗节庆的喜庆与祥和之像，无论是展板还是展台，大红色的基调都是整个场馆最为常见之色。而像传统手工技艺类的中国刀剪剑博物馆，为了凸显刀剪剑这类展品的属性，所以整个场馆采用了冷灰色色调进行装饰。由此可以看出，两种不同类别的非遗项目，通过色彩的设计与运用，可以产生不同的场域色调，从不同层面来渲染和提升

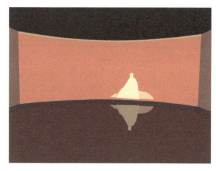 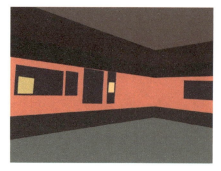

图 5-13 红楼梦馆运用色彩划分空间界面　　图 5-14 中国刀剪剑博物馆运用色彩划分
空间界面

整个场馆的质量。

（二）运用色彩来划分空间界面

非遗展示是一项繁杂的设计项目，对空间造型的设计更是需要借助外在的因素来完成界面的划分，色彩就是其中要素之一。在多重多样且造型繁杂、展示道具颇多的空间中，我们需要通过色彩来进行视觉上的划分，如同一块不同造型的展示背景墙，如需要达到一种杂而不乱的现象，就需要将空间界面用色块进行区分与归类。通过归纳总结我们可以发现，背景墙、展柜、地面、装饰墙、天花板、展览文字、标题等都是在统一色调下的不同色彩的搭配。如江宁织造博物馆中的红楼梦馆的入口（如图 5-13），通过大的色块表达一定的空间感与仪式感。而中国刀剪剑博物馆的展厅内部通过色彩将各个界面进行秩序化的区分，使空间达到一种均衡稳定的态势（如图 5-14）。正是这些色块的合理化运用，才让整个展示空间统一协调而不杂乱，这在一定程度上与观众视觉感知达成"共识"，辅助展示内容的呈现。

三、非遗展示空间中的声响设计

声音的审美意识是通过声音的艺术体验所积累的，声音的艺术体验同样又是养成声音审美意识的基础。人类与声音的历史由来已久，从人类在地球上出现，声音就开始被熟识，人类从大自然中分辨出了天气、环境以及所有动植物发出的各种声音，并将其作为认知对象，开始建立对于自然环境和声音环境的认知，为听觉的审美感知打下了坚实的基础。在人类发展的进程中所制造的多种类别的声音，工业化机器大生产所产生的噪音，构成了人类对于社会的听觉感知。无独有偶，人类在生产和生活的过程中，同时又产生了对于听觉的艺术审美认知，使声音变成了一门艺术形式，开始让人类重新认识了声音，同时开始对于声音进行了更深入的思考，在欣赏与聆听中形成了声音的艺术美学概念，从此人们在听觉审美和听觉意识中不断提升认知突破自我。

非遗展示设计中的观众听觉体验是非常重要的，在一个完美的非遗展览中，对观众的审美刺激不仅只有视觉，还必须要加入听觉的刺激，声音环境可以给观众带来互动体验更加逼真的感受，它可以将观众从真实空间，带入虚拟空间，并使其在虚拟空间的交互中产生身临其境的错觉，这种交互体验可以综合视觉、听觉、触觉以及观众的意识想象，将多重感觉融入一身，增加观众的审美体验深度。非遗展示空间的声响展示设备由无线解说设备，背景声音播放设备等组成。

在复杂多变的展示空间中，根据不同的要求，为了达到不同的展示效果，各种设备也会相应增加或减少。并且根据空间环境的要求，对于各种用于声音播放的设备及仪器也都会进行调试，以减少噪音的影响及增加声音的临场感。如产生噪音的空调设备，需要对其进行出风路线的单独设计，以保证不同的气流噪声不会对整个声音系统造成过大干扰。又如，对于空间内音箱位置的设定，在保证对空间结构不进行破坏的基础上，产生立体声的效果，以模仿客观世界的真实声源之音，以提高观众的听觉审美体验。客观世界中，声音无时无刻都充斥于我们的耳畔，是连续不间断的，物质世界中没有绝对的静音，但声音是由时间性和空间性的，它们是重叠在一起不可分割的，是各种声音要素的集合体，我们无法从已知的听觉体验中将其单独剥离，从另一种角度讲，声音的时间性和空间性是相互依存的关系。

从时间角度来看，在非遗展示空间中通过对声音的编排设计，我们可以完成一场戏剧性的符合逻辑的叙事"冥想"，当其与视觉元素进行结合之后，它使整个展示空间得到了丰富，丰满了视觉元素所无法尽数表现的叙事时空，并且在观众的内心深处激起层层涟漪，在情感体验方面得到了升华，所以说听觉关于时间性感知从本质上讲是某种时间与空间的综合感。

在非遗展示空间中，声音对于空间的加持也是友好的，在空间中也会拥有多种奇特的声音环境体验，从而加深观众对于展示空间结构的认知度。如在众多的非遗馆、博物馆中的穹幕电影，观众观看的空间展厅顶部为圆顶式结构，并将其作为银幕，形状呈半球形，观看的过程中观众位于穹顶的正下方，被整个银幕包裹其中，穹幕电影也因银幕如苍穹而得名。穹幕的整个球形弯曲面可以聚集声音，反射声音强烈，圆顶的物理结构可以很好的将声音聚集其中，并能够将声音放大汇拢，最终反射到观众的耳中。再如瑞士建筑师彼得·卒姆托（Peter Zumthor）描述关门时对声音的想象："有的关门声饱满而神气，有的发出单薄粗鄙的咔哒声，还有的关门声猛烈，经久不息，动人心魄……此类记忆中包含了我所知晓的最深刻的建筑体验。"[1] 从这句话可以看出准确描述空间声响的效果，也能够完美的描绘出具有显著特点的空间设计造型样式。通过这两个不同的例证我们可以看到，对于描述空间中的声响，必须要有时间的因素作为支撑，无论美妙的音乐抑或是噪声，都将有一个时间的跨度使其充分展示，所以我们可以说声音的时间性和空间性是共生共存的依存关系。

---

[1][瑞士] 彼得·卒姆托：《思考建筑》，张宇译，中国建筑工业出版社，2010 年版。

非遗展示空间中的声响设计，不仅需要考虑展览对象的审美形象，同样需要考虑视觉、听觉、触觉的综合体验，在把握声音时间性与空间性的基础上，深化观众的审美体验，以便在听觉审美和听觉意识中获得更高的突破。

四、非遗展示空间中的光照设计

在非遗展示空间中光照设计是营造展示环境的一个重要因素，对光照设计的参数在建筑行业内已有相关参照的标准，如《博物馆建筑设计规范》（JGJ66-91）、《民用建筑照明设计标准》、《工业企业照明标准》以及国际照明委员会 CIE 关于博物馆照明设计的标准等。这些对于在展示空间中照明技术提供了一定的标准参数。同时，根据展览的主题、展品的需求以及对观众的感官刺激等，光照设计表现出不同的特点和变化，更是在不同的环境中影响着空间，使空间变得丰富而具有层次。此节中，我们主要分析技术运用和光照环境影响。

在非遗展示空间中，需要掌握场景环境以及展品对灯光技术的设计要求。对于非遗展品而言，空间中有很大比例的展品都是通过精湛技艺制作出来的成品，需要适宜的光照参数才能将作品的艺术价值及审美价值体现出来。同时，合理均匀的亮度及光照色度能够将展品精彩的部分突现出来，提高展品的品质，吸引观众的视线及注意力。因此，根据根据国际照明设计标准，需要对设计中空间中的灯光进行一定的规范和约束，像织造物、刺绣作品、纸质物品、染色制品等对照明的要求需要控制在 50lx(lx: 勒克斯，光照度单位) 范围以内，银制品、牙雕、木雕、玉器、漆器、竹制品等需要的光照度需要控制在 150lx 以内，这些制品对光的要求属于敏感物品，而像玻璃制品、珐琅器、陶瓷制品、金属制品、石器等对光的要求可以控制在 300lx 以内，如

表 5-2 所示。

表 5-2　展馆空间灯光使用的规范及约束

光照层级	展品类别	光照参数	推荐光源
高层级	织造物、刺绣作品、纸质物品、染色制品、彩画、图片等	≤50lx	双涂层荧光灯为主、色温约为2900K
较高层级	银制品、牙雕、木雕、玉器、漆器、竹制品、编织品等	≤150lx	双涂层荧光灯为主，色温约为4000K,需要经过严格过滤的日光
一般层级	玻璃制品、珐琅器、陶瓷制品、金属制品、珠宝、石器等	≤300lx	色温4000到6500k的荧光灯、白炽灯、经过控制的日光

　　在展示空间中，光照设计以其特有的优势及特点对空间色调及氛围的渲染起到了重要的作用。正如德国巴斯鲁大学心理学教授马克·露西雅（Mark Lucia）在谈及用光的艺术时曾说："与其利用色彩来创造气氛，不如利用不同程度的照明，效果会更理想。"[1] 换句话说，空间中光照的作用使展示主题表现的更加突出，风格会更加明显。通常情况下，通过各个灯光设备的利用会形成某种色彩的基调，这种基调是氛围产生的前提，如民俗类博物馆中通常采用传统喜庆的色调，灯光一般采用暖光为主要色调，部分区域配以其他颜色，以便可以缓解观者的视觉疲劳，创造良好的视觉感知环境。如在展示中国伞博物馆中的"中国伞文化"主题下的"祭祀与崇拜"的这一内容时（如图5-15），整个空间采用蓝色的昏暗色调，

图 5-15 中国伞博物馆——"中国伞文化"主题

[1] 倪敏：《室内空间中照明设计对环境的影响效果》，中国科技信息，2011 年第 12 期，第 137 页。

中国非物质文化遗产展示空间研究

营造了一种古代先人通过伞这一构造物与天相接，与天相通的愿望，观众走进这一空间中仿佛能够感受到超自然的力量，通过光环境深刻的体验到神秘的宗教色彩，由此也达到了展示的目的。

第三节 非遗展示空间中的情感表达

一、情感在非遗展示空间中的作用

情感的产生是人类与其他动物的本质区别，是人类进化的必然产物。在当代，对于情感的理解多从人类本身出发。林崇德在《心理学大辞典》中所讲："情感是人对客观事物是否满足自己的需要而产生的态度体验。"[1] 所谓的情感就是作为主体的"人"形成的对于客观世界的体验与感受，并且在情绪与认识的作用下，对于客观世界的主观反应。《数理情感学》中将情感分为了9大类："1. 根据价值的正负变化方向的不同，情感可分为正向情感与负向情感。2. 根据价值的强度和持续时间的不同，情感可分为心境、热情与激情。3. 根据价值的主导变量的不同，情感可分为欲望、情绪与感情。4. 根据价值主体的类型的不同，情感可分为个人情感、集体情感和社会情感。5. 根据事物基本价值类型的不同，情感可分为真假感、善恶感和美丑感三种。6. 根据价值的目标指向的不同，情感可分为对物情感、对人情感、对己情感和对特殊事物情感等四大类。7. 根据价值的作用时期的不同，情感可分为追溯性情感、现实性情感和期望性情感。8. 根据价值的动态变化的特点，可分为确定性情感、概率性情感。

[1] 林崇德：《心理学大辞典（上下）》，上海教育出版社，2003年，第12页。

9.根据价值的层次的不同，情感可分为温饱类、安全与健康类、自尊类和自我实现类情感四大类。"[1]

　　从上段的论述中可看出，情感的主体是"人"，情感的产生是以"人"感知客观事物为始，通过听、视、嗅、触、味五觉感触，对信息进行主观分析，在脑海中产生最初印象，随之唤醒深埋的记忆，通过两者有机组合，产生对客观事物的朦胧意识，这种意识通过聚变反应，最终形成情感（如图 5-16）。所以看出情感的产生是新、旧两种意识碰撞组合的结果，这里的碰撞与组合是在情感主体中普遍存在的，这种普遍存在的特性，就会生发出艺术共鸣这一特殊的心理现象。艺术共鸣是观赏者通过视觉、听觉、触觉以及味觉等感觉器官感受作品时，所产生的对艺术作品独特而愉悦的情感，这种情感通过作品的艺术形式、表现内容以及创作背景等因素触发，同时与观赏者的人生经历和价值观也有较大的关系。艺术共鸣的产生，是沟通非遗传承人与观众情感极为重要的手段。

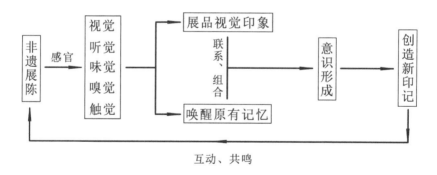

图 5-16 非遗展示空间中情感产生的路径

　　在非遗展览中，艺术共鸣主要来源于非遗展示空间的展览策划者、设计者和传承人的艺术"理想"与观众观展后的艺术审美享受和情感

[1] 仇德辉：《数理情感学》，湖南人民出版社，2001 年版，第一章第七节。

体验之间的碰撞。这种碰撞能否产生火花，取决于展览策划者、设计者与传承人对情感把控能力的高低。艺术共鸣的产生是连通两者的重要纽带，对于情景的营造是产生艺术共鸣的关键因素，而情景的营造又依赖于情感对于展览空间场景的催生。所以对于非遗展览策划者、设计者与传承人在展示空间中运用"情感"的最终目的恰恰是对展览空间情景的营造，这种营造有"先天营造""后天营造"之分，"先天营造"是对展示空间设计中的现实场景而言，是客观的物质基础，而"后天营造"则源于观众内心。在"后天营造"中，展示设计起到的是定向引导、抛砖引玉的作用，通过观众的想象，在心中营造一个关于非遗展示的三维空间，这种"后天营造"的想象空间，对于每位观众是唯一的，它激活的是观众内心的潜意识，在潜移默化中引导观众进行着对艺术及传承美的情感体验。情感体验是作为体验主体的观众对展览内容等体验客体的一种感知，观众通过对心理情感的疏导，伴随着喜怒哀乐等情绪的掺杂，在观看非遗展览的过程中，对非遗展示的内容与展示空间环境的感知引起的心理上的微妙变化，它是由观众潜意识中的原有记忆所引发的对体验主题的特殊心理情感反应。通过这一系列复杂的心理情感变化，完成了一次完整的观展过程。

对于非遗展览策划者、设计者和传承人而言，情感是营造情景的目的，同时对于观众而言情景的营造又带给他们完美的情感体验，通过两种情感的碰撞，产生了艺术共鸣这一特殊的心理现象。所以对与非遗展示而言，情感是两者沟通的纽带，是指引大众了解非遗项目的精神桥梁。

二、情感在非遗展示空间中的表达方式

情感表达作为非遗展览过程中的一个重要元素，它不仅能使观众与策划者、设计者和传承人产生艺术共鸣而且能够展现展览的思想内

涵和主旨。在展览中运用独特的设计手法和设计样式，通过特定的画面效果充分的表达出展览意图、创作理念、思想情感。

准确的思想情感的表达对于设计手法和样式有较高的要求，思想情感的表达是对整个展览空间合理布置的内在动机，它是赋予展览以灵魂不可缺少的手段。就展览策划者和设计者而言，他们会把客观物象、民俗活动等作为参照对象，通过艺术加工，在参照对象的基础上加入主观创作理念，将其与非遗项目的传承精髓相契合，这种主观的创作理念就是情感的物质再现，这种再现最终使整个非遗展览呈现出鲜明的非遗感情色彩。

非遗展陈与博物馆、艺术馆展陈最本质的区别就体现在对情感的深度刻画中，博物馆和艺术馆的展览，多以"物"为中心展示，它带给观众的情感体验多为展品背后的故事所激发出的思想寄托。而非遗展陈给策划者、设计者和传承人更多的自由，他们用静态的展板、事物等的"物"来抒发情感；也可以用多媒体的虚拟现实技术（Virtual Reality，缩写为 VR）让人们通过人——虚拟环境交互式体验、群体——虚拟环境交互式体验和非交互式体验等沉浸式体验来直抒胸臆，直接而真实的向观众表达自己的思想意趣，引导观众的情感指向，并与之产生交流；更可以直截了当的运用传承人的活态展演，让观众融入展陈之中，成为展览的一部分，这种真实情感交流所带来的情感体验更甚于前两者。

非遗展示空间中的情感表达另一个重要元素为"互动"，在不考虑非遗展示内容本体所传达的信息之外，展示活动还具有两种力量对其进行内容与形象上的支撑，一方面，科技高速发展之下的新技术运用，对提高展示的美感、品质及交互性起着不可替代的支撑作用，这一特点在整个非遗展示活动的历史沿革中已经愈发明显也更加突出。另一方面，非遗展览越来越关注观众的情感体验，这是非遗展览理念的再创新，也正是因为在非遗展览中"人"与内容本体之间的特殊联系，所以导致交互体验式的展览方式得到了广泛的推广及运用。"通过展示中设置的实体接触、虚拟对话、片段体验等交互环节，以及专门面向青少年儿童、年轻大众等特定人群的交互设计，引导参观者产生沉浸其中、主动参与的动机。"[1] 这种自主选择式的交互展览方式，正体现了观众对非遗展览情感的输出（如图 5-17）。对于观众而言，他们甚至会放弃按部就班的参观整个展览而选择更占用时间的互动体验，因为这种体验方式会增加他们对于整个展览的乐趣，而也恰恰是

图 5-17 浙江省博物馆中的情感表达

每位观众情感的输出行为，使整个非遗展览空间显得更加趣味横生，让整个非遗展示空间摒弃了一成不变的枯燥感，加之丰富多彩的空间穿插，让观众能够在整个观展的过程中保持长久的新鲜感，具有较高的趣味性，在寓教于乐中将观众与展示空间融合在一起，更加深刻的让观众感受到非遗展览的理念所在。

对于真人展演而言，非遗展览的理念则展现的淋漓尽致。在真人展演中，要求非遗传承人要将自己真实的思想感情和创作意趣灵活而巧妙的融入到演出或者是创作中去，并保证每一次的展演或创作都是成功的，以此将非遗传承的精髓完美的展现在观众面前。传承人的每

[1] 杨红：《非物质文化遗产展示与传播前沿》，清华大学出版社，2017年，第10页。

一次展演都是饱含感情的，并且在整个过程中都是倾尽己能与观众互动，帮助观展观众熟悉非遗的传承项目及其制作技艺，培养观众对非

图 5-18 杭州手工艺活态展示馆情感表达

物质文化遗产的兴趣，在整个过程之中亦可售卖手工制品等纪念衍生品（如图 5-18），使得非遗展览在大额的投资之下能够得到更多的宣传及回报，而这种真人展演的活动模式不仅能够让观众互动更避免了大众对非物质文化遗产认知度的浅薄。苑利认为，传统博物馆展示模式无法告知遗产的制作工艺与流程，使人知其然而不知其所以然，从而影响了观众的认知度。[1] 所以对于非遗传承人倾注情感进行的非遗展演不仅增加了这种互动性而且对于提高非物质文化遗产的认知度起着积极的作用。

　　情感表达是所有艺术作品的灵魂，有了情感的艺术作品，就像万物生灵有了灵魂，呈现出一派生机盎然的奇美景象。非物质文化遗产展示中的情感表达是复杂而生动的，它是策划者、设计者和传承人对展览倾注的心血，并且通过展物、虚拟现实、真人互动等形式让观众感受到非遗传承的情感温度，而观众也会在参展过程中通过自己所有的感官，来获得这种情感温度，并与之发生共鸣，从而完成整个观展的过程，这就是非物质文化遗产与其他博物馆、艺术馆展览所具有的本质区别，这种情感温度也正是非物质文化遗产在人民大众中传承下去必要的根本条件。

---

[1] 苑利：《中国非遗保护的启示》，光明日报，2014 年 2 月 8 日。

三、情感在非遗展示空间中的语义化设计

万维网中"百度百科"关于"语义化"的解释是："语义化是指用合理HTML[1]标记以及其特有的属性去格式化文档内容。通俗地讲，语义化就是对数据和信息进行处理，使得机器可以理解。"[2] "语义是指自然语言中词语的意义。语义的研究是指对逻辑形式系统中符号解释的研究。希昂把语义聆听定义为一种'解释信息含义的代码或语言（口头表达的语言），当然也包括像莫尔斯码和其他类似的代码'。其目的是'获得这种代码或语言交流中的信息'。"[3] 语义化设计是将设计理念及思想情感，以设计作品的形式表现出来，通过对不同的客观事物、展览内容与形式让观众能够理解展览的思想情感内涵（如图5-19）。

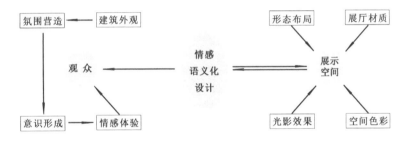

图 5-19 非遗展示空间中的情感语义化设计原理

非遗展示中，时间与空间之间有着微妙的关系，需要在立体三维空间中借用叙事学理论，运用时间的维度增加展览的空间层次及展示厚度，增加展览的可观性及可读性，适当的采用讲故事的方法，将展

---

[1]HTML 称为超文本标记语言，是一种标识性的语言。它包括一系列标签，通过这些标签可以将网络上的文档格式统一，使分散的 Internet 资源连接为一个逻辑整体。

[2] 百度百科：《语义化》，https://baike.baidu.com/item/%E8%AF%AD%E4%B9%89%E5%8C%96/1811394?fr=aladdin。

[3] 关鹏：《声音对象与声音符号——论"幻听音乐"声音的理性感知与感性感知》，黄钟（中国武汉音乐学院学报），2010 年第 2 期，第 19 页。

览的形式从解释物、理的"说明文"和探讨事、理的"议论文"向叙
事、言情的"记叙文"转变。但非遗展览又要区别于记叙文的叙事方
式，它不仅需要将时间、地点、人物、事件言明，还要求在整个展览
的过程中将所有的内容及展览策划者、设计者和传承人的情感物化，
要在艺术美的基础上引导观众的情感输出，并给予观众以最大的自由
选择空间，打破展线的传统固有模式，为观众提供个性化的自我定制
选择。如苏州非物质文化遗产馆，它将苏州的非物质文化遗产资源用
苏州百姓的几个时间节点来划分并将其完美的联系在了一起。设计策
划者将非遗展览分为："光耀历史的一刻""市井生活的一天""岁
时节令的一年""人生礼仪的一生""生态苏州的一城"五个主题

图 5-20 苏州非物质文化遗产馆中的五个主题厅情感诠释

厅（如图 5-20），以三维立体视角来演绎和解读苏州当地的非物质
文化遗产项目。展厅"光耀历史的一刻"，选取了"昆曲首登首批
人类口述和非物质遗产代表作名录""宋锦亮相北京 APEC 欢迎晚
宴""香山帮建筑走出国门""御窑金砖重返天安门"4 个事件来重
温苏州非物质文化遗产史上光辉的历史瞬间。"市井生活的一天"将
苏州非物质文化遗产融入到平凡人家的日常生活的每一天，为我们绘
就了别有韵味的苏州风情画。"岁时节令的一年"以苏州人的生产和
生活、宗教信仰、纪念庆典、文化娱乐等社会活动为载体，向观众展
示了非物质文化遗产的魅力和实用之处。"人生礼仪的一生"以春、

夏、秋、冬为引，将苏州人生礼仪描绘成苏州非遗项目汇聚的重要平台。"生态苏州的一城"，通过"传承"与"传播"两个层面描述了"十五""十一五""十二五"期间，苏州市对于非遗保护的扶持和保护工作的成果，并介绍了苏州市级以上非遗代表性项目分布图。在苏州非物质文化遗产馆的非遗展示中，情感的语义化设计就是将展览策划者、设计者和传承人的情感物化，通过五大板块来分割整个苏州非遗展览项目，并将其巧妙的嵌入平常老百姓的生活琐事中，通过日常喜怒哀乐等情感表达，依托展陈展品尽数的展现在人们面前，寓教于乐，寄情于景，在非遗展示中将情感的语义化设计表现得淋漓尽致。

非遗馆空间设计需要有生命气息，不仅需要节奏感，更需要特定的指向性，在这里不仅可以寻觅到展览的艺术韵味，而且能够体会生命的传承意义。在整体的空间设计中，情感的引导是串联在整个展览过程中的，无论是整体的空间架构亦或者是局部的分离空间，情感的引导是占主要位置的，它向人们展示了人类的独特性，区别与其他蛮荒生命形式，并且通过对非遗主题理念的解读，使展示空间的表达与情感的阐释脱离了客观价值的虚无，超脱于"逻辑形式系统中符号"的禁锢，即让非遗空间设计具有了鲜明的符号意义，更将这种情感的表达在空间语义化设计中得到了升华。

第四节　非遗展示空间中的意境营造

"意境"是中国传统美学的一个概念，国学家王国维曾说："言气质，言神韵，不如言境界，有境界本也。气质、神韵，末也。有境界而二者随之矣。"[1]展示空间亦是如此，非物质文化遗产作为一项"活

[1] 王国维：《人间词话》，上海古籍出版社，1998年12月。

态"的文化遗产，其无形的文化价值需要空间这一语言符号来营造传承的境地，以便观众可以通过想象和体验来领略真实的场景环境，进而通过有形的物质形式领略形而上的精神层面的意识表达，感受文脉传承的空间环境。同时这种营造手法在非遗展示空间中得以运用，是对空间本体表达的延展和升华，更是非遗文化精髓在社会生活中一次思想和情感的交流与对话。所以，意境作为空间表达的展示方法，它不是孤立存在的，而是文化载体的一种表现形式，是为营造同一个"空间场"服务的。

一、非遗展示空间中意境营造的因子

（一）以"境"取胜之客观因子

"境"是指在展示空间环境下所营造的能够影响观众生理和心理感受的一种氛围。这种氛围的产生大多源于"物"的影响，如光环境、材质肌理、空间主题及风格等影响因子。换句话说，"境"寄含了空间的灵动之美，但"境"的存在需要一定的客观存在来实现，这种实现形式是多样化的，需要一定的媒介来诠释，如通过光影的设计来渲染空间中的气氛。在展示空间中对光影的利用一般采用自然光和人工光两种形式，如中国美术学院民艺博物馆的设计，整个场馆结合当地的地形特色，利用原来的茶田的地形进行展馆内部坡道的抽象设计，同时展馆一侧的室外墙壁覆盖了用不锈钢丝悬挂的瓦片，利用自然光的照射，使整体的平面布局被分类成无数个平行四边形，随着时间流逝，产生形状及样态的变化，犹如一幅"天人合成"的艺术作品，营造乡屋村舍的田野寂静之景。立面和屋顶的瓦片来自于当地的住宅，更体现了整个场馆空间融入自然环境的意境之美。再如馆内坡道式的展厅分层设计，采用木质花纹的地面处理，在光的照射下打造本土化的"境"。而中国伞博物馆的入口，则利用现代技术营造一种由"伞"

所建构的氛围，人一旦进入到这一通道中，犹如走进时间的长廊，感受伞形态及灯光所带来的神奇，进而带着某种好奇心去探究展馆中伞的发展及成就（如图 5-21）。这一"意境"的营造正是利用声、光、电的现代技术来打造沉浸式的体验，现代技术来打造沉浸式的体验，

图 5-21 中国伞博物馆入口的意境营造

所以，展馆中客观物质条件的存在是决定人与物进行交流的基本条件，通过物的渲染来打造人可以感受到的"意境"体验，营造一种主题和氛围，从侧面来诠释展览的内容。与此同时，影响非遗展示空间的"境"的客观因素还有很多，如展馆中的主题风格的不同，通过调研我们会发现，根据手工技艺的不同以及项目类别的差异，整个场馆的风格设计也会产生很大的差异，如中国丝绸博物馆与中国刀剪剑博物馆在设计风格上就存在诸多不同。无论是色彩的选用还是室内陈设都会具有差别。综上所述，影响展示空间意境产生的客观因素是存在于人类本体之外的客观事物，甚至于"物"的形态组合和变化也会对展示空间意境产生深远的影响。所以，"物"是展馆空间设计的基本构成条件，是唤起人们记忆感受及想象支点的关键所在。

（二）以"意"取胜之主观因子

不论古今中外，在艺术的表达中，"人"都是情感表达的主体。在非遗项目的制作以及展示过程中，"人"作为项目的核心要素，成为意境表达的主观因素。在整个非遗项目的展示中，这种主观因素，分别是：非遗项目制作、表演的主体人；非遗展示空间设计的设计者；参与、欣赏、传播非遗展示信息活动的受众。这三种主体人之间存在着微妙的关系，与展示空间中的客观因素共同构建展示的"意境"。

首先，传承人作为非遗项目制作、表演的主体，其工艺的制作、表演过程就是一种造物活动的表现，是人接触自然之后，与自然做斗争，提高自身能力的行为。在非遗展示空间中，传承人既是完成非遗活动的核心人物，也是展示过程中的点睛之笔，通过现场的表演与技艺的制作完成活态性的展示。

其次，对于设计者而言，是整个场馆情景再现的组织者与实现者，通过设计思维活动将头脑中的"意象"转化为社会存在物，并通过现有的展示手段，让整个场馆完成"意境"的营造，所以设计者在整个场馆中占有非常重要的地位。最后，对于展示空间中的受众而言，可根据观展的安排在特定的空间中进行体验互动的活动，在进入经过展示道具、展示媒介渲染的情境中，其行为一般会发生几个层次的变化，由娱乐的起因进入展馆，观看非遗项目的发展变化，通过视觉化表现学习、认知非遗知识，并在技艺展现的过程中了解技艺发展的脉络及文化内涵，从而领略到其中的审美情趣，感受非遗技艺的文化价值，在这一系列的观展行为过程中，受众通过各方面知识及声光电的刺激，使之沉浸在非遗的海洋之中。由此，可发现，受众在这种"意境"的建构下完成了娱乐 - 教育 - 审美 - 沉浸的行为，同时在参与体验的过程中也成为空间"意境"建构的一份子，在体验中完成了对非遗项目的认知。

所以，在整个展示活动过程中，"人"作为空间意境营造的主观因子，通过相关领域的合作以及相互之间的想象共同打造活态化的非遗展示空间，所以"境"是物质空间与精神空间的集中表达，是情与景的升华。

二、非遗展示空间中意境营造的手法

（一）物·像重构法

展示空间的"物"是一种客观存在，在非遗项目的展示行为关系中成为某种真实的载体。它可是展示道具，如展柜、展台等的代名词。也可是材料、制作工具、成品、半成品等展品在相关语境下的总称。同时，它亦是传承人的代表。"物"在进行非遗文化传播过程中，其发挥的功能是异常强大的，在一定的语境下，"物"不再是自然界中普通的物体，而是被赋予了一定意义和内涵的特殊物。基于非遗项目的活态性特征，展示空间所展示出的"物"，区别于博物馆、科技馆中的藏品，非遗馆所要表达的正是通过"物"来解释其背后的故事以及暗含的意义和价值。这也就为"物"带来了新的关系图式，并通过这种关系图式共同打造非遗场景中的"意境"，从而使整个空间得到艺术上的升华。

"像"一词在文中与图像学中的"图"有相似之处，"'图'多指抽象、示意性的事物（指建筑）视觉形象，其功用主要表达事物（指建筑）结构、关系、逻辑、原理等"。[1] 所以说，在非遗展示空间中，"像"是图片、文字等媒介形成的二维符号，也可以代表电影、电视中的移动图像，或是声、光、电等数字化技术形成的虚拟影像。但"像"在物与主体展示环境下不是独立存在的，是与"物"一起被重新语境化了的关系模式。进而形成非遗场景中的"意境"，与观众一起共同抒写新的篇章。在以"物"为主的展示环境中，"意境"的建构犹如某种叙事或话语，需要结合多元化的展示媒介、展示手段，在观众眼、手、心中形成"像"的视觉符号，重新建构起非遗制作与表演时的原生态语境。

---

[1] 高字民：《从影像到拟像——图像时代视觉审美范式研究》，人民出版社，2008年，第23页。

（二）场景联想法

展示空间中的场景通常是指采用提炼、写实的手法，将非遗制作过程中画面进行片段性的截取，通过复原再现或者将真实的场景代表物移植到空间之中，营造身临其境的效果。如传统手工技艺类非遗项目，一件完整的作品需要几道甚至几十道工序，基于展示空间的有限性，不可能及时性、在地性的进行完整的展现，所以只能采用截取重要片段的制作步骤，选取制作时的工具和材料概念性的展示。再如表演艺术类非遗项目主要依靠传承人自身的演艺来诠释项目本体具有的内涵和价值，但基于人员、场景等的限制无法长时间持续性进行演出供观众观看，因此只能将表演的戏台或者演出舞台道具选取，为营造一定的氛围进行场景的重组再现，并结合现代化数字技术，营造声光电的演出场景，以便达到人们满意的结果。但在这一系列的行为关系之中，没有观众的参与是很难完成的，场景再现的程度以及效果的好坏，都与观众自身所具有的文化背景、知识结构等社会背景是密不可分的。观众对项目的认知程度取决于观众在场景的氛围下所产生的想象力，所以，非遗项目内涵和价值如何才能最大化的实现，不仅取决于场景还原的程度，还取决于观众的想象力。

（三）空间节奏法

非物质文化遗产项目种类繁多，每一类项目所包含的内容庞杂，若要全面诠释，不仅要讲解详细，并且需要一个有逻辑而又能还原原生、原貌地域环境的展示空间，因此，空间界面的分割，空间序列组成等设计手法的运用都会促使展示叙事性节奏的完成。只有具备这些条件，观众才能进入到这种"意境"之中，才能在具有不同知识结构的背景下了解和认知非物质文化遗产项目。在非遗展示空间中，通过空间界面的设计，诠释非遗展示内容的逻辑是较为常见的。如中国刀剪剑博物馆，在长方形的展馆中，设计师根据展示内容及主题对空间进行界面的分割与规划，设置各个区域空间，通过各个界面之间的交叠、连续以及消解来完成中国刀剪历史发展脉络及风俗的阐述，以及人们生活中形形色色的刀剪的叙述，通过空间界面的分割与主体内容上阐释，意境也就在观众观览的过程中产生了。

三、非遗展示空间中意境的产生及原则

"意境"的产生在展示空间中是各个设计环节相互作用的结果，不仅需要观者以一定的知识背景结构来感知所营造的空间氛围，在发挥想象力的同时回忆起包含生活情怀的视觉图像，还需要设计人员要有对美的感知，策展人员对非遗展示逻辑的把握，运用一定的方式方法全方位的阐释非遗空间"意境"的产生，所以非遗展示空间意境产生存在着"留白"与"不确定性"，需要各方面的力量协同建构，正如我国学者所说："意境是创作主体吸纳宇宙人生万象而在内心咀嚼、体验所营造的，含深韵于'言'内，留余味于象外，能唤起接受主体对宇宙人声的无尽情思与体验，以至形而上的领悟的召唤结构。"[1]但在营造非遗展示空间意境时，需要遵循几点原则：

1. 注重本土化事件空间的构建

在相同的时间与空间中观看同一项目不同地域的非遗展览，给观众带来的情感感受是不同的。本土化设计理念是设计师在进行展览空间意境营造时需要注意的展示理念，面对现在数字化技术的普遍应用，展示意境营造中的地域性特征在逐渐消逝，如何区别以及挖掘具有非遗本土特色的空间设计概念就成为地域性展示空间需要关注的焦点。同时，非遗项目种类庞杂，仅单一类别的项目就存在于不同的地域中，如秧歌这类生活习俗类舞蹈，在全国各地就有鼓子秧歌、胶州秧歌、海阳大秧歌、陕北秧歌、原平凤秧歌、汾阳地秧歌、小红门地秧歌、

[1] 宋钊，朱守信：《展示设计的意境营造》，美术观察，2011 年第 6 期，第 116 页。

乐亭地秧歌、阳信鼓子秧歌等多种样式，这些虽同属于表演艺术类的

非遗项目，但发源及发展有所区别，表演技艺也带有地方特色，所以在进行这些同一类不同项目的展示时，就需要融合本土的文化及事件发展进行区别性展示，才能构建具有当地景观的空间意境。

2. 注重与场所环境的对话

场所环境是一个地区文化精神的写照，是一个区域空间的精神灵魂，是营造展示环境及空间氛围的关键性因素，也是观者提高辨识度的因素之一。一般而言，地域场所环境的构成融入了当地社会、经济、文化、人文等不同因素，能否得到观众认同以及得到归属感则取决于展示空间中的环境设计能否与项目原生态环境发生对话。对于展示空间中意境营造的最高境界就是主观情感与客观事物相统一，也就是说需要将设计师、观众思想感情及思维逻辑与场所环境相融合，才能将意境充分地表现出来。

3. 注重精神文化的延续

非物质文化遗产是活态的无形文化遗产，其所具有的文化内涵和价值也是无形的，随着当代社会物质生活的发展进步，人们越来越重视精神生活的质量，将非遗技艺及非遗文化展示于公众眼前，正是对非物质文化遗产保护和传承，以及满足大众精神文化需求的价值所在，进而展示空间也成为具有一定文化内涵的精神场所，所以当通过空间设计展示时，需要注重大众精神层面的追求，更好的将非物质文化遗产传承、延续下去。

第六章 非遗展示空间设计的理念与策略
The concept and strategy of intangible
cultural heritage exhibition space design

在科技高速发展的现代社会，为达到展示信息传播的准确性，为设置合理及人性化的展线，为增强观众的互动体验感，为诠释非遗核心价值及文化内涵，营造多元化、多维度的展示空间已成为时代的主题，更需要一定的理论支持及设计实践策略。本章节主要设计实践角度出发，基于非遗项目的属性及特征，基于非遗展示空间的策划原则，应用前文中所提出的方法及理论，为今后的非遗展示空间提出应用型的设计理念及设计实操策略，指导今后非遗展示空间设计工作。

第一节　非遗展示空间中的叙事表达

一、立足于"活态展陈"

传统的博物馆展陈，是将定量的客观展示物，在特定的空间按照特定的组合方式依据某种叙事理论进行展示，以达到特定目的的静态展陈形式。这种展陈方式多以"示物"为主，往往采用静态、线性的叙事模式，而非遗展陈却是以人为本，注重人的参与，并以人类活动为载体，对人类的生产生活方式进行展陈。从它的属性可以看出，非遗展陈方式以动为主，是一个动态过程，虽可将非遗传承项目的最终作品以物化的形式陈列于非遗展示空间中，但最终非遗展陈终究是以展示活态非遗传承为目的。非遗传承多以传承人口传心授、指定特定继承人的方式进行，所以在展示非遗项目传承的过程中我们需要采用"活态展陈"的方式展览，才能体现非物质文化遗产传承的根本内核，抓住非遗传承的灵魂。从某种意义上来讲，活态展陈包括传承人的真人展演，但不仅限于展演一类，它还包括基于触觉体验的多媒体互动及物理互动等互动展陈样式。互动类展陈形式同样需要人的参与，这种参与的一方并非传承人而是观众，它同样也需以人为本，注重人的参与和体验，所以我们有充分的理由将其纳入"活态展陈"之中。

非遗展陈并非以"示物"为主，它所展示的内容具有"无形"的特点，所以我们面临的首要问题是如何将"无形"的非物质文化遗产转化为"有形"的客观物质展示。以真人展演和互动展陈为主的活态展陈就可以完成由"非物"到"物"的转化这一过程，如南京非物质文化遗产馆中的传承人常年进行现场技艺展示（如图6-1）。在"示物"的过程中，应将非遗包含的所有"物"与"非物"等元素全部展示出

图 6-1 南京非遗博物馆传承人　　　图 6-2 南京博物馆老茶馆传承人表演
　　　　现场展示

来，如作品的原材料、加工工具、制作加工技艺及其与人类生产生活
之间的关系、它所表现出的精神内涵等，这就需要非遗传承人通过现
场演示、表演和多种互动装置，将非遗项目所承载的文化内涵及传承
技艺尽数地加以表现。与此同时，作为非遗传承人，在展演的过程中
可以通过现场或工作人员与观众交流互动，现场讲解、宣传非物质文
化遗产的核心内容及文化精髓，切实地将非遗的"非物质"转变为"物
质"，将无形变有形，如南京博物馆老茶馆的场景还原展示，传承人
现场演唱，与观众近距离的接触和交流，最大限度的还原原生场景（如
图 6-2）。同时，利用非遗展馆的场地优势，结合静态展陈的展览方式，
进行合理的空间规划，科学地引导观众参观，将非遗的独特性充分地
展现在观众眼前，在有限的空间和时间中，利用各种展示手段，让观
众能够切实了解非遗、喜欢非遗，形成一个有机互联的展览生态环境，
从而能够完整而全面地展示非遗的内核，确保非物质文化遗产的可观
性和可解读性，如南京数字博物馆中陶瓷制作技艺知识的数字展示学
习及触摸互动体验项目（如图 6-3），"以人为本"是非物质文化遗
产展示的核心展览理念，在非遗展览中更要立足于"活态展陈"，"通
过大师现场活态展示这一直观且简洁的方式，使那些通过语言描述很

图 6-3 南京数字博物馆数字互动展示技术的应用

难说清的比较专业的技艺用语一目了然，让观众易于全面、系统地了解；在展览策划和组织上注重观众的参与，突出活态的表现，让观众有一种沉浸感和参与感，实现在情感上的共鸣。"[1] 非遗项目在展示的过程中，应切实考虑观众的观展及情感体验，要让观众看得明、看得懂、爱好看、乐意学，最大程度满足观众对于非遗的好奇心理及求知欲望，同时拉近观众与非遗之间的距离，在让观众获得对于非遗艺术审美享受的同时注重中国传统文化的回归。

二、动态化揭示非遗价值和传承机制

非物质文化遗产的核心价值与文化内涵是非遗展示的核心要义，需要一定的展示形式及传播机制将其传播给大众，让大众对非遗展开全面的认识，在传承的基础上发展，在发展的基础上需求创新性的动态化展示形式。对于我国而言，大力开展非遗的宣传工作，弘扬非遗的文化价值，有利于增强非遗传承人的文化自信心、文化自觉意识。于观众而言，给予非遗进行展示、传播、保护，有利于非遗走入寻常百姓家，让观众深化对于非遗文化价值与技艺传承的认识，可以增强观众的民族自信心及民族自豪感。

[1] 杭州西湖名胜区管理委员会：《践行群众路线 提升文化服务能力》，http://westlake.hangzhou.gov.cn/art/2016/3/17/art_1641847_34262116.html。

非物质文化遗产具有历史研究价值、文化传承价值、科学教育价值、艺术审美价值等。为凸显非遗的诸多价值因素，我们应将非遗请进博物馆，使非遗的文化价值及技艺的传承让更多的中国百姓熟知，不仅要举办非物质文化遗产的展示、展览活动，传承讲解活动，还要开展关于非遗文化及技艺传承的主题展演活动，以此增大非遗传承人的传承空间，为观众提供一个集欣赏、体验于一体的非遗传承平台，切实提升观众在非遗传承中的参与感和责任感。

　　今天看来，非物质文化遗产更加趋于"生活化"，它越来越容易让人民大众接受，其中非遗多样性的文化价值与传承特点拉近了其与大众之间的距离，无独有偶，通过举办非遗展览，开展非遗体验活动，让大众得以亲临现场观摩非物质文化遗产的文化特色及传承魅力，有利于国家对非遗文化价值及技艺的传承与保护，如丹寨非遗体验馆的

图 6-4 丹寨非遗体验馆　　　　　图 6-5 苏绣艺术家薛金娣现场教学

项目设置（如图 6-4）。近年来，我国在保护非物质文化遗产的过程中确立了"非遗走进现代生活"的研究及保护理念，这一独特理念重在促进非遗的生活化，保证非遗与人民大众和谐相处，而非遗走入展览馆也是"非遗走进现代生活"的一个重要体现，如苏绣艺术家薛金娣走进大众生活中进行刺绣教学展示（如图 6-5）。综上所述，在非遗传承中体现非遗的文化价值及技艺的传承是异常重要的。那么，在将非物质文化遗产请进非遗馆后，应该如何实现非遗文化价值及技艺传承的最大化，是需要充分研究的永恒话题。

在非物质文化遗产的展示中，可以利用一切现有的技术对非遗项目的文化价值与技艺进行展示，邀请非遗传承人进行现场讲解及表演，并且利用虚拟现实技术进行传承人活态展示的补充。在展览的过程中非遗传承人亦可将非遗进行相关的设计，与展览方共同开发非遗衍生品，比如装饰品、日用品等群众喜闻乐见的商品，让观众在欣赏非遗展览的同时，将非遗带回家，这样既起到了极大的宣传作用，并且能够让观众深感非遗并不遥远。同时从非遗文化价值及技艺传承的角度来讲，人民大众才是非遗传承的最佳人选，他们是继承者、传承者，仅依靠小范围的人群继承宏大的非遗文化、传承千年的技术，显然对非遗的发展是不利的。非遗在展览的过程中要充分利用信息时代所带来的福利，用数字化的展览方式为观众，尤其为年轻观众搭建一个饶有兴趣的展览平台，吸引年轻人观展，因为年轻人是未来社会的栋梁，非遗文化的价值与技艺的传承，应该更多地关注年轻观众群体，因为他们是非遗的主要继承者与传承者。

非物质文化遗产的传承是复杂的，它既需要观众又需要传承人，在非遗展览馆中进行非遗的展示，就是为观众与传承人建立一种纽带，创造互动的平台，在整个展览的过程中要切实体现非遗的文化价值及技艺的传承观念，"归拢"人心，让非遗的传承后继有人，使新一代的年轻人快速转变为非遗传承的生力军，快速成长为非遗文化价值及技艺传承的中坚力量。

三、构建地域性视角的话语体系

非物质文化遗产是中国传统文化的一部分，中国版图地域广阔，民族众多，各民族文化也互有差异，故而非遗的地域性特征也十分明显。"文化人类学中'地域'概念是指根据一定标准在文化上具有同质性和内聚力的地区，以至于它必须能以同样的标准与相邻或不相邻的地区区别开来。"[1] 显然，在每一个地域性的文化体系中，各地域的非物质文化遗产都拥有不同的审美意趣，它们带给观众的是不同的文化感受和审美体验。而这种感受和体验是唯一的、截然不同的。在进行非遗展示空间的设计中要重视这种地域性带来的差异，并且要充分利用这一特点，避免设计的同质化，注重地域性视角的话语表达。在设计时应从非遗项目的形态及色彩特点出发，获得对应非遗项目的

图 6-6 哈尔滨麦秸画非遗传承基地展示

原始设计参数，可依据具有明显地域性特征的建筑文化、民俗风情文化、当地的信仰文化等特点，发掘非遗展陈的设计元素，并在此基础上进行创新，将这些元素抽象化。如哈尔滨麦秸画传承基地(如图 6-6)，该基地除去办公区域，共有三层用以展示哈尔滨麦秸画作品，展览中不仅对哈尔滨历史、文化意义的当地麦秸工艺进行真实、动态、整体的表现，并且充分展示了哈尔滨地区民族、民间文化的丰富性和独特魅力。哈尔滨麦秸画在选取材料及处理中，以及制作工艺上都与河南、广东等地的麦秸艺术有较大差异，这里的麦秸艺术结合现代工艺手段，创作出了大量形象逼真、题材新颖、构图合理、设计手法独创的麦秸画艺术作品。

　　非遗展示空间设计在构建地域性视角的话语体系中，应该注重非遗项目制作材料、工艺流程、创作环境的唯一性和独特性。除此以外，非遗项目（以制作技艺项目为主）在受众体等方面也具有明显的地域性特征，换句话说，某一种非遗项目只有在特定的区域、特定的群体

[1] 沈瑶，徐诗卉：《基于地域识别性视角的非遗文化空间构建策略研究——以长沙湘江古镇群等为例》，学术论文专刊，2019 年，第 20 期。

中才能够表现出应有的价值，脱离原生环境就会丧失竞争力及追捧群体，如 2018 年 12 月 30 日被列入国家地理标志商标、2008 年入选广西壮族自治区第二批非物质文化遗产名录的柳州螺蛳粉手工制作技艺。螺蛳粉深受柳州当地人民的喜爱，但跳出特定的区域，它并未在我国其他省份遍地开花，原因就在于其与当地的区域文化和生活习俗有很大的关系。

对于表演类非遗展陈构建地域性视角而言，主要从服装、语言、民俗习惯等方面表达。地域的差异性，导致着装的不同，方言的不一致，历史故事的千差万别，表演形态门类的差异化等，如京剧同光十三绝（如图 6-7）、粤剧、川剧、豫剧、评剧、黄梅戏、越剧、晋剧、花鼓戏、秦腔、汉剧、闽剧、沪剧、苏剧等。在展示时要合理利用地域性特点，兼顾本地观众与外地观众，要构建一个全国性的开放平台，要让外来观众看得明、赏得懂，充分考虑本地与外地观众的观赏体验，要提供两种以上的观展方式供观众选择，多方位、多角度立体式地进行阐释说明，可依托高科技技术进行非遗特点的全面概括，实现非遗传承的多元化表达。

非遗展示空间构建地域性视角的话语体系，一定要把握各地的非遗特点，因地制宜，在保证地域差异的前提下规避短板，要合理的地构建国家性及世界性展示平台，将中国的非物质文化遗产科学高效的推广传承下去。

图 6-7 京剧——"同光十三绝"

第二节 非遗展示空间设计理念与策略

一、基于非遗项目本体需求的空间形态设计

影响非遗展示空间形态的设计手法众多，但无论采用何种形式，都应该从提升非遗项目展示效果这一角度出发，在非遗展示空间的形态设计时，要综合考虑，不同的设计手法穿插运用，以整体观布局，将不同的设计元素和设计手法和谐统一于一体，构建一个具有高度审美趣味的非遗展示空间。

（一）非物质文化遗产外部建筑空间形态与内部展示空间形态共存

对于运用于非物质文化遗产展示的建筑而言，建筑的整体性设计包括建筑的外部设计和建筑的内部展示设计两部分，两者需要协调统一，互相配合，忌讳外部空间与内部空间排斥或需要牺牲两者之一而获得空间设计上的成功，所以在非遗馆外部空间及内部展示空间形态设计时要将内外形体通盘考量，运用相同的设计形态展示。观众对于非遗的认识，不仅来源于内部非遗项目的相关展示，还来源于非遗项目展示的"容器"——非遗馆（或用于非遗展示的展览馆等），观众现实中关于非遗的最初印象即来源于此。在非遗展示中，显然建筑外部空间与内部展示空间担任的角色不同，承担着各自不同的展示任务，并且拥

图 6-8 中国美院民艺博物馆

有不同的空间结构属性，但对于两者而言不能决裂它们之间的联系，不可将两者完全隔离、各自为政，更不可将两者以截然不同的空间设计形态表现毫无关联的展示效果。应该以整体观、同生化、依存性的设计意识贯穿于内外展示空间设计理念中。充分体现非遗展示空间的整体性。外部空间与内部展示空间形态设计协调一致的优秀作品众多，其中中国美术学院民艺博物馆（如图 6-8）就是一件内外兼修的代表作品。"它以中国传统物质文化、设计思想为收藏、展示和研究对象，致力于中国传统手工技艺文化的承继、活化和再生，在全球语境中，重建东方设计学体系和文化生产系统，以此滋养当代中国人的生活，传播中国美学价值和文化精神。"[1]

（二）传统非遗空间形态与信息化数字空间形态共存

当非遗展示空间形态设计与信息化数字技术牵手时，内外两种空间展示形态表达效果已经不仅仅只局限于客观物理围合空间之中，它打开的是现实世界与虚拟世界的大门。信息化数字技术带给人们的是多彩的显示效果及丰富的信息容量。科技发展日新月异，信息技术永不停息，传统的空间设计形态必将发生质的改变。但传统非遗空间形态与信息化数字空间形态两者的结合，不仅仅是将两者单独设计后的简单拼凑，而是将两者合理拆解后有机融合，代入和谐、统一的非遗空间形态设计理念。以传统非遗空间形态为主体设计，加之信息化数字空间形态，作为传统的深化与升级、扩展与补充，通过多元化的形态组合体，演绎非物质文化遗产项目本体需求的空间意识形态，从而完成统一的非遗展陈效果的展示。如湘西非遗馆中的苗族馆，对于传统节庆类非遗项目的展示。整个展示空间基于实体类博物馆的空间类型（如图 6-9），利用展品实物、场景模型等展示媒介营造地域化的空间形态，同时结合信息化数字互动技术，如 VR 互动、

---

[1] 余旭鸿：《大学美术馆的望境》，新美术，2018 年第 9 期，第 90 页

体感互动等多媒体手段，构造了一种让观众虽在实体空间之中却体验到了实体空间之外的空间意象及空间情境，通过两种给空间类型的结合，给观众构造了多维性的空间体验，将观众沉浸式的引入真实的传统节庆之中。

图 6-9 湘西非遗馆苗族馆实体空间类型

二、基于非遗展示空间需求的功能分区规划

在今天非遗保护与传承的话语体系下，非遗展示空间的规划已经从传统的以"物"为中心转移到以"人"为中心的语境中，非遗展示的价值开始转向"非遗本体"与"观众本体"上，展示空间的功能也不再限于以保护和展示为主，而是承担着保护、传承、宣传、教育、展示、交流、销售等功能。观众在展示空间中不再单一的只观赏展品，而同时增加了参观、娱乐、工作、学习等多种活动，对于空间功能也逐渐变为全方位、多元化、复合化等综合性功能需求。所以面对非遗展示空间的建设，规划功能分区应该用以小见大，以点概全的思路覆盖整个空间。依据调研总结发现，综合性非遗展示空间主要分为陈列展览区、藏品区、学术科研区、公共服务区、公共办公区等五大功能区域（其中包含地下建筑空间），其中陈列展览区占整个展馆空间的主要部分，其他作为配套设施为展馆提供功能需求，以确保展示空间的设施完备及正常运转（如表 6-1 所示）。对于专题性非遗展示空间而言，在满足基本的功能需求之外，结合专项非遗项目展示及生产的需求进行特殊化处理，以便能够为传承人提供一个舒适的工作场所。

基于对现有已建成的非遗展馆功能分区的分析，我们在吸取传统

表 6-1 综合性非遗展示空间的功能分区规划

功能分区	功能区分类		展示内容
陈列展览区	固定展区	传统工艺馆	传统手工技艺类代表作品、制作工具、原材料等
		传统民俗馆	仪式器具、民俗活动场景等
		传统艺术馆	民间舞蹈、山歌、古琴艺术等
		传统戏曲馆	演出道具、剧种服装、舞台场景等
		传统体育游艺、杂技馆和医药馆	武术器械、医药文献、中草药药物、医学模型等
		非遗美食馆	工艺流程、制作工具、美食自作场景等
		区域特色非遗专题馆	代表性非遗名录介绍、精品展示等
	临时展区	专题性临时展览活动	更具展览的需要组织各种展览活动
藏品区	地上库房		藏品库房、实物资料室、装卸区、
	地下库房		食堂、车库、精品库房
学术科研区	多媒体制作室		摄影室、编辑室、器材室等
	学术科研用房		大师工作室、研究室、修复室等
	图书资料室		图书馆、档案室
公共服务区	多功能厅、贵宾休息室、青少年活动中心、文创售卖中心、互动体验厅等		为公众提供体验、休息、娱乐、教育的公共活动场所
公共办公区	管理用房		会议室、接待室、文印室、值班室、卫生间、设备用房等
	临时工作用房		阶段性临时工作需要

博物馆建设经验的同时，要更加注重与非遗本体特征有机地结合在一起，除了满足基本的功用之外，各个功能分区也要发挥潜在的展示功能，注重各公共空间的交融与流动，将非遗的本体特征及核心价值展示出来，如公共服务区中饮食、商品售卖部、儿童活动空间、休息空间等的设置和规划意在为观众提供各种服务，但非遗文创产品的售卖、非遗课程的开发等也在发挥非遗展示的特点，全方位地营造非遗展示空间的意境和意象。与此同时，基于现有展示技术对非遗展示的支持，我们在原有的实体类展示空间类型中，需要增加虚拟空间、四维空间

等多种空间形态，注重各空间之间的特点及优势，注重不同空间形态的结合，打造一种多维性、整体性的沉浸式互动体验展示空间。

三、丰富和挖掘多样化的非遗展陈方式

非遗的展陈方式是在博物馆、艺术馆展陈方式基础上发展而来的，所以在合理的利用灯光和信息技术的同时，要正确的评估当下的科学技术条件现状，改进展陈方式，提高展览展示效果，增强非遗展陈对观众的吸引力。例如在非遗的静态展陈中，可以利用新技术改进灯光的照明效果，通过光线区分展示空间，改变其逻辑分区，从而突出不同空间中的展品特点。对于运用物理遮挡和隔断进行的空间划分，可相应地减少或取消，这样可以增加展览的科技含量吸引观众。从展览的角度讲，可使其更加有连续性，增加观众的参观体验，能够让他们的注意点集中在某一种非遗项目上，便于从中汲取更多的非遗发展历史和传统文化信息，从而达到对非遗文化传承宣教的目的。同时，信息技术的运用，可以向观众更加全面、更加立体的介绍展陈项目的相关历史和文化，并且可以利用虚拟现实技术让观众能够全身心的投入相关非遗项目的传承活动之中。这些展陈方式的改变对于非遗展览而言，能够提高其展览价值，同时提升观众的展览体验，也必将得到观众的喜爱与认可。

另一方面，增加非遗项目的叙事性，无论静态展陈中的展品抑或是动态传承，它们都有着自己独特的故事，都有自己的历史，仿佛在为我们剥落过往岁月的点点瘢痕。通过虚实性来增加展陈的感染力，针对每一种非遗项目，设计不同的展览故事及展览路线，丰富和挖掘多样化的非遗展陈方式，把每一件展品的故事及每一个非遗项目的历史，汇成一条完整的叙事路线。"在让观众了解展品本身历史文化信息的基础上，通过陈列的故事性，增强展览的趣味性，从而加深观众

对展品和历史文化信息的记忆。"[1]

在非遗展陈中对于静态展陈展品的摆放，以及动态展陈的活态展演，无论是在位置的敲定、展览角度的拿捏、背景材料的选择、背景色彩的运用、灯光颜色的定夺等方面，都应该进行科学、合理、严格的艺术推敲，通过现代化的云技术及大数据，总结与之相关的受众人群的审美趣味和认知特点，在进行最初的展陈设计时要切实迎合受众人群的审美预期，让参观的观众从中获得极佳的审美情感体验，加深其对非遗项目的记忆，增加兴趣，以完成非物质文化遗产传承的目的。

对于丰富和挖掘多样化的非遗展陈而言，每个时代都会随着科技的发展和进步更新诸多式样的展陈方式，同样会伴随着每个时代的流行风潮，对原有传统的展陈方式做相应的调整和变革，以此来增加观众的审美体验，吸引更多的人加入到非物质文化遗产的传承之中，才能引起大家的关注，才会让人民大众加入到非物质文化遗产保护的大军之中。

四、建构多维性空间形态及类型

非遗多维性空间包括知觉空间、问题空间、思维观念等意识空间形态，这些意识空间形态区别于物质空间形态，是物质空间形态的延伸，不具有客观实在性，它们更多的是客观事物在人脑中的映射。当观众体验非遗展览时，会根据他们能看到的视觉影像在脑海中形成一定的图形，会解构问题并分析出对于问题的看法。如表演类非遗项目的活态展陈，非遗项目传承人现场表演，观众现场观看后形成关于展演内容的"意识空间"。非遗传承人的表演多数时间都会根据剧本依次展开，但不排除展演过程中为达到演出效果所进行的即兴发挥，这

---

[1] 柳青娟：《浅议博物馆展品展陈方式的改进》，文物鉴定与鉴赏，2019 年 5 月第 10 期。

种展演者与观众之间的关系就迅速促成了"意识性"多维空间的形成，传承人在表演中讲故事，在表演中思考和演绎，并且使其能够在表演中与观众交流。

非遗展陈在多维性空间形态及类型的构建中还应重视"虚""实"之间的关系，要达到"言有尽而意无穷"的境界。对于人类的视觉而言，其观察对象不仅包含实景，而且虚景、空白之处也被囊括其中，所以在空间形态及类型的构建中不但要注重实体景物的表现，还要重视虚景、空白的推敲，使虚实呼应，从而突出主题，对影成趣，构建主次有序、盎然宏大的视觉空间，凸显中国非物质文化遗产所独有的审美意境。

时间因素作为客观的空间形式，并不以人的意志为转移，它是原有的传统三维空间的补充，并存在某种必然联系。同时，时间因素又在多维空间形态中被人们所感知，从观众踏入传统三维空间的那一刻开始就已然与时间因素发生着密切的联系，它所带来的真实感和互动性体验是切实能够感受到的。

对于非物质文化遗产的展示，多维性空间形态及类型上，展线的确立是十分重要的，但从辩证的角度而言，展线又并非一成不变，正因为非遗展览中观众与展示空间密切而特殊的关系，加之互动式展陈方式的普遍运用，所以可为观众提供更多自主选择展览路线的可能，甚至可为观众提供自助性的个性化定制路线，从而打破了展览路线一成不变的枯燥乏味，为多维性空间形态及类型的发展提供了多种可能性。

非遗多维性空间形态及类型不仅只从物理空间的变化作为切入点，更要立足情感、虚实、时间等客观要素，并通过设计对象的叙事视角、多元化的展示手段综合建构，才能够达到非遗展示空间的多维性表达。因此，这也要求我们在建构非遗展示空间时需要一些具有可实施性的技术路径的策划方案，如我们需要实体的展示空间来承载一些展品、展具，并根据展示主题及展示内容对实体空间进行二次空间设计，这样在三维的空间中给了非遗项目一个诠释的场所，同时根据项目特征进行展示空间形态的选择，并运用数字媒体技术、叙事手段、空间性格营造多维性的空间氛围，如此将实体空间、虚拟空间与观众思维空间相结合，全方位、整体性地展现非遗本来面貌，满足观众对于非物质文化遗产的审美意趣，使非遗得以在人民大众中传承不息。

第三节　非遗展示空间设计实操策略

一、展示空间的场所界定

展示空间场所是非遗活动举办的重要区域，目前，在我国现有的实体类展馆空间中，大至 100 万平方米，小到几百平方米的展示馆上千座，主要集展示、教育、娱乐、休闲、销售等功能为一体；还有大型的非遗文化空间，如定期举办非遗活动及非遗展览，汇聚世界非遗文化精粹，为人民提供多样化非遗文化教育项目，集销售、展览、娱乐为一体的综合性博览园，以及定期举办民俗文化活动的公共空间等，全方位、全视角展示了具有地

提供多样化非遗文化教育项目，集销售、展览、娱乐为一体的综合性博览园，以及定期举办民俗文化活动的公共空间等，全方位、全视角展示了具有地域特色的非遗项目。另外还有以线上虚拟展陈为主的展示空间，为大众提供了一种可不受时间、空间限制的观展方式，

更为非遗本体项目展示提供了新的思路和方法。以上皆为"物化"的展示空间场所，其空间为可见性的，而区别于这几种展示空间的还有"隐含"在有形及虚拟空间之间的"思维叙事"空间，它是通过策展人、设计师以及观众自我认知所形成的空间。基于非遗展示场所的多样化，为确保非遗项目诠释的准确性及全面性，需要在了解非遗项目本体需求的基础上，对展示空间场所合理地选择。

与此同时，一个展览举办的前期物质条件基础就是对于空间场所的界定，这也是筹备展览的一个前期工作基础，这个过程称为"寻找场地"。但在具体的实践考察、调研过程中，其工作内容要注意场所选择的一些基本参数，如面积、层高、光环境、柱间距、交通以及周边配套设施等，同时还要考虑基础装修、场地租赁以及物业等诸多问题。因此，在具备一定外在因素的同时，还需要对场所设置明确的定位（如表 6-2 所示）。

表 6-2 非遗展览展示空间场所的具体内容界定

空间场所选择	包含的空间类型	具备的条件	空间特征	代表性案例
实体类展馆	非遗专题类展馆、综合类展馆、社区博物馆、临时展厅等	具有已建成的场馆、历史建筑或具备一定的政策及经济基础正在筹备建设的建筑空间	具有明确的主题和陈列情节，装饰性较强，受照明、色彩、光影等影响较大，对陈列方式要求较高	苏州非物质文化遗产馆、杭州手工艺活态展示馆
非遗文化空间	非遗博览园、定期举办非遗活动文化空间等	空间灵活多变，具有承办不同展览活动的能力	地域性特征较为明显，展览活动多为定期或临时性为主，展期较短	成都非遗博览园
线上虚拟展馆	虚拟博物馆、APP、微信、微博等	具备一定的网络及信息资源，具有强大的数据库作为支撑	观众参与度较高，时效性较强，重视信息的输出与反馈	陕西省非物质文化遗产线上全景展馆
思维空间	空间中的叙事方法、视觉导视设计等	具备一定的知识认知能力	思维不受物质世界的限制，与观众背景环境相关，唯一性及自我可读性较高	——

二、非遗展示主题的策划

主题是展览的灵魂，主题本身集展览内容与展示设计的精粹为一体，需要集中概括展览的要义，对于展示空间而言，"'准确把握展示主题的内涵及呈现其价值'浓缩为'把握内涵呈现价值'上升为空间设计的核心理念，从根本上要求设计师要将主题内涵渗透到展馆空间设计的各个层次，将这一理念自始至终地贯彻到空间设计的每一个细枝末节。"[1]主题的准确把握与否是非遗核心价值及内涵充分体现的关键，更是观众能否通过观看展览达到最大化的体验和参与的标准。

对于非物质文化遗产项目而言，展览的目的就是为了更好地传承和保护，而对于这一行为活动的措施就是利用展示主题对即将要展示的非遗载体进行提炼和总结。所以，非遗项目所具有的无形文化价值除了展览过程中具象的物质载体的呈现，还需要对展示主题的概括和深入，从而带动观众的思维通过展示现象来看展示本质，引起观众的共鸣，触动观众情感的回归。

在具体的展览策划实践中，非遗主题一般分为几个方面，一是固定展陈类的主题，这一主题主要基于具体的展品内容及展馆要求进行策划，如浙江省博物馆中非物质文遗产展厅，分别以"非凡的心声""意匠生辉""十里红妆"为主题进行策划和展览，这几个主题之间按照非遗种类进行逻辑上的建构，并通过语言构成一定的空间组织结构。二是临时性非遗主题展览，如"精品展""高校成果展"等，这类展览主题较为明显，平铺直叙地将展示内容的核心通过主题提炼出来。另外还有一些展示主题带有时效新闻性质，通过阶段性的新闻热点和主题性的展览来得以体现，这类展览更多的以线上展览为主，如湖北省级非遗项目四季汤包、民间医药等元素出现在了抗击疫情的新闻报

---

[1] 郭旭阳：《基于展示主题内涵呈现的展馆空间创新设计》，艺术工作，2018 年 8 月，第 100 页。

道之中。再如其他非遗文化团体通过制作作品进行线上展览，回应抗击疫情的主题活动。所以，非遗展览在具体的实践过程中不仅需要明确清晰的结构，更需要具有趣味性、互动体验性的展示方式及展示形式，才能更加准确地将非遗的内容表现出来，才能在繁杂的非遗项目中形成系统性、关联性的组织结构，才能吸引观众，表现非遗的核心价值。

三、非遗展品的选择及应用

展品是非遗展览的基础，更是非遗进行传播的媒介之一，展品所暗含的信息能否充分的表现和诠释，这是展览策划的重要工作之一。因非物质文化遗产本身的活态性、整体性、复杂性等特点，通过展品来表达非遗无形的价值和文化内涵成为目前非遗展示的重要方法之一，首先，非物质文化遗产展品区别于博物馆中的"藏品"，部分展品从一定程度上具有活态性的特点。其次，非遗核心价值往往通过展品组合的整体性来进行信息的诠释，这也就证明了非遗展品的群组化及场景化需求的特点。再次，非遗项目展品本身具有一定可变性及灵活性，如传统手工技艺展示，在技艺制作的过程中展品始终是不断变化的，因此，这也成为非遗展示的难点与重点。因此，面对以上几种情况，在实体博物馆中，往往选取具有代表性的展品进行展示，通过文字及图片说明进行全方位的配合，以便观众能够准确地把握展览的信息。但这样并不能将展品的展示价值发挥到最大，所以，在进行展品选择时需要对展品的属性进行归类。

通过表6-3的汇总，在具体的实践性项目策划中，我们基于展品属性及展示空间类别的不同可以对展品选择性应用，以确保展示信息表达的全面性。与此同时，展品作为展示信息的诠释者，在空间选择和运用中还应该遵循三点原则：

表 6-3 非遗展品属性归类及划分

层次	展品属性	展品类型	应用范围
活态性展品	自然人类	传承人以及以参与者的身份进行展示的人	展示空间中的点睛之笔
实物类展品	图文类	历史文献资料、地方性文献资料、传统纹样、各类手稿、抄本、族谱、曲谱、剧本等	适用于以历史线索为叙事性空间
	器具实物类	原材料、制作工具、相关的制品、成品、代表性作品、动作模型、传统医学模型等	实体类综合性展馆及专题性展馆
	演出道具类	演出服装、道具、舞台场景、武术器械	专题性展馆及小型演出场所
辅助性展品	数字技术类	视频影像、虚拟影像、音频等	虚拟展示空间及辅助展品全面性表达展示内容

1. 要重视展品的知识性及教育性。非遗展示的目的之一就是通过有限的资源将非遗项目传承、传播出去，展品在发挥传播功能时，能否以一种学理性的身份让观众学到知识受到教育，这是展品的功能之一。

2. 展品的趣味性及参与性，非遗传承与传播讲究"活态"，在展示空间中，如何提升展品的趣味性，是观众能否参与到展示行为中的重要标准。

3. 展品的选择要重视艺术审美性。艺术美是艺术作品的重要品性之一，每一个非物质文化遗产项目的申报成功都意味着这一项目在历史的进程中所具有的独特价值与审美，既涵盖了中国优秀的传统文化又集中体现了工匠大师们的精湛技艺，展品所具有的"工艺美"正是诠释非遗核心价值的感性表现。

四、非遗展示空间的"一体化"设计

随着非物质文化遗产项目越来越受到政府及社会人员的重视，非遗类展示活动的规模和数量也在逐渐增多，但是，展示行业中建筑设计与展示设计脱节的现象尤为突出，整个展览行业的产值低下与其他相关产业相比的确相形见绌。导致这种效益低下的重要原因之一就在于展示行业注重短期利益，展示规划与设计缺乏系统性、规范性及逻辑性。因此，基于此问题，倡导建筑与展示设计"一体化"的理念对建构非遗实践理论而言就显得异常重要。所谓的"一体化"设计理念包含两个方面：

一是指设计行为上的一体化。"一体化"设计近年在展览行业中一直受到关注，它的本质特征在于建筑设计与展陈设计两种设计行为之间能够充分融合沟通，形成"整体设计"。建筑设计在行为发生之前需要了解展陈具体的设计方向及设计意向，如该非遗馆的功用是用于专题类非遗展示还是综合类非遗展示，其展示对象是什么等问题，只有了解这些内容，才能把握住建筑外观与内部空间之间的桥梁，进而形成"再语境化"设计方案。与此同时，展陈设计在建筑设计行为发生的同时需要进入提前筹备阶段，对展陈的类别、展厅的数量、展厅的空间高度、展厅面积、展品的体量等进行研究和策划，进而形成展陈策划方案，并且需要以"设计任务书"的文本资料提交给建筑设计单位以供参考。这一阶段的设计行为则需要进行充分的沟通与交流，以便能够深化设计目的和设计要求。与此同时，在进一步的建筑设计施工过程中，展陈设计单位需要进行更进一步的展陈策划方案的完善，并生成"展陈脚本"，对具体的展品数量、展品体量、展示文字内容、图片内容以及展陈方式的组合等加以详细的说明。建筑设计单位在这一阶段会完成设计的深化与施工，并与展陈设计单位根据"展陈脚本"中的需求完成相互之间的沟通。由此，双方之间需要紧密合作、充分沟通才能合作完成设计任务，观众通过抽象的建筑语言来理解展览的主题及内容，展品通过空间的合理规划发挥主动性，通过本身所具有的"话语权"来诠释展览的主题及内容，由此达到整体化的目的。

二是指设计标准体系上的一体化。在国内进行博物馆展陈设计规划活动中，"设计施工一体化"已经是非常成熟的设计实践操作模式，博物馆展陈设计的活动通过设计与施工的分工与合作来形成"线形"的工作流程，以确保工期的进度以及工程的质量问题等。但是这一展陈行为的承包活动在一定层面上也存在弊端，这一体系缺少中间的策划组织协调者以及后期维护运营者。因此，在"线形"流程体系中应加入"策划""运营"两个环节，进而一起形成"环形"闭合工作路径，以便使各个工作流程之间形成交叉和互补（如图6-10）。

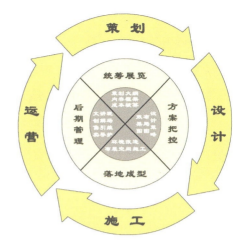

图 6-10 非遗展示空间的"一体化"设计

第四节 非遗展示空间设计未来发展趋势及构想

一、"参与式"非遗空间展示理念

"参与式"理论的提法可追溯到美国传媒学研究者亨利·詹金斯（Henry Jenkins）提出的"参与式文化"，其定义为："艺术表达和公民参与的障碍相对较少；十分鼓励创作以及向他人分享自己的作品；通过非正式的合作指导，将丰富的经验传授给新手；参与其中的成员认可自身的贡献；成员彼此间具有某种程度的社交联系（至少他们关心别人对其作品的看法）。"[1] 现任美国圣克鲁兹艺术与历史博物馆执行馆长妮娜·西蒙（Nina Simone）将"参与式文化"的内涵引入博物馆，进而强调观众在博物馆的地位和作用。由此可见，"参与式博物馆"理念在于提倡观众不仅作为展馆空间中的观赏者与消费者，还在于观众能主动的参与到展览的语境之中，通过自身拥有的主动权，对展示信息进行分享、评论、协作，最终成为展览的"产出者"。由此借鉴新博物馆理论与"参与式博物馆"理论的研究方法，将其运用到非遗空间展示之中，对全面的诠释非遗具有一定的借鉴意义。

针对非物质文化遗产特征的空间展示，其参与者不仅包含妮娜·西蒙所提到的"观众"，还包括本身就带有展示"身份"的空间本身以及传承人与表演者。首先，在非遗展示空间中，空间"形态"本身就以参与者的身份诠释着非遗的内涵，如实体类空间形态，虚拟空间形态等，各自以抽象、变形以及曲线、方形等空间造型语言来诠释着非遗的文化价值及经济价值。其次，可以借鉴妮娜·西蒙提出的"合作型参与模式"与"招待型参与模式"来研究非遗展示空间中的另一个参与对象——"人"。非物质文化遗产本身就是通过"人"的智慧和手艺创造出来的，所以非遗的展示更加需要"人"的参与才能尽可能的还原"原生态"的语境。由此，在非遗展示空间中，"人"分为观众以及传承人（展示者）两种。观众可以通过展示空间设定的互动体验项目参与其中，成为展览的一部分，了解项目的动态过程，以此感受非遗在制作过程中所暗含的文化价值及文化内涵。同时，策展方可以根据观众的兴趣点来收集相关的数据资源，以便不断的改进展览的方式。此外，传承人或表演者的"参与式"主要以将本身所具有的技艺进行展示的方式参与到非遗展示中来，并结合不同的展示语境做出具

---

[1] 费扬：《"参与式博物馆"之"参与"的理论与模式——〈参与式博物馆：迈入博物馆 2.0 时代〉书评》，自然科学博物馆研究，2019 年第 1 期，第 74 页。

有创造性的表演活动，既有参与者的身份同时又带有教育者的身份，通过自身的技能诠释对非遗文化的热爱。随着展示空间类型以及社交平台的不断增多，如何参与到非遗展示中，来始终会成为博物馆界关注的热点，我们也始终相信，关注以"人"为本的可持续发展方式会成为"参与式"展示理念的一个核心，未来更会建构起"参与式"展示体系，以便更准确、更系统地为非遗项目服务。

二、"情境化"空间叙事思维

"情境"的含义在《辞海》中的释义为："一个人在进行某种行动时所处的特殊背景，包括机体本身和外界环境因素。"[1] 非物质文化遗产在保护和传承时，强调其本体的原真性和整体性，展示时更加注重其"原生态"语境下的"本真"，所谓的"本真"一方面是指对非遗技艺"原汁原味"的展示，另一方面是指将技艺生长生存的环境进行真实场景的再现。非遗文化源于大众生活，并基于生活的影响而形成不同的形态和面貌，对于非遗项目的展示我们应该将生活化的非遗项目全面展示出来，进而引起观众对生活场景的情感回归。但如何在展示空间中将非遗完整的展现，并讲述好非遗故事，我们就需要借鉴运用叙事学原理的方法和思维逻辑，将其运用到非遗展示之中。

"叙事"是文学写作中的思维方式，是指按照一定的逻辑讲述故事。罗兰·巴特（Roland Barthes）曾在《叙事作品结构分析导论》（*Introduction to structural Analysis of Narrative Works*）一书中强调，叙事可以以多种形式存在，叙事更是思维性的阐释。"人人都爱听故事，叙事是人类情感、文化交流的重要媒介。"[2] 非遗展示的目的就是通过空间性的展示语言将非遗的信息传达给观众，并让

[1] 毕华林，卢姗姗：《化学课程中情境类型与特征分析》，中国教育学刊，2011年10月，第60页。
[2] 温京博：《浅谈数字媒体技术在主题空间中的运用》，美术观察，2016年，第129页。

观众能够了解到非遗的文化精髓，传播和转化成新的经济动力和科技创新力。也就是说，"博物馆从向观众传授知识，转向让各年龄层次的公众受益"。[1] 由此，"情境"化空间感的呈现是非遗项目"场所精神"及情感回归的要义所在，运用叙事性的空间思维模式，以具有生活感、趣味性、情感性的场所作为叙事载体，将"物"与"事"作为故事叙事的线索阐释非遗内涵，进而为观众营造一种"情感"的对话。观众沉浸在故事空间之中，通过易懂、亲切的场景感受非遗的价值，提升自己的认知。

三、"活态化"非遗展示模式

随着现代传播方式的增多，在对非物质文化遗产的保护和展示的应用手段上也在不断的更新变化。基于非遗本体项目的特殊性，追求非遗活态化保护、活态化传承一直是社会各界所坚持的原则，为让非遗这一活态的文化能够被世人所传承和发扬下去，对其的展示模式显得尤为重要，这既关乎能否通过一定的方式、手段将非遗的核心价值体现出来，又关乎用何种呈现方式对非遗进行正确合理的展示。何为"活态"？目前学术界给出的解释范围介乎于通过"活生生的人"这一媒介进行呈现的方式称为活态，但随着信息技术的高速发展，"活态化"的展示范围需要从狭义和广义两方面构想。

狭义上，"活态"对于非遗项目而言，是非遗本体生存以及展示的"基因"，更是非遗世代相传的动力。所以，在非遗展示空间中，"活态化"展示方式是以传承人或传承群体进行现场展演为主的展示形式，传承人自身所具有的技艺及表演技能才是非遗项目核心价值及内涵展

---

[1][英] 蒂莫西·阿姆布罗斯（Timothy Ambrose），克里斯平·佩恩（Crispin Paine）：《博物馆基础》，郭卉译，译林出版社，2016年，第58页。

示的要义，这种传承方式更是显示出非遗的无可比拟的独特性及优越性所在。广义上，在非遗展示空间中，能够通过一定的手段和方法再现立体化、动态化、场景化的技艺过程的模式也可统称为"活态化"的展示方式。如对陶瓷技艺制作过程的展示，借助模拟"人手"的机械装置将陶瓷技艺制作的关键要领进行"步骤式"展示，让观众通过观赏能够明晰技艺制作的精髓，进而通过思维性逻辑形成"活态化"展示场景。再如通过多维空间的建构，还原非遗原生环境，利用全息影像进行虚拟人像的呈现，在视觉上完成"真实场景"还原，进而沉浸在建构的虚拟环境之中，体验非遗的"活态化"展示。

综上所述，基于现在科技的发展，经济的进步，非遗项目本身不仅需要保持和坚持活态性原则，对其的展示更要遵循一定的展示原则及项目本体的特征，在非遗展示空间中再现活态化的非遗项目，表达非遗的核心价值及文化内涵。

四、"多维性"的空间文化景观

"多维"的定义可解释为某种度量，而在本书中"多维"除了承载空间定量上的一维直线、二维平面、三维立体空间等含义之外，还包含非遗展示语境中加入的时间概念、视觉感受、空间形态等因素组合而形成的非遗空间文化景观。众所周知，在长、宽、深三个维度的基础上加之时间因素则会生成四维的空间结构，这与传统的空间概念有所不同。但对于非遗项目而言，"时间"概念以及视觉感受是非遗传承中表现给大众较为重要的展示语言。更进一步说，非物质文化遗产是手工艺人精湛的技艺加之时间的消耗所完成的具有时间跨度的创作作品，表演过程中通过技艺来展现的内容本身，它具有时间的长度。可以看出，"时间"因素所支撑的制作过程才是非遗核心价值及文化内涵的集中所在，所以从非遗本身项目生成而言，传统的空间形态不能满足非遗展示的需求，它需要多维性的空间来进行展示。

首先，从非遗展示空间类型上而言，非遗项目种类繁多，每一项非遗项目都有自己独有的特征，其生长的原生环境更是多样化的，本书第三章中对现有的空间进行了划分与归类，为非遗项目根据本体需求进行划分提供了路径。同时，笔者展望未来非遗展示空间的需求是一种"多维性"的空间形态，能够最大化的还原非遗原生态的展示环境，并将现有的空间形态艺术化与审美化。如湘西非遗馆中的土家古风展厅，整个展厅以民间文学类、传统技艺类以及民俗节庆活动类非遗项目为展示内容，以实体类展示空间类型为载体，采用图片、展品、视频播放、场景还原等展示手段，再现了苗族非遗精品及节庆民俗活动。但在展示苗族土家年和赶秋的项目时，虽采用了场景复原的展示理念（如图 6-11），但并没有声情并茂的将非遗的核心内涵呈现出来，实体的场景还原展示与苗族土家年、赶秋的民俗节庆活动"活态"的项目本体展示需求存在局限性，空间形态单一，缺乏展示项目与观众的互动。因此，需要加入如增强现实、全息影像等数字媒体信息展示技术，营造虚拟空间以及虚拟化的参与者，以便在这种多维性的空间中体验节庆的氛围。

其次，从展示空间所营造的氛围而言，非遗信息的传达通过空间营造的语境作为依托，将人 - 事 - 物置于同一语境中，通过展示手段的渲染，调动观者的视觉神经，将展示的信息及环境尽收眼底，在人的头脑中形成"景境"，进而通过视觉中画面的变化而形成头脑中空间

图 6-11 湘西非遗馆中场景复原花树与赶秋

维度的变化。基于每一位观者的认知，空间的维度会产生不同文化景观现象。如贵州省非物质文化遗产博览馆，根据非遗项目的类别划分为不同的空间，并将自然空间和人文空间融入到整个展馆空间中，让观众在进入展厅领域横向的空间维度的同时，也能体验纵向的空间维度，根据展馆所设置的叙事线索，由大及小、由浅及深地沉浸在整个展示空间文化景观下。相反，如果人、事、物虽在同一空间范畴内存在纵向关联，但相互之间却缺乏空间的维度上的横向延伸，势必会造成整个展示内容的不连贯，展示信息的断链以及展品的孤立，由此不仅会影响观众的视觉化感受，还会影响展示空间建设的初衷。所以，多维性空间对于非遗项目的展示、传播都具有重要的意义和价值。

综上所述，"多维性"空间对于非遗展示需求以及目前有的展馆面临出现的问题都提供了一种解决方案，它不仅仅是物理空间上的变化，更是一种立足于情感和设计对象的空间叙事模式，需要我们在丰富非遗展示空间理论的同时，更好地形成设计实践并重视指导非遗展示空间的建设。

结 论

　　在我国文化繁荣发展的背景之下，非物质文化遗产保护的热潮日益高涨，展陈行业作为非遗保护和传播的助推力逐渐活跃起来。近年来，全国各省市自治区建设了大大小小非遗展馆数千座，并且承办了各种各样的非遗展览活动，展陈形式及空间形态呈现出千姿百态的面貌，在空间展示设计中遇到的问题也屡见不鲜。但基于非遗本体的特征，何种样式的展示空间才是最符合非遗展陈真正需求的空间展示形态？这一话题长久以来都受到社会各界的关注。本书研究的出发点正是由问题入手，缓解目前非遗展示理论不足及其无法满足设计实践建设需求这一矛盾，并且试图解决目前非遗展示空间设计和建设过程中遇到的问题，进而通过梳理国内外非遗展示空间的历史发展脉络，概括和总结现已建成的非遗展示空间设计的形态特征、构成元素以及营造手法等问题，并基于非遗项目本体展示要求及展示原则提出适合非遗项目的"多维性"展示空间，同时在研究成果的基础上展望未来非遗空间的发展方向，为我国展陈行业的建设提出理论性和实践性意见。对于非物质文化遗产项目而言，空间是非遗技艺生成的场所，更是保存世代传承人对"人""事""物"、"景"记忆的场所。展示空间正是需要站在非遗本体、传承人以及观众等多种视角去叙说非遗的"故事"，通过空间中特有的设计语言去建构非遗独特的展示理论体系，实现非遗百年技艺与当代空间展示语言的对话。经过大量的实地考察以及学术理论的支持，现得出以下结论：

　　1.非遗展示的空间需求及展示空间表现出的特征和功能

　　基于对国内外展示空间文献资料的梳理以及国内非遗展示空间现状的调查研究，初步理清了国内外展示空间发展的历史脉络，并对"非遗展示空间"从内涵和外延两个层面作了重新界定，肯定了传统博物馆以其自身先决条件参与到非遗展示之中所带来的作用和必要性，并结合"新博物馆学"理论发掘和探究了非遗展示理念和发展的新方向。为解决非遗项目众多、繁杂等问题，本书在现有的非遗分类体系基础上，提出适用于空间展示需求的分类体系，以便为今后的设计实践工作提供解决问题的方法。同时，基于博物馆展示空间的一般特征探究出非遗展示空间的特殊性，进而通过对展示空间的设计，来体现空间本身所具有的功能及价值，在展示空间的语境中建构起非遗特有的"关系"图式。

2. 非遗展示空间形态设计策略及类型总结分析

依据大量的实地调研，结合非遗本体特征以及观众观展需求，对现有的非遗展示空间进行针对性的归纳和分类。对于非遗项目而言，展示空间需要呈现出场所的温度、生活的记忆以及人的情感，而承载这一切的物质载体需要有实体性的建筑空间展示，人们需要"物"的触摸，需要"物"的见证，据此，以历史街区为载体的非遗街区、综合型及专题性非物质文化遗产展示馆、非物质文化遗产旅游园区、非物质文化遗产艺术展览等建筑空间归类到一起，共同探求这类展示空间所具有的功能以及形态特征，并提出这些实体类展示空间中的思维叙事及运行逻辑也是一种展示空间类型。同时将利用数字媒体技术所呈现的空间归类为虚拟化空间，并结合现有的实践案例分析出其空间形态及特征。此外，还探求出一种多元化共生的非遗展示空间形态，以便满足非遗"活态化"的展示需求，也即非遗"多维性"展示空间。由此，本书将非遗展示空间类型共分为四种，并完整、系统地总结了这四种空间形态，以便丰富现有的空间类型，为今后非遗的展示空间需求做出理论上的指导。

3. 非遗展示空间的构成要素设计策略分析

非遗展示空间是将各种展示元素进行有效的组织和逻辑性的建构

共同构成一个完整的空间形态。空间、展品、观众、媒介四要素作为非遗展示空间中的基本元素，共同形成了非遗的空间系统，非物质文化遗产是"活态"的文化遗产，无论是传承人还是接受非遗信息的观众，他们共同构成了这一空间中的"活态"元素，并且体现了这一空间中以"人"为核心的展示理念。展品作为展示生产过程中的"指代者"以及非遗文化价值及文化内涵的"拓展者"，表现出静态、动态、活态的面貌，由此在非遗展示空间中成为最基本的展示元素，在目前的经济社会中不断完成自身的现代转换，为带动展馆经济效益及非物质文化遗产所附属的经济价值起到了极为重要的作用。而连接观众和展品之间的桥梁则是"媒介"这一元素，随着信息技术的高速发展，媒介作为信息传播的重要工具和重要路径呈现出多元化的发展方向，对于提升观众在展馆空间中的互动体验发挥了重要作用，并在一定程度上延展了真实空间到虚拟空间的可能性。而对于空间本身而言，其作为非遗展示对象的组成部分，为其他各种元素扮演着"容器"的作用，并结合自身具有的空间形态及空间语言完成非遗展示语境下的现代转译。研究发现，这四种元素通过相互之间的联系，互为补充，在现代数字媒体技术高速发展的今天，共同诠释着非遗保护与展示体系下"古"与"今"的涵义及价值。随着非遗展示的不断需求以及空间形态的多元化发展，这几种基本要素通过相互间的合作会产生新的展示模式，同时带动非遗教育价值、经济价值和文化价值的创新性发展。

4. 非遗展示空间的营造手法策略分析及多维表达

从非遗展示空间的营造方面来看，本书站在设计的角度，从空间叙事、性格、情感、意境四个方面探究了非遗展示空间的表达方式及营造手法。文章运用叙事学原理，总结了在非遗所需的展示空间中所表现出来的"物"的脉络化、叙事氛围的参与化以及多元的叙事化视角，将现有的非遗叙事归类为形式参与、思维讲述、场景融合三种模式，进而整合非遗展示空间中所运用的叙事结构，为将来的非遗展览在叙事空间体系下能够具有逻辑性、连贯性、故事性打下了基础。同时本书对空间中"无形"的设计元素从属性及特性上进行了分析，研究了材料、色彩、声响、光照等因素对非遗展示空间的影响，并提出建议性的设计原则。非遗项目源于生活，更是对人类物质生产劳动的真实写照，任何非遗的展示空间设计都需要"情感"营造，并通过空间来达项目本身所暗含的情感因素。与此同时，非遗项目的存在需要场所，更需要观众通过一定空间氛围和意境来全面了解和认知非遗项目，因此通过探求意境营造的手法来找寻到在建构非遗展示空间时的设计策划及方法。

5.非遗展示空间设计理论性总结及设计实践策略分析

为使非遗项目能够永久性的保护和传承下去，非遗展示空间的建构必须站在非遗本体需求及特征的基础上，立足于"活态"展陈，通过现有的展示手段将非遗的文化价值动态化地传承下去，建构具有情感化、生活化、体验化及趣味化的地域场所。同时为保证非遗技艺与现代化场所建设过程中能够相互融合，本书从空间形态、功能、展陈方式等方面提出了建设性的意见及策略，通过具体的设计实践项目，总结出建设展示空间所需求的功能、面积以及设计过程中"脱节"等问题，为共同营造"参与式""情景化""活态化""多维性"的非遗展示空间而共同努力。

6.非遗"多维性"展示空间的提出及发展

通过对非遗展示工作中遇到的问题以及非遗项目展示的本体需求等内容总结和分析，提出非遗"多维性"展示空间的设计及策划理念。非遗"多维性"展示空间除了包含空间定量上的一维直线、二维平面、三维立体空间等含义之外，还囊括了非遗展示语境中加入的时间概念、空间色彩、空间造型以及运用数字媒体展示技术等因素而形成的非遗空间文化景观。非遗"多维性"展示空间对于非遗展示需求以及已有的展馆面临的问题都提供了一种解决方案，它不仅仅是物理空间上的变化，更是一种立足于情感和设计对象的空间叙事模式，在实际操作过程中，我们既选择实体性的展示空间作为物质性载体，也选择线上展示模式的虚拟空间作为非物质性载体，最终将非遗项目的核心内涵及文化价值全方位的展示出来，增强观众的体验感和互动感，让观众能够不受时间、空间以及地域等因素的影响，沉浸式地观览非遗项目。

附录

全国各省市代表性非遗展馆建设情况表

所在地区及级别		展馆名称	建成时间（年）	建设状态	展览馆概况				展陈方式及手段
					面积（㎡）	展馆类型	空间设计策略分析		
北京	国家级	中国工艺美术馆·中国非物质文化遗产馆	2022	建成[1]	约9万	专题型非遗馆	整个建筑空间汲取中国古典建筑精华，通过现代技术、材料以及建筑手法展现中国工艺美术与非物质文化遗产博大精深的文化内涵，以实用为主要主要目的，集展示、收藏、教育、销售、交流等功能为一体，通过富有民族个性的空间特征，彰显展示内容的"活"的特性，达到理性与艺术的融合		静态、活态展示手段相结合
	市级	东城区非遗博物馆	2015	建成[2]	950	专题型非遗馆	整个场馆面积较小，通过非遗项目种类来进行展区的划分，集中展示东城区非遗项目的精品		静态展示为主
		西城区非遗展示中心	2009	开馆[3]	2280	专题型非遗馆	整个场馆分为上下两层，通过对各个空间分区，将展示、交流、教育、体验等功能集中体现出来，整体设计体现出传统文化的精髓		静态、活态展示手段相结合
		北京戏曲博物馆	1997	建成	43000	专题型非遗馆	采用传统建筑布局及建筑形式，设有展示北京戏曲发展史的固定展示区，也有供人欣赏及演员演出的戏楼，整个场馆外部建筑造型设计与内部展示内容相得益彰		静态、活态展示手段相结合
		中国紫檀博物馆	1999	开馆	9569	专题型非遗馆	该建筑整体呈现出浓郁的民族传统风格，通过展品展示来塑造空间场景，以开放性空间为设计原理，凸显展品的价值		静态展示
	民办	前门华韵非遗体验中心	2016	开馆	2000	专题型非遗馆	整个场馆集展示、体验、展演、交易等多功能为一体，通过产品展示与非遗记忆体验来共同打造一个非遗产业"产学研销"协同发展的示范性平台，展示空间规划了表演区、织染印绣区、金石篆刻区、文创区、情景展示区、文房四宝区、竹纸展示区、陶冶烧造区和品茗佳酿区，营造了一种活态的空间展示氛围		活态展示为主，静态展示为辅
	一	北京龙顺成京作非遗博物馆	2021	开馆	/	专题型非遗馆	在展馆中可以赏非遗文化，学榫卯技艺，不仅可以近距离观摩百年技艺的精美作品，还可以通过现代信息技术手段与传统工艺和实物相结合，"沉浸式"体验非遗文化，了解品牌的悠久历史和文化内涵		静态展示
		中国景泰蓝博物馆	2012	建成	/	专题型非遗馆	该展馆配套有技艺展示区、互动区和景泰蓝精品销售厅，参观者在博物馆中可看到景泰		静态展示

[1] "在建"：目前正在建成专题型非遗馆，未建成。
[2] "建成"：以非遗为展示对象，已建成专题型的非遗馆。
[3] "开馆"：该展馆是在原有的建筑单体上进行重新的翻新改造而成，未重新进行非遗类单体建筑的建设。

					蓝制作技艺的精髓，现场欣赏大师、高级技师、传承人的技艺演示	
天津 (市级)	天津民俗博物馆	1986	开馆	1000	专题型非遗馆	建筑风格采用中国古典建筑的建筑形态和样貌，与历史文化街区的历史文脉相呼应，将建筑个体与展区分类进行空间的划分，让具有生活气息的民俗文化在中国传统建筑空间中展示出来	静态展示为主
	天津和平区非物质文化遗产博物馆	2017	建成	1000	专题型非遗馆	以古文化街建筑形态为展示空间载体，以"津味""工巧""百戏"和"医道"为主线，展示了50余种非遗项目，通过场景还原展现了天津的文化和民俗风情	静态、动态展陈为主
上海 (市级)	杨浦区文化馆—非物质文化遗产陈列厅	2006	建成	/	专题型非遗馆	整个展示空间依托于现有的文化场馆，开展交流、展示、传习、教育等活动，打造了一种非遗文化创新的新模式	静态、活态展示为主
	松江非物质文化遗产传习基地	2013	开馆	611	专题型非遗馆	整个展示空间依托具有地域性文化特征的传统江南民居为载体，划分为作品展览区、制作演示区、互动体验区、艺术欣赏区等几部分，通过生活场景的还原将观众带入到真实的情景之中	静态、动态展示为主
	上海工艺美术博物馆	1956	建成	1496	综合类展馆	场馆是集展示、交流、教育等多功能为一体的综合性展示场所，内部展示空间根据展示种类及展示主题进行了大的分区，并将多种非遗种类包含其中，内部的展示空间设计与外部建筑风格具有不协调性，缺乏统一	静态、活态展示为主
四川 (省级、市级)	中国成都国际非遗博览园	2009	建成	规划总面积444公顷	专题型非遗博览园	博览园展示空间建设立足于全人类的非遗保护与传承，根据展示主题将园区分为不同展示区域，由实体性展馆空间、临时性户外展览空间等空间形态组成，将传统文化元素与现代建筑特色相结合，打造了一个全方位的非遗展示空间	采用静态、动态、活态相结合的展示方式
	四川非遗馆	2013	建成	9800	专题型非遗馆	整个展示空间围绕着四川非遗项目的特色进行空间的设计和策划，在展览展示实物精品的基础上，突出非遗的活态性，积极邀请传承人现场演示，通过灯光、展具、展墙等营造非遗项目展出的空间氛围	采用静态、动态、活态相结合的展示方式
	四川崇州竹编博物馆	2018	改造建成	346	专题型非遗馆	博物馆整体空间色调以白色与灰瓦为主体，再植入枯树本色为亮点，提取竹子本身"色""艺""影""形""光"的物理特性，营造了一种自然的空间形态	静态展示为主

重庆 (市级)	重庆巴渝非物质文化遗产展览馆	2014	开馆	/	专题型非遗馆	展馆空间依托原有的建筑空间，对重庆的非遗项目按照种类进行了展示，缺乏地域设计特色，展陈方式陈旧	静态展示为主
	重庆巴渝民俗博物馆	1997	建成	/	综合类展馆	整个场馆分为民俗馆和古床馆，民俗馆以"民俗"为主题，展示传统农耕生产、物质生活、婚俗礼仪和民间信仰等巴渝民俗事项，通过空间叙事来营造浓郁的地域文化和生活气息	静态展示为主
河南 (省级、市级)	河南非遗体验馆	2018	开馆	700	专题型非遗馆	整个场馆分为陈列厅和体验厅，主要以展示、体验、研学为主，通过现代化艺术空间设计手段，为整个空间提供更大的展示与体验的空间面积	静态、活态相结合
	郑州非物质文化遗产展示馆	2014	开馆	1500	专题型非遗馆	整个场馆融入郑州非遗元素进行设计，将非遗项目工艺特色融入到整个展示空间中，增添了地域文化特色	静态展陈、活态展陈
河北 (省级)	河北非物质文化遗产网上展馆	2018	开馆	/	专题型非遗馆	该馆为线上虚拟空间，依托河北博物馆以及河北非遗保护网等资源不定期举办一些线上非遗展示活动，实现"文旅融合"，通过新的空间模式来发挥非遗的作用	数字技术动态展示
山东 (市级)	省级	山东省非物质文化遗产展示馆	2014	建成	1200	专题型非遗馆	整个场馆分为精品陈列厅和传习厅两部分，紧紧围绕"以人为本、活态保护"的非遗保护原则，全方位地展示齐风鲁韵的地域文化特色，通过展览展示和传习大课堂，打造出社区、社群深度互动的文化传承空间	采用静态、动态、活态相结合的展示方式
		青岛非物质文化遗产博览园	2014	揭牌	10000	专题型非遗博览园	以青岛地区7000余年的历史发展为主线，兼顾胶东其他地区的文化发展，通过大量的展品及展示道具展示了胶东地区的非遗发展状况，实体展馆设计特色不突出，但园区的展示主题较为突出	采用静态、动态、活态相结合的展示方式
	市级	山东青州非物质文化遗产博物馆	2011	建成	180	专题型非遗馆	该馆以"保护、传承、研究"为主题，按照国家对非物质文化遗产的传统分类方式，结合青州非物质文化遗产特点，共划分人生礼俗、民间习俗、传统医药、传统美术、手工技艺、综合演艺六个展厅	静态展陈为主
		潍坊——十笏园非遗空间	2019	开馆	/	专题型非遗空间	以非物质文化遗产为核心，将文脉、文娱、文商、文旅相融合，集项目展示展演、民众休闲娱乐、产品交流交易、文化创意研发、非遗传习研学等多功能于一体，形成非遗传播传习的多维空间综合体	静态、活态展陈为主

山西 (市级)		山西省非物质文化遗产展示馆	2017	开馆	/	专题型非遗馆	场馆包括展览、展演和展示三个部分，通过文字、图片、实物、现场体验以及多媒体数字化演示等形式展现了山西的非遗项目特色	场景式静态展陈为主
		山西省民俗博物馆	2013	开馆	18000	综合类展馆	以传统建筑文庙为建筑载体，将大成殿和配殿作为展厅使用，部分展厅展现了山西民俗风情	静态展陈为主
		晋中市非遗馆	2023	开馆	11300	专题型非遗馆	展馆充分利用"文化+科技"的设计理念来体现晋中非遗，并运用声、光、电等现代技术，以多媒体互动、模型演示为重要手段，通过实物展示、数字长卷、沉浸式体验及图文说明等形式，对晋中非遗十大类 500 余个项目进行了分类展示，全面的展现了晋中非遗的独特魅力	静态、动态展示为主
陕西 (省级、市级)	省级	陕西省非物质文化遗产陈列馆	2012	开馆	/	专题型非遗馆	陈列馆运用图片、文字、实物、多媒体等多种展示手法，展现陕西丰富的非物质文化遗产资源以及其独特的艺术魅力和丰厚的文化内涵	静态展示为主
	市级	西安市非物质文化遗产博物馆	2012	开馆	4000	专题型非遗馆	遵循"展示内容真实、完整"以及"活态传承，重在落实"的策展理念，围绕西安市为主的关中非物质文化遗产进行布展，通过不同展示空间来区分非遗名录体系，将空间设计风格与展品相结合	静态展示为主
		宝鸡市非物质文化遗产陈列馆	2011	开馆	1500	专题型非遗馆	展厅内部分为传统美术、传统技艺、传统音乐几个单元，其中展厅风格与展品相呼应，展品陈列伴有实体场景及相关游戏	静态、活态展陈为主
甘肃 (市级)		兰州非物质文化遗产陈列馆	2013	开馆	2800	专题型非遗馆	采用实物陈列、场景复原、多媒体等数字化现代手段，集展示、陈列、收藏、研究、保护为一体，整体空间设计以多个微缩场景空间组成，营造甘肃特有的民俗风情	场景式静态展示为主
江苏 (国家级、省级、市级)	国家级	南京云锦博物馆	1982	开馆	4300	专题型博物馆	整个云锦艺术陈列展厅分为序厅、源远流长、天宫织就、辉映世界四大部分，整个空间感是通过展品的精粹以及展品本身的色彩所体现出来，展品中精品表现出传统技艺的精湛，其本身以红黄为主的色彩搭配对空间氛围的营造起到很大的作用	静态、活态展示为主
		中国昆曲博物馆（苏州戏曲博物馆）	2003	开馆	约3300	专题型博物馆	整个场馆以古建筑群为依托，将建筑文物与陈列文物相结合，形成动静结合，视听结合，古今结合的空间策划理念	静态、活态展示为主

省级	南京博物院非遗馆	2013	开馆	2300	专题型博物馆	场馆遵循"以人为本、活态保护"的策展理念，以非遗活态展为实现路径，以挖掘非遗现场活态展示的多种形式为目标；突显非遗项目主导性，淡化展览的叙事结构，通过结合现场传承活动营造一种活态展陈空间	活态展陈为主
市级	苏州市非物质文化遗产馆	2016	开馆	6000	专题型非遗馆	空间格局的设计受到了传统建造方式的影响，采用江南建筑风格，与自然相融合，内部展示空间根据不同主题划分为不同的空间格局，多方位、多视角来诠释非遗特色及非遗文化	静态、动态展示为主
	苏州民俗博物馆	1986	建成	500	专题型博物馆	在中国古典建筑空间格局下，以节令民俗、民间信仰、生育习俗为主题，突出苏州地方特色，尊重传统，与时俱进	静态展示为主
	苏州苏扇博物馆	2016	开馆	/	专题型博物馆	利用中国古典建筑院落的建筑格局，将展示主题的划分与建筑内的三进空间相呼应，其内部空间缺乏设计感，只是对展品进行简单的陈设，其苏扇制作技艺的核心内涵的展示性相对缺乏	静态展示为主
安徽（市级）	黄山市非物质文化遗产馆	2011	开馆	/	专题型博物馆	整个场馆以开放性空间为主，根据展示主题划分为不同的展示区域，通过现场传承活动带动空间氛围	活态展陈
湖南（市级）	湘西州非物质文化遗产馆	2017	开馆	3500	专题型博物馆	场馆以展陈方式体现地方特色，将陈列展品融入到建筑和场景中。非遗馆的设计采取了多元化的展示与体验环节，结合湘西特色，形成"动静结合、技术先进、体验丰富、活态呈现"的非遗展馆	采用静态、动态、活态相结合的展示方式
	长沙市非物质文化遗产展示馆	2018	开馆	2023	专题型博物馆	分为主楼和副楼。主楼一层为主展区，二层为临展区和文创产品展示区。副楼为戏园。展示馆围绕"家"的主题，秉持"一个人，一个家，一座城，非遗即生活"的策展理念，同时将展区的传统文化与现代科技相结合，形成古与今的对话	采用静态、动态、活态相结合的展示方式
	湖南雨花非遗馆	2018	开馆	1.2万	专题型博物馆	馆内氛围非遗产品销售区、舞台演艺区、手作体验区和传承人工作室等区域，打造了非遗+市场、非遗+旅游、非遗+教育、非遗+互联网、非遗+演艺、非遗+文创的非遗传承基地，通过空间合理规划将非遗活态化展示出来	采用静态、动态、活态相结合的展示方式
湖北	武汉非遗艺术博物馆	2014	开馆	/	综合类博物馆	对现有的空间进行二次设计，并通过局部性的场景还原增添空间氛围，但设计缺乏主题性，与非遗展示的本质尚有差距	静态展示为主

		长江非遗博物馆	2015	开馆	/	专题型博物馆	场馆以清末民初汉口城的特色来建设，馆内采用多媒体介绍、全息投影虚拟表演、互动体验、实物展示等多种形式展示非遗文化和楚汉文化，通过科技再现手段扩展了空间范围，可让市民穿越回古代，身临其境感受非遗文化场景	静态、动态展示为主
		荆楚非物质文化遗产博物馆	2016	开馆	5000	专题型博物馆	该场馆以展示传承荆楚非物质文化遗产为主要内容的博物馆，形成了有别于博物馆陈列展览手段，将活态传承与动态展示相结合，呈现给观众更直观、完整的非物质文化遗产技艺流程	活态、动态展示为主
		咸宁非物质文化遗产馆	2021	开馆	1078	专题型博物馆	展馆以"生态、动态、活态"为展览关键词，立足"生态咸宁"，提取鄂南古民居、楠竹、茶园等元素，展示赤壁摩崖石刻、通城天岳关、嘉鱼三湖连江等自然人文景观，传播生态理念	活态、动态展示为主
浙江（省级、市级）	省级	浙江省非物质文化遗产馆	2023	建成	35000	专题型博物馆	建造方式将完整沿用浙江传统营造技艺，体现充满浙江特色的传统构件，其本身就能作为当代人了解传统营造技艺的媒介，内部空间本着"活态"展示原则进行设计，形成了具有场所特色	采用静态、动态、活态相结合的展示方式
	市级	温州市非物质文化遗产馆	2012	建成	8300	专题型博物馆	在运用传统单元式布展方式的同时，展馆同时采用开放式布局，让展厅之间互相贯通，观众可以不受展线限制；场馆分为4个专题馆和11个县（市、区）分展厅，还包括百工一条街、互动区等板块。在展陈理念方面强化两个重点，即"瓯越特色"和"见人见物见生活"，以此充分体现温州非物质文化遗产特色	静态、动态展示为主
		杭州手工艺活态展示馆	2011	开馆	3000	专题型博物馆	场馆在保持了原汁原味的民国年间厂房风格的同时，结合传统手工艺特色，增添了独具特色的作坊式场景，让观众不仅可以身临其境各个历史现场，在整体色彩和造型设计上，融入了"格子+色块"式样，与国外工业遗存空间设计接轨——黄色与厂房外立面色彩呼应，展柜细节构件与厂房梁柱构件呼应，使得展馆背景墙和展示区域更具时尚气息，"老"与"新"完美融合，与厂房内部结构浑然一体，给人以耳目一新的通透之感	活态展示为主
		中国刀剪剑博物馆	2009	建成	1060	专题型博物馆	整个场馆设计注重挖掘"物"背后的精神世界，通过大量的场景还原构建空间氛围以及讲述技艺背后的故事	静态展示为主

		中国伞博物馆	2009	建成	2411	专题型博物馆	抽取伞的造型和色彩进行空间设计,并运用数字展示技术营造一定的空间氛围,采用主题——历史的叙事结构,系统地讲述了伞的历史发展及精湛的制作技艺	静态、动态展示为主
		中国扇博物馆	2009	建成	2623	专题型博物馆	场馆内部通过多个主题及场景来打造扇的展示空间,通过纵线性的叙事结构,讲述中国扇子的发展演变及制作技艺	静态展示为主
		海宁市非物质文化遗产馆	2021	开馆	3200	专题型博物馆	该馆以"海宁精神为主线",共有综合展示馆、硖石灯彩馆和海宁皮影戏馆3大展区,集展馆、剧场、数字化试听、文献档案、培训活动等功能于一体	静态、活态展示方式为主
		宁波海曙区非遗馆	2020	开馆	600	专题型博物馆	海曙区非遗馆不仅是一个静态展示场馆,更是在借助数字媒体技术后,结合光影艺术,赋予非物质文化遗产以现代空间美学的感受。展陈中突出交互体验,让非物质文化遗产的展览展示更加生动鲜活,例如广为流传的"梁祝传说",在海曙非遗馆内用"全息纱幕+U型幕投影系统",将演员投影在全息纱幕上,以水墨动画的方式呈现出化蝶等经典场面	静态、活态展示方式为主
江西(省级)		江西非遗馆	/	在建	/	专题型博物馆	/	/
		江西省博物馆展厅(赣都非遗馆)	2020	开馆	/	专题型博物馆	该馆从江西非遗的"巧·乡物·工艺""妙·乡音·演艺""足·乡味·饮食""浓·乡情·节庆"展开,展示了江西优秀的传统工艺、传统戏曲、传统饮食和传统节庆。展厅以相应的技术辅助,多者有机结合,构建"沉浸式"体验模式,让非遗"活态展陈"	静态、活态展示方式为主
		非物质文化遗产展示馆樟树林展示馆	2013	开馆	3000	专题型博物馆	场馆设计以弘扬"赣"文化为目标,集保存、传习、展示、体验、研究等为一体,通过数字化展示技术增强空间的体验感,并通过项目种类进行展区空间的划分,方便观众浏览	采用静态、动态、活态相结合的展示方式

	江西婺源非物质文化遗产展示馆	2018	开馆	3392	专题型博物馆	展馆为三层徽派风格建筑，分六个展区，非遗展示馆通过文图、实物、视频、互动电子游戏、现场展演等各种表现形式，在全面介绍婺源43项非物质文化遗产项目的基础上，重点展示了婺源三雕、歙砚、傩舞、徽剧、绿茶、灯彩、徽墨、纸伞、徽菜等国家、省、市级非遗项目14项，以生动形象的展示，让市民和游客充分领略婺源非遗文化灿烂的历史和永恒的魅力	采用静态、动态、活态相结合的展示方式
广东（省级）	广东省非物质文化遗产馆	2012（选址）	在建	52000	专题型博物馆	/	采用静态、动态、活态相结合的展示方式
	广东省非物质文化遗产保护中心展览厅	2017	开馆	530	专题型博物馆	在设计上汲取广东非遗元素，凸显岭南特色风格；展厅整体采用"曲径通幽"的设计理念，利用不大的空间，通过对展线的巧妙设计，达到置身其中，萦绕迂回、错落有致、峰回路转的效果	静态、活态展示为主
广西（市级）	广西非物质文化遗产展示馆	2018	开馆	600	专题型博物馆	整个场馆在有限的展示空间内，按照非遗种类进行展示区的划分，集展示、收藏、科研、教学、实训为一体，运用信息化手段与实物展示相结合的展示方式，突出了文化与环境相融合的展示理念	静态、动态展示方式为主
	防城港市非物质文化遗产展览馆	2018	开馆	500	专题型博物馆	整个空间由祈之俗、婚之习、衣之彩、歌之庆、技之传、食之艺6个展览部分组成，展示了"边、海、山、民"特色文化，从叙事结构上营造了多维性的空间氛围，但在展陈方式及设计特色上还有所欠缺	静态展示方式为主
贵州（省级）	贵州省非物质文化遗产博览馆	2015	开馆	5000	专题型博物馆	该馆分为展馆大厅、展示厅（含活态演艺场）和传承厅（含室外作坊）三大部分，集研究、收藏、展示、科普、教育、培训、交流、传播、文化娱乐和休闲体验于一体，通过非遗传承人的现场展示展演，加上实物、实景模型、图片图表、音视频多媒体、查询系统等多种技术手段相结合，多层次、全方位，丰富而立体地展现贵州非物质文化遗产的资源现状和保护成果	采用静态、动态、活态相结合的展示方式

云南 (市级)	昆明市非物质文化遗产展示馆	2010	开馆	/	专题型博物馆	整个展览空间的设计感有所欠缺，在有限的空间中未最大化地利用展品的特色及资源进行分类展示	静态展示为主
	昆明官渡非物质文化遗产基地	2013	建成	1850	专题型博物馆	该传承基地由"二馆三中心"组成，通过现场展示、展销、交流形式，全方位地展现国家级、省级非物质文化遗产项目的风采，空间地域性设计特色不突出	静态、活态展示方式为主
海南 (市级)	陵水非物质文化遗产展览馆	2018	开馆	1288	专题型博物馆	在非物质文化遗产展示厅中，通过实物、场景、展板、声像展示、油画展示以及科技互动等手段，展出了陵水"南海珍珠养殖技艺""疍家调""陵水酸粉烹制技艺"等非物质文化遗产保护名录项目，但整个展览中多以静态实物、场景还原、图像文字展示及多媒体展示与互动为主，对于活态展演及观众体验区的非遗传承人答疑部分设计的内容与空间规划不够充分	静态、动态展示方式为主
新疆	新疆非物质文化遗产馆		在建	1.3万	专题型博物馆	展示厅将通过新疆非遗的实物展览、传承人活态展示和图文影像等形式呈现新疆非遗保护成果。此外，还计划在馆内展出"一带一路"沿线国家和地区的非遗项目精品，增进各国人民之间的认知和交流	静态、动态展示方式为主
西藏	西藏非物质文化遗产博物馆	2018	建成	8000	专题型博物馆	该馆以"一馆一园"作为设计脉络，"一馆"为非物质文化遗产博物馆，以博物展览为核心，结合多媒体、室外展场，依照《西藏非物质文化遗产博物馆陈列大纲》，有清晰的动线和展陈组织，着重强化对展品的表现，兼具藏式建筑空间特点；"一园"为非物质文化遗产体验园，以节庆活动、表演娱乐、郊游赏景等为主题，通过"转经路"把人群合理引导、步移景异，补充博物馆难以展示的藏区室外生活画面，将藏式园林的设计传统融入其中	静态、动态展示方式为主
	西藏林芝尼洋阁——非物质文化遗产博物馆	2008	建成	2800	专题型博物馆	该馆展区的分类按照四个主要的少数民族进行分类，整体的空间设计结合当地特有的文化元素以及项目特色进行，将宗教信仰的色彩融入到展示空间中，打造了一个具有地域特色的展示空间	静态展示为主

青海	青海省博物 -非物质遗 产展览	2018	开馆	/	综合类 博物馆	整个展示空间依托于现有的文化场馆，是对青海省地方特色浓郁，最具代表性的非遗项目进行展览，主要以实物静态展陈为主，因为既有的场馆建筑规划，导致整个场馆缺乏非遗展览所独有的空间规划设计，其内部空间缺乏设计感，只是对展品进行简单的陈设，格局略显单调	静态、动态展示 为主
黑龙江 (市级)	哈尔滨三五 非物质文化 遗产博览馆	2016	建成	1 万	综合类 博物馆	馆内汇集的非物质文化遗产主要分为传统美术和传统技艺两大门类，作品涵盖百位国家级传承人及百位省级传承人的非遗作品共计 1000 余件。场馆是集非遗作品展示、非遗文化研学、非遗技艺传习、非遗文旅体验以及非遗保护传承为一体的专题展览进行的空间	采用静态、动态、活态相结合的展示方式
	哈尔滨麦秸 画非遗传承 基地	2019	开馆	约 2000	专题型 博物馆	空间设计结合建筑原始结构和格局，最大化利用展区空间，通过装饰色彩、造型元素、建筑空间风格特征以及抽象化的线性元素，以当代设计语言打造沉静、庄重的展陈空间，融入麦秸这种具有环保理念的材质，结合本身的艺术性进行场景氛围的营造	采用静态、动态、活态相结合的展示方式
吉林	吉林省博物 馆—吉林省 非物质文化 遗产展	2019	开馆	20800	综合类 博物馆	整个展示空间依托于现有的文化场馆，对青海省代表性的非遗项目进行展览，主要以实物静态展陈为主，因为既有的场馆建筑规划，导致整个场馆缺乏非遗展览所独有的空间规划设计，其内部空间缺乏设计感，只是对展品进行简单的陈设，格局略显单调	静态、动态展示 为主
辽宁 (市级)	岫岩非物质 文化遗产博 物馆	2011	建成	800	专题型 博物馆	集非遗研究、传播、展示、收藏，文化艺术教育、交流、娱乐和休闲于一体的专题展览空间规划设计	采用静态、动态、活态相结合的展示方式
福建 (省级)	福建省非物 质文化遗产 博览苑	2009	开馆	2321	专题型 博物馆	以传统历史街区、古建筑、古民居为场所，突出"老宅子晒老手艺"的保护传承特色，彰显传统文化活态属性，整个场馆是集现场表演、项目展示、保存维护、研究推广为一体的多功能、开放式、互动式非遗展览空间进行规划设计	静态、动态展陈 为主
	泉州非物质 文化遗产馆	2019	开馆	/	专题型 博物馆	采用大量玻璃幕墙，极具现代感，而墙体、屋顶和窗户等设计均融入闽南传统建筑元素，展厅内部采用具有非遗特色的色彩进行渲染，增添了传统文化的氛围	静态、动态展示 为主

宁夏	银川市西夏区非物质文化遗产展示馆	2022	开馆	/	综合性非遗展馆	展馆共三层，内含当地非遗丰富的文化题材，多样的视觉表现形式，以及好玩的娱乐元素；馆内已聚集多个国家级、省市级非遗项目，研发了有体验性、教育性、观赏性的非遗体验项目	静态、动态展示为主
内蒙古（市级）	莫尼山非遗小镇	2018	建成	2000	综合类博物馆	小镇内共分为非遗博物馆和非遗艺术馆两个场馆，两馆以展示馆内珍藏的各种古代蒙古族传统服饰、生活用具、罕见器乐、工艺品等为主，是对内蒙古游牧文化及农耕文化的非遗研究、传播、展示、收藏、交流、娱乐和休闲于一体的专题展览空间进行整体规划设计	静态展陈为主
香港	香港非物质文化遗产中心	2021	建成	/	专题型博物馆	展示多项本地传统文化和技艺，以崭新方式重新演绎本地传统文化	静态展陈为主
澳门	未建	/	～	/	/	/	/
台湾	未建	/	～	/	/	/	/

参考文献

专著：

[1] 吴劳：《展览艺术设计》，人民美术出版社，1958 年。

[2] [苏] 阿·伊·米哈依洛夫斯卡娅：《博物馆陈列的组织与技术》，宋惕冰译，文物出版社，1959 年。

[3] [法] 罗兰·劳森：《符号学美学》，董学文 王葵译，辽宁人民出版社，1986 年。

[4] [美] 苏珊·朗格：《情感与形式》，刘大基等译，中国社会学出版社，1986 年。

[5] [英] E·H·贡布里希：《艺术与错觉》，林夕等译，浙江摄影出版社，1987 年。

[6] [英] 彼得·布鲁克：《空的空间》，怡惋等译，中国戏剧出版社，1988 年。

[7] [英] 布莱恩·劳森：《空间的语言》，杨青娟等译，中国建筑工业出版社，2003 年。

[8] [美] 阿摩斯，拉普卜特：《建成环境的意义——非语言表达方法 》，黄兰谷等译，中国建筑工业出版社，2003 年。

[9] 彭一刚：《建筑空间组合论》，中国建筑工业出版社，1998 年。

[10] 陆邵明：《建筑体验——空间中的情节》，中国建筑工业出版社，2007 年。

[11] 徐恒醇：《技术美学》，上海人民出版社，1989 年。

[12] 王嵩山：《过去的未来：博物馆中的人类学空间》，稻乡出版社，1991 年。

[13] 王嵩山:《博物馆与人类学想象》,文化传译,稻乡出版社,1992年。

[14] 国家文物局,中国博物馆协会:《博物馆陈列艺术》,文物出版社,1997年。

[15] [法] 马克·第亚尼:《非物质社会》,藤守尧译,四川人民出版社,1998年。

[16] 李道增:《环境行为学概论》,清华大学出版社,1999年。

[17] 汉宝德:《展示规划理论与实务》,田园城市出版社,2000年。

[18] 日本出版株式会社:《展示空间设计》,刘壮丽译,辽宁美术出版,2000年。

[19] [意] 艾里斯·博寇:《博物馆这一行》,张誉腾等译,五观出版公司,2000年。

[20] [美] 马克·迪亚尼:《媒介即信息》,熊登宇编选,清华大学出版社,2001年。

[21] 王宏钧:《中国博物馆学基础》,上海古籍出版社,2001年。

[22] [丹] 杨·盖尔:《交往与空间》(第四版),何人可译,中国建筑工业出版社,2002年。

[23] [英] 斯图尔特·霍尔:《表征:文化表象与意指实践》,徐亮、陆兴华译,商务印书馆,2003年。

[24] [美] 唐纳德·A 诺曼:《设计心理学》,梅琼译,中信出版社,2016年。

[25] 费德利希·瓦达荷西:《博物馆学:德语系世界的观点》,曾于珍等译,五观艺术管理有限公司,2005年。

[26] 黄世辉,邬瑞枫:《展示设计》,三民书局,2005年。

[27] 吕建昌:《博物馆与当代社会若干问题的研究》,上海辞书出版社,2005年。

[28] 雷尼:《复合空间》,产业译,中国计划出版社,2005年。

[29] 曹兵武,崔波:《博物馆展览:策划设计与实施》,学苑出版社,

2006 年。

[30] [美] 大卫·迪恩 (David Dean)：《展览复合体：博物馆展览的理论与实务》，萧翔鸿 (Sean H.S) 译，艺术家出版社，2006 年。

[31] 刘婉珍：《博物馆就是剧场》，艺术家出版社，2007 年。

[32] [美] 玛格丽特·霍尔：《展览论：博物馆展览的 21 个问题》，北京燕山出版社，2007 年。

[33] [美] 威尔伯·施拉姆（Wilbur Schramm）：《传播学概论》，何道宽译，中国人民大学出版社，2010 年。

[34] 黄建成：《空间展示设计》，北京大学出版社，2007 年。

[35] 程大锦：《建筑：形式、空间和秩序》（第三版），天津大学出版社，2008 年。

[36] 刘托：《建筑艺术文论》，北京时代华文书局，2015 年。

[37] [美] 珍妮特·马斯汀：《新博物馆理论与实践导论》，钱春霞等译，江苏美术出版社，2008 年。

[38] 巫鸿：《重屏：中国绘画中的媒材与再现》，文丹译，黄小峰校，生活·读书·新知三联书店，2008 年。

[39] [美] 大卫·卡里尔：《博物馆怀疑论：公共美术馆中的艺术展览史》，丁宁译，江苏美术出版社，2009 年。

[40] [美] 斯蒂芬·李特约翰：《人类传播理论》（第九版），史安斌，清华大学出版社，2009 年。

[41] 苑利，顾军：《非物质文化遗产学》，高等教育出版社，2009 年。

[42] 刘派：《视觉重构：文化遗产的数字化重构》，清华大学出版社，2016 年。

[43] 刘婉珍：《博物馆观众研究》，三民书局股份有限公司，2011 年。

[44] [美] 史蒂芬·康恩：《博物馆与美国的智识生活：1876——1926》，王宇田译，上海三联书店，2012 年。

[45] [西] 萨尔瓦多·穆尼奥斯·比尼亚斯：《当代保护理论》，张鹏译，

同济大学出版社，2012 年。

[46] 张杰：《中国古代空间文化溯源》，清华大学出版社，2012 年。

[47] [美] 史蒂芬·普林斯：《叙事学 : 叙事的形式与功能》，徐强译，王志标校，中国人民大学出版社，2013 年。

[48] [法] 加斯东·巴什拉：《空间的诗学》，张逸婧译，上海译文出版社，2013 年。

[49] 王文章：《非物质文化遗产概论》，教育科学出版社，2013 年。

[50] [美] 爱德华·亚历山大，玛丽·亚历山大：《博物馆变迁：博物馆历史与功能读本》，陈双双译，译林出版社，2014 年。

[51] [美] 巴兰，戴维斯：《大众传播理论：基础、争鸣与未来》（第五版），曹书乐译，清华大学出版社，2014 年。

[52] 龙迪勇：《空间叙事学》，生活·读书·新知三联书店，2015 年。

[53] 杨红：《非物质文化遗产展示与传播前沿》，清华大学出版社，2017 年。

[54] [加拿大] 麦克卢汉：《理解媒介：论人的延伸》，何道宽译，译林出版社，2011 年。

[55] [美] 派恩，吉尔摩：《体验经济》机械工业出版社，2012 年。

[56] 李德庚：《流动的博物馆》，文化艺术出版社，2020 年。

[57] [美] 阿恩海姆：《艺术与视知觉》，中国社会科学出版社，1984 年。

[58]Steven Holl.Anchoring.New York: Princeton Architectural Press,1991.

[59]Thomas F. King. Anthropology in historic preservation. London: Academic Press,Inc.Ltd., 1977.

[60] William M Pena,Steven A Parshall.Problem Seeking An Architectural Programming Primer.New York Chichester Brisbane Singapore Toronto,John Wiley&SonsInc,2001.

[61] R oger Silverstone, The Medium Is the Museum: On Objects and Logics in Times and Spaces, from Museums and the Public Understanding of Science, Edited by John Durant, Published by NMSI Trading Ltd, Science Museum 199.

[62] Nao Gedi , Yigal Elam: "Collective Memory-What is It?" History and Memory, vol. 8, no. 1, 1996.

[63]Shirley Biagi,Media ImPact:An Introduction to Mass Media, Thomson Learning,2003.

期刊及论文：

[1] [美] 丹·格拉海姆：《录像和建筑的关系》，《录像艺术文献》，1996 年。

[2] 俞乐：《博物馆陈列策划中的现代展示理念》，《中国博物馆通讯》，2000 年第 9 期。

[3] 丁宁：《艺术博物馆 : 文化表征的特殊空间》，《浙江社会科学》，2000 年第 1 期。

[4] 张朝晖：《什么是新媒体艺术》，《美术观察》，2001 年第 10 期。

[5] 陆保新：《博物馆展示方式与展示空间关系研究》，《建筑学报》，2003 年第 4 期第 60-62 页。

[6] 蔡琴，孙守迁：《博物馆非物质文化遗产的数字展示》，《浙江省博物馆学会 2006 年学术研讨会文集》，2006 年。

[7] 冯光钮：《非物质文化遗产的保护与中国传统音乐的传承》，《乐府新声（沈阳音乐学院学报）》，2006 年第 2 期。

[8] 杨兆麟：《非物质文化遗产在博物馆的陈列展示——西双版纳勐泐博物馆陈列随想》，《文物世界》，2006 年第 3 期。

[9] 陈亚萍：《浅谈非物质文化遗产的博物馆展示—以浙江省博物馆

新馆陈列为例》，《浙江省博物馆学会 2007 年学术研讨会文集》，2007 年。

[10] 乔馨：《论侗族大歌传统音乐文化的传承》，《东北师大学报》，2007 年第 4 期。

[11] 沈平：《民俗展陈内容设计理念初探—以首都博物馆"老北京民俗展"为例》，《中国博物馆》，2007 年第 1 期。

[12] 童小明：《展示空间的非语言特征》，《美术学报》，2009 年第 3 期。

[13] 黄秋野：《数字技术对博物馆展览方式发展的影响》，《中国科技览》，2008 年。

[14] 黄玉亭：《多媒体技术在博物馆展览中的作用》，《现代企业文化》，2008 年第 23 期。

[15] 李一凡：《新媒体在博物馆展陈的应用与设计》，《数字博物馆研究与践》，2010 年。

[16] 魏爱霖：《试论非物质文化遗产展示的时代意义》，《科技信息》，2011 年第 20 版。

[17] 陆邵明：《建筑叙事学的缘起》，《同济大学学报》（社会科学版），2012 年第 23 卷第 5 期。

[18] 苗绿茵：《艺术语境之于博物馆空间设计中的表达》，《数位时尚·新视觉艺术》，2012 年第 3 期。

[19] 张晓梅：《非物质文化遗产展示的空间形式与传播方式研究——以无锡非遗传承与创新中心展示馆为例》，《美术教育》，2015 年第 24 期。

[20] 刘守柔，俞惠：《传统手工艺保护与博物馆展示》，《博物馆研究》，2009 年第 4 期。

此书由北京印刷学院校级社科项目经费支持 (20190123072)

中国非物质文化遗产展示空间研究